基督教的真相
～探討與評論～
Quest for Real Christianity

李雅明 著

目錄　　　基督教的真相：探討與評論

Contents

Quest for Real Christianity :
Investigation and Commentary

自 序

　　宗教是人類歷史上重大的社會文化現象，與個人的心靈感受也密切相關。它影響了世界歷史的發展，也塑造了許多民族的性格。在今天的世界上，宗教問題可以說是影響國際局勢發展最根本的因素之一。基督教四度傳入中國，前三次都失敗了。鴉片戰爭之後，第四次傳入中國，終於比較成功。

　　筆者在 2006 年出版了《我看基督教：一個知識分子的省思》，接著在 2008 年出版《科學與宗教：400 年來的衝突、挑戰和展望》，2010 年出版《出埃及：歷史還是神話？》，2017 年出版《歷史上真實的耶穌》。在這四本書中，《我看基督教：一個知識分子的省思》是對於基督教的一個總體論述。《出埃及：歷史還是神話？》探討《舊約》所述以色列人古代歷史的虛實。《科學與宗教：400 年來的衝突、挑戰和展望》探討科學與宗教的關係，特別是科學發達以後，科學與基督教衝突的過程，以及現代大科學家對於宗教的看法。《歷史上真實的耶穌》則介紹耶穌的歷史背景，《新約》在內容、義理、文本各方面的問題，近一、兩百年來西方學者對於耶穌真實歷史的研究成果，以及中國人對於基督教的認識。這四本書的內容是互補的。現在出版的這本《基督教的真相：探討與評論》基本上是《我看基督

教：一個知識分子的省思》的更新版，在原作的基礎上，做了一些修改與補充，讓論述的宗旨更為清楚。

我自己的本行是物理，後來從事半導體的研究發展工作，與宗教的關係實在很遠。為什麼會連續出了五本與宗教，特別是與基督教有關的書呢？這是因為我覺得在當今的世界上，宗教對國際局勢的影響很大，與中國的未來也有密切的關係。

基督教在歷史上曾經三度傳入中國，事過境遷就煙消雲散。但是 1840 年鴉片戰爭以後，基督教又第四次傳入中國。這次基督教的傳入是由於不平等條約的關係，是中國在西方列強侵略之下的結果。接下來的連年動亂更使得中國人沒有功夫去仔細研究基督教的來龍去脈。於是一百八十多年過去了，中國人對於基督教的經典和歷史，一般來講來了解的程度都很有限，比較深入探討的著作更是少之又少。現在在中國大陸，基督徒的數目迅速增加，如果這種情形繼續下去，會對中國的未來造成重大的影響。筆者在這五本書中介紹基督教的歷史，也討論一些義理上的問題，希望能對關心這個問題的讀者有所幫助。

過去國人一直以為西方人都是信基督教的，在啟蒙運動以前，基督教在西方國家的確都有著接近國教的地位，但是現在的情況則已經大不相同。尤其是最近這幾十年來，由於科學的進步，也由於西方國家知識界的覺醒，再加上史學和考古學方面的研究成果，讓西方人對於基督教有了許多檢討的聲音。西方學者對於《舊約》所述歷史的真實性，歷史上真實的耶穌，以及基督教的教義，也都有了很多批判性的著作。在許多歐洲國家中，人民信仰基督教的比例大幅下降，甚至實際上已經進

入了後基督教的時代。 在歐美發達國家中，美國人信仰基督教的比例過去一向是最高的，近年來，也以每年大約百分之一的速度在下降。 在我們中國，由於與基督教相關的著作大多都是由基督教徒所寫的，因此對於這些新的發展一直缺少足夠的介紹。

討論宗教的問題，特別是基督教的問題，難免會有一些爭議。 但是，正是因為這些問題有爭議，才使得這些問題的探討，在認知上特別富於意義。 真理是愈辯愈明的，只要我們用實事求是的態度來討論，我相信這些問題是會越來越清楚的。

《基督教的真相： 探討與評論》這本書是對於基督教的一個總體性論述，本書盡量以比較精簡的文字，從客觀的角度來探討基督教的問題，希望能為讀者提供一個全面性的認識。 本書得以出版，要感謝風雲時代發行人陳曉林先生的鼓勵。 對於內子和家人多年來的支持，在此也表示衷心的感謝。 希望這本拙作還能為維護中華文化的傳承，盡到一點作為炎黃子孫的責任。

李雅明

中華民國 110 年 3 月

第一章
基督教的起源

　　基督教是一個以耶穌為教主的宗教。 基督教在開始的時候，原來是猶太教裏面，一個由耶穌創立的小教派。 這個教派的人把耶穌當作是猶太人的彌賽亞（Messiah），也就是救世主的意思。 猶太教是猶太民族的傳統宗教。 後來由於使徒保羅（Paul，約公元 3－67）的主張，耶穌開創的這個教派也向猶太人以外的民族傳教。 教徒的成分與原來的猶太教變得不同了。

　　公元一世紀，是猶太人歷史上動亂不安的年代。 當時猶太地區已經在羅馬帝國的統治之下，耶穌死後不久，公元 66 年到 70 年，猶太人發生了第一次反抗羅馬帝國的戰爭，但是戰事失敗，耶路撒冷城被攻陷，猶太人的神廟也被摧毀了。 後來在公元 115 至 117 年和 132 至 135 年，又陸續有兩次猶人人反抗羅馬帝國的戰事[1]。

　　這三次猶太人反抗羅馬帝國的戰爭，猶太人都失敗了，到了第三次戰事以後，羅馬帝國對於猶地亞（Judea）的猶太人有很多限制，有許多猶太人散居到羅馬帝國各地。 由於基督教徒當中已經有許多不是猶太人，在第一次戰爭中，雖然基督教徒

仍然站在共同反抗羅馬帝國的立場，但是到了第二次和第三次戰爭，基督教徒就袖手旁觀了[2]。 這與傳統的猶太教有了重大的分歧。 傳統的猶太教徒也不承認耶穌是他們所期待的彌賽亞，因為彌賽亞應該是要把猶太人從異族統治之下解救出來的救星，而耶穌並沒有做到這一點，反而自己被釘死在十字架上。

猶太教說基督教的人是懦弱和叛國，基督教的人則認為羅馬人摧毀了神廟，是耶穌預言的實現，於是，這兩個教會越離越遠，終於變成了兩個宗教。 但是，猶太教的經典仍然是基督教的經典，只不過基督教把它稱為《舊約》（*Old Testament*），而把與耶穌有關的記載稱為《新約》（*New Testament*）而已。 因此，基督教可以說是猶太教分化出來的一個分枝。 所以，要談基督教的起源，一定要從猶太教（Judaism）說起。

猶太教是猶太民族的傳統宗教，他們以雅威（Yahweh）為唯一的真神，以猶太人為上帝的選民。 猶太教認為自己的神保護自己的民族[3]，這與其他的民族宗教大同小異。 他們以亞伯拉罕（Abraham）為他們的祖先，以先知摩西（Moses）傳授的戒律為教規。 但是在歷史上，信仰一神的猶太教並不是猶太民族自古以來就有的信仰，猶太人原來的信仰也是多神的。 猶太教是以傳說中的摩西時代開其端，在結束巴比倫之囚後，返回巴勒斯坦之後定型的。 在此之前是信仰部落神的多神宗教。 在古代的時候，猶太人稱為希伯來（Hebrew）人。 這種早期信仰多神的宗教因而可以稱為「希伯來宗教」，而把後來的一神教稱為猶太教。

猶太人的祖先是閃族（Semite）的一個分支，現在的猶太人

和阿拉伯人都是屬於閃族。 古代的亞述人、巴比倫人、希伯來人、腓尼基人也都是屬於閃族。「希伯來」（Hebrew）這個字的原意，大概是「跨過」[4]，或者「另一邊」[5]的意思。 指希伯來人是由幼發拉底河（Euphrates）的東邊越河過來的人。

根據《舊約》的記述，猶太人以亞伯拉罕（Abraham），亞伯拉罕的兒子以撒（Isaac），以撒的兒子雅各（Jacob）為猶太人的先祖。 雅各有妻妾四人，共有十二個兒子，這十二個兒子的後代成為猶太十二個部落的祖先。 在《舊約》的記載中，雅各的兒子約瑟（Joseph）被他的兄弟賣到埃及，後來做了大官，雅各和家人以後也因為逃荒到了埃及。 他們的後代形成了猶太部落。 往後因為受到埃及王的奴役，由摩西（Moses）帶領，逃出埃及，並且以上帝之名頒布了律法。

摩西的名字在埃及話中就是「兒子」的意思[6]。 摩西死後，猶太人在約書亞（Joshua）的領導下，攻占了迦南（Canaan），也就是現在的巴勒斯坦。 這是根據《舊約》傳統的說法。 但是，由現在的歷史學和考古學的證據來看，亞伯拉罕、以撒、雅各、約瑟、摩西，這些《舊約》中的人物，他們的事蹟沒有任何可靠的歷史證據證明，只能當作是神話。 像摩西這個人物，除了《舊約》以外，完全沒有任何其他歷史記載或者考古學上的證據。 有一些學者推論，如果他們存在過的話，按照《舊約》的說法，那麼亞伯拉罕的年代比較可能是在公元前二十到十八世紀[7]，而摩西的年代可能是在公元前十三世紀[8-9]。

後來，猶太人進入了部族首領的士師（Judges）時代。 接著由於與外族的征戰，猶太人的部落，需要有軍事上的領導人，

因而逐漸的朝向王國轉化，第一個國王是掃羅（Saul），後來戰死。 第二個國王是大衛（David）。 在大衛領導之下，猶太人在巴勒斯坦建立了他們的國家，時間大約是在公元前十世紀。 大衛和大衛的兒子所羅門（Solomon）的時代，是傳說中古猶太國的黃金時代，猶太人在耶路撒冷建立了聖殿，是為第一聖殿。

所羅門死後，猶太人分裂為南北兩個國家，北面的部落建立了以色列國（Israel），南部的部落成為猶大國（Judah），南北兩個猶太人國家的內戰持續了差不多兩百年。 上面所述的是依據《舊約》記載的猶太人古代歷史。 但是，近年來由於考古學的發現也受到了挑戰。 新的證據顯示，並沒有大量猶太人逃出埃及的證據，也沒有猶太人攻占迦南的證據，同時，大衛與所羅門的王國，即使是有的話，範圍和人口也要比原來想像的小得多。 而且，根本沒有大衛與所羅門「聯合王國」這回事。 以色列和猶大一直是兩個分立的國家 [10]。

以色列國的年代大約是從公元前 929 年到 722 年，到了公元前 722 年以色列為亞述（Assyria）所滅，人民也從歷史上消失了。 南邊的猶大國從公元前 929 年起，到了公元前 586 年也為巴比倫（Babylonia）所滅，猶太人的聖殿被毀，人民也有許多被遷到巴比倫，是為「巴比倫之囚」（Babylonian Captivity）。

公元前 539 年，波斯攻占巴比倫，波斯王居魯士（Cyrus，約公元前 576－530，公元前 559－530 在位）在次年允許猶太人回到巴勒斯坦，並且允許他們重建聖殿，有些猶太人因此分批回到巴勒斯坦，聖殿在公元前 516 年建成，是為第二聖殿。

到了公元前 333 年，馬其頓王亞歷山大（Alexander，公元

前 356－323，公元前 336－323 在位）擊敗波斯王大流士三世
（Darius III，公元前 380－330，公元前 336－330 在位），波斯亡
國，巴勒斯坦也成為亞歷山大帝國的一部分。 公元前 323 年，
亞歷山大去世，他的王國由他的部將瓜分。 猶太人所居的巴勒
斯坦，先是埃及托勒密（Ptolemy）王朝的一部分，後來托勒密
王朝和賽流西（Seleucid）王朝數度交戰，巴勒斯坦也數度易
手，到了公元前 198 年以後 [11]，巴勒斯坦終於成了賽流西王國的
一部分。

　　公元前 170 年，賽流西王安提柯斯四世（Antiochus IV，
公元前約 215－163，公元前 175－163 在位）廢了猶太人的大
祭司，對於猶太教也進行迫害 [12]。 在馬加比（Maccabee）父
子兄弟的領導下，猶太人起來反抗賽流西王朝，從公元前 143
到 63 年，猶太人曾經有過短暫的獨立，是為哈斯摩尼王朝
（Hasmonean）。 但是馬加比家族內爭不斷，到了公元前 63
年，終於為羅馬大將龐培（Gnaeus Pompey，公元前 106－48）
所滅。

　　巴勒斯坦地區在公元前 63 年被羅馬大將龐培征服之後，
動盪不安，馬加比王朝的後裔聯合安息（Parthian）帝國與羅馬
為敵，公元前 39 年，羅馬立希律（Herod，公元前 74－前 4）
為附屬於羅馬帝國的猶太國王。 歷史上稱為大希律（Herod the
Great），不過，實際上他是一個相當殘暴的人，他一共娶了十
個妻子，也殺過他的妻子，還殺了他的三個兒子。 希律的血統
一半是猶太人，一半是伊都米亞（Idumea）人。

　　公元前 37 年，希律進入耶路撒冷。 希律在公元前四年

死去後，羅馬帝國把他的領地分為三部分，分別由他的三個
兒子管轄。 猶地亞（Judea）和撒馬利亞（Samaria）由阿其勞
（Archelaus）[13] 管轄。 加利利（Galilee）和波利亞（Peraea）由
安提帕斯（Antipas）管轄，而巴坦那亞（Batanaea）則由菲利普
（Philip）管轄。

　　阿其勞不久之後，在公元六年就被羅馬廢掉了，領地改由
羅馬直轄。 安提帕斯則一直做到公元 39 年，他是耶穌在世的時
候，猶太人的官員。 猶太地區後來又經過大希律的孫子希律・
阿達帕一世（Herod Agrippa I，約公元前 10－公元 44）和他的兒
子希律・阿達帕二世（Herod Agrippa II，公元 27－100）短暫的
統治。 羅馬後來把整個巴勒斯坦都收歸直轄了。

　　在《新約》中出現的希律一共有三個，《新約》並沒有把他
們分清楚。 這三個希律是大希律（Herod the Great），希律・安
提帕斯（Herod Antipas）和希律・阿達帕一世（Herod Agrippa
I）。 其中，大希律和希律・阿達帕一世都有羅馬所給予的猶太
國王稱號，而希律・安提帕斯則只有四分領（tetrach）的名號。

　　在羅馬人的統治之下，猶太人曾多次反抗羅馬帝國，有過三
次比較大的戰事，第一次是在公元 66 年到 70 年，導致第二聖
殿被毀。 第二次是在 115 年到 117 年，羅馬與安息（Parthian）
帝國的戰爭中，猶太人趁機反抗羅馬。 第三次在公元 132 年到
135 年。 在這三次戰事當中，猶太人的反抗雖然很英勇，但是
最後都被羅馬人所擊敗，遭到殘酷的鎮壓，耶路撒冷也被摧毀。

　　羅馬皇帝哈德良（Hadrian，76－138，117－138 在位）在
公元 135 年後，把耶路撒冷改建為一個羅馬式的城市，改名為

Aelia Capitolina，這是依照他自己的名字（Aelius Hadrianus）和他的保護神（Jupiter Capitolinus）而取名的。 Aelius 是哈德良家族的姓，Capitolina 是他的保護神。 他把猶地亞也改名為敘利亞的巴勒斯坦（Syria Palestina）[14]。 羅馬人還在原來的神廟高地（Temple Mount）上蓋了一座祭祀羅馬主神朱比特（Jupiter）的神廟 [15]。 羅馬帝國甚至不准猶太人平常進入這個新城，一年只准在祭拜的時候進去一次 [16]。 自此以後，有許多猶太人被迫離開巴勒斯坦，逐漸分散到世界各地，稱為猶太人的散居（Diaspora）。

《舊約》把亞伯拉罕、以撒、雅各當作是猶太人的祖先。在《舊約》的記載中，摩西第一次把神的名字雅威（YHWH，讀 Yahweh）告訴了猶太人。 大多數的學者以為雅威這個名字是由意思是「to be」的這個字根而來的，雅威因此是維護者（sustainer , the one who is）的意思，後來的猶太人覺得雅威太神聖了，他的名字不可以念，碰到的時候用另一個字 Adonai 來代替，Adonai 的意思是 the Lord 或 my Lord。 中世紀的《舊約》翻譯者因而把它們放在一起，把希伯來文 YHWH 的子音和 Adonai 的母音放在一起，因而成了耶和華（Jehovah）。 所以，耶和華這個名字其實是誤譯。

按照猶太人傳統的說法，摩西不但把猶太人帶出了埃及，而且在西奈的沙漠，與神立約（covenant）。 在摩西死後，由約書亞（Joshua）繼承領導，行割禮，並跨過約旦河，進入迦南。這個雅威與另一稱為 El 的神（El 在閃族的語言中，是神的意思）似乎合而為一。 而迦南人民當時的神是巴力（Baal），以色列人與迦南人的鬥爭，因而變成雅威和巴力神（Baal）的鬥爭。

　　以色列人在迦南早期的故事，記載在〈士師記〉（Judges）中，《舊約》一共記載了十二位士師，其中還有一個女人底波拉（Deborah），他們並不是法官，而是對外作戰時候的領袖。前面提到過，在掃羅、大衛和所羅門之後，以色列分裂成為南北兩個國家。南部的猶大國在國王約西亞（Josiah，約公元前640－609 在位）時期，有過一次宗教改革，把祭祀集中在耶路撒冷。但是，不久以後的公元前 586 年，巴比倫人攻占了耶路撒冷，猶大就亡國，猶太人的神廟也被摧毀了。

　　過去，猶太人把雅威當作是保護自己民族的神，但是，在公元前 586 年，猶太人亡國，神廟被毀以後，這就不好講了。因為這不但代表了民族的失敗，也代表了神的失敗。當時有一個先知耶利米（Jeremiah）解釋這種情況，認為猶太人在雅威保護下，還是有盼望的。在巴比倫之囚時期，猶太先知以斯拉（Ezra）約在公元前 450 年或 398 年左右整理編輯猶太經典，並且在帶回到巴勒斯坦以後，變成後來猶太人經典的來源。

　　在《舊約》中，有許多所謂先知（prophet），在大衛的宮廷中有拿單（Nathan），他反對大衛娶拔示巴（Bathsheba）。在以色列王亞哈（Ahab）的時候，以利亞（Elijah）也反對王的作為。在《舊約》的先知中，第一個留下了講話記錄的是阿摩司（Amos），他是大約公元前 750 年左右的人。何西阿（Hosea）也是生活在以色列國的人，約在阿摩司（Amos）之後。彌迦（Micah）生活在猶大國，當時有亞述的威脅。以賽亞（Isaiah）與彌迦（Micah）同時。以西結（Ezekiel）大概是耶利米（Jeremiah）的徒弟，放逐後住在巴比倫。公元前 538

年，波斯王讓猶太人返回巴勒斯坦，這時有一個先知，冒用以賽亞的名字，稱為第二個以賽亞（Isaiah）。

猶太人分兩波回到巴勒斯坦。 第一波在公元前538年，由設巴薩（Shesh-bazzar）和其繼承人所羅巴伯（Zerubbabel）帶領[17]。 只有少數人在第一波回到巴勒斯坦，設巴薩可能是一個大衛的子孫，但是後來沒有什麼有關他的記載。 第二波在八十年以後，約公元前458年左右，由以斯拉（Ezra）和尼希米（Nehemiah）領導。 在公元前516年又建成了新的聖殿，是為第二聖殿。

以斯拉是建立了現在這種形式猶太教的主要歷史人物，也是他禁止猶太人與外族通婚。 現代的學者認為摩西五經是以斯拉編輯的，《舊約》〈尼希米記〉第八章也有類似的記述。 在以斯拉之前，學者把猶太人的宗教稱為以色列或希伯來宗教，在以斯拉之後，他們就用猶太教（Judaism）這個名詞了。

《舊約》開頭的五卷書是猶太經典中最重要的部分，稱為「妥拉」（Torah）、也就是律法書，又稱五經（Pentateuch），或摩西五經，就是指：〈創世記〉（Genesis）、〈出埃及記〉（Exodus）、〈利未記〉（Leviticus）、〈民數記〉（Numbers）和〈申命記〉（Deuteronomy）。 妥拉（Torah）這個字常翻譯為「教訓」，「律法」。

傳統猶太教的講法說這些經典都是神給摩西的，現代的學者經過仔細研究後，認為「摩西五經」都不是摩西所寫的，這五卷猶太經典其實有四個來源，分別稱為 J、E、D、P。 J 是在文字中以雅威（Yahwah）或耶和華來稱呼神的部分。 E 是用艾洛

亨（Elohim），也就是希伯來文「神」（El）這個字的複數來稱呼神的部分。 D 則是〈申命記〉（Deuteronomy）的部分，P 是有關祭司（priest）的部分。 這四個部分都是獨立成篇的，時代和作者都不同。

到了公元前 450 年或 398 年左右，由巴比倫回來的祭司以斯拉（Ezra）把這四種來源編輯成書。 這個有關「摩西五書」的成書理論，現在已經得到幾乎所有研究《舊約》學者的支持。一般的猶太人，大部分都不知道這種學說，只知道傳統的講法，仍然認為摩西五經是神拿給摩西的[18]。

希伯來文《舊約》最早翻譯成希臘文的版本叫做七十子本（Septuagint），因為傳說是由七十二個學者翻譯，在公元前 250 年左右完成的，但是只翻譯了前面的摩西五書，整個《舊約》最後翻譯成希臘文是在公元前 150 年左右[19]。

猶太教在流傳的過程中，特別是在希臘和羅馬的統治年代，由於內部政治經濟地位的不同，也因為對於外邦統治者政治態度的不同，逐漸分化為幾個派別，其中主要的有四派：

一、撒都該派（Sadducees）

這一派源自所羅門王建立聖殿以後，逐漸形成的祭司貴族集團，是猶太教中的元老派。 在馬加比王朝時期，有掌握聖殿的特權。 在公元 70 年聖殿被羅馬帝國摧毀之後，這個依賴聖殿的祭司集團就消失了。

二、法利賽派（Pharisees）

這一派是猶太教的中產者，主要是由文士與律法師所組成，篤信律法，相信靈魂與肉身復活，注重維護猶太教的傳統與猶太生活規範，盼望「彌賽亞」的降臨。 法利賽人擁護馬加比起義，對後來的羅馬統治持不合作的態度。

三、艾賽尼派（Essenes）

此派成員可能是教士集團的後裔[20]，也有人認為此派成員主要為下層群眾[21]。 他們成群隱居，建立互助社團，過著樸素的集體勞動生活，注重虔修祈禱，殷切盼望救世主的來臨。 實行比法利賽派更為嚴格的禁欲生活，對於猶太教的特權者和羅馬統治者懷有強烈的反抗情緒。

四、奮銳黨人（Zealots）

即狂熱派，由社會下層、貧苦工人、和小商販所組成，強力反抗羅馬的統治。 在宗教觀點上，與法利賽人接近，但是在政治上的鬥爭路線不同。

等到公元 70 年，羅馬帝國摧毀了耶路撒冷的猶太神廟。 特別是到了公元 135 年，在第三次的羅馬與猶太的戰爭之後，猶太人在羅馬帝國的壓迫下，有許多離開了猶太地區，猶太人四散到世界各地。 在巴勒斯坦和在巴比倫的猶太人都編成了律法總集，稱為塔木德（*Talmud*）。 在巴比倫編成的塔木德比在巴勒斯坦編成的要完整一些。 最後完成的時候是公元後 500 年左右。

　　由耶穌創立的基督教原來是猶太教的一個派別。 根據學者們的研究，耶穌大約生於公元前 4 至 6 年，死於公元後 30 至 33 年。 再詳細就沒有辦法考訂了。 在這個時候，猶太教已經有將近一千多年的歷史了。 在《新約》中可以很清楚的看到，耶穌認為他自己是比當時在耶路撒冷當權者更為忠誠的猶太信徒。 所以，耶穌所倡導的教派，並不是另一種宗教，而是猶太教的一派。

　　在猶大國滅亡以後，猶太人中傳說，上帝將會派遣一位「彌賽亞」來復興猶太人的國家。 彌賽亞（Messiah）原意為「受膏者」（the anointed one）。 古代猶太人在封立君王和祭司時，在受封者額上敷油膏，稱為「受膏者」，意指上帝所派遣的人。 在猶太人亡國以後，彌賽亞就成為猶太人盼望的復國救主的稱號。 在猶太人的傳說中，這個彌賽亞應該是大衛王的後裔 22。

　　猶太教與基督教的分別，不在於他們的教義有什麼不同，而在於基督教認為耶穌是他們的彌賽亞，而猶太人不承認耶穌是彌賽亞。 因為對於猶太人來說，彌賽亞應該是拯救他們，脫離異族統治的救世主，耶穌顯然並沒有能夠拯救猶太人，反而自己被釘死在十字架上。 所以，對於猶太人來說，耶穌不可能是他們的彌賽亞。

　　不過，保羅對猶太人之外的其他民族傳教，倒是非常的成功。 在羅馬帝國許多地方都成立了基督教會。 基督教雖然在最初間歇的受到羅馬帝國的迫害，但是由於我們在後面討論的原因，到公元四世紀，基督教成了羅馬帝國的國教。 到了這個時

候，基督教反過來迫害其他宗教了。中世紀以後，基督教變成歐洲地區唯一的宗教，也成了他們的國教。十五世紀以後，隨著歐洲國家的逐漸強盛和他們在海外建立殖民地，基督教的版圖和人口，都變得越來越大，現在終於成為世界上最大的宗教。

　　基督教有許多派別，主要有羅馬天主教、東正教、和基督新教三個大派，以及許多其他小派別。在中文環境裏，因為往往用「基督教」來稱呼新教，因此在名稱上有一些混亂。在本書中，我們用「基督教」代表所有基督宗教的各個派別，包括羅馬天主教，東正教、基督新教，和各個獨立的派別，與英文中的 Christianity 相對應。在特別說到基督新教的時候，我們用「基督新教」、「新教」或「耶穌教」來表示。為了對所有的宗教公平起見，在本書中，我們將盡量使用《舊約》、《新約》、《新舊約》這樣比較中性的名詞，來代替《聖經》。如果在約定俗成使用《聖經》這個名詞的地方，我們會加上括號。

注釋

1. J. D. Crossan, *The Historical Jesus*, HarperSanFrancisco, 1991年，205頁
2. (1)唐逸主編，《基督教史》，中國社會科學出版社，1995，47頁
　　(2)王美秀、段琦、文庸、樂峰等著，《基督教史》，江蘇人民出版社，2006，40頁
3. Roy A. Rosenberg, *Judaism, History, Practice and Faith,* NAL books, 1990年
4. Geoffrey Parrinder, *World Religions from Ancient History to the Present,* Facts and File, Inc. 1985. 386頁
5. 呂大吉，《宗教學通論》，博遠出版社，民國82年，台北。第604頁
6. Roy A. Rosenberg, *Judaism, History, Practice and Faith,* NAL books, 1990年，第11頁
7. 呂大吉，《宗教學通論》，博遠出版社，民國82年，台北。第604頁
8. 呂大吉，《宗教學通論》，博遠出版社，民國82年，台北。第609頁

9. *The World's Religions,* ed. by Steward Sutherland, Leslie Houlden, Peter Clarke, and Friedhelm Hardy, G. K. Hall and Co. 1988年，第74頁的表

10. I. Finkelstein and N. A. Silberman, *The Bible Unearthed,* Simon and Schuster, 2001年

11. Emil G. Kraeling, *Bible Atlas,* Rand McNally & Company, 1956年，344頁的表

12. Roy A. Rosenberg, *Judaism, History, Practice and Faith*, NAL books, 1990年，45頁

13.《新約》和合本翻譯為亞基老，見〈馬太福音〉2:22

14. Charlotte Allen, *The Human Christ,* The Free Press, 1998, p41

15. Roberta Harris, *The World of The Bible,* Thames and Hudson, 1995, p.162, Aelia Capitolina: Hadrian's Jerusalem

16. (1) John Dominic Crossan and Jonathan L. Reed, *Excavating Jesus-beneath the stones, behind the texts,* HarperSanFrancisco, 2001, p.186.

(2)除了節日之外，不准猶太人進耶路撒冷，見：英文維基Bar Kokhba revolt

(3) Jean-Pierre Isbouts, *In the Footsteps of Jesus,* National Geographic, 2012, 307-308頁

17. (1) R. E. Friedman, *Who Wrote the Bible?* Summit Books, 1987年，156頁

(2) J. M. Miller and J. H. Hayes, *A History of Ancient Israel and Judah,* Westminster Press, 1986年，445頁

(3) J. Bright, *A History of Israel,* Westminster Press, 3rd edition, 1981年，362頁

18. Roy A. Rosenberg, *Judaism, History, Practice and Faith,* published by NAL books, 1990年

19. 任繼愈主編,《宗教大辭典》,上海辭書出版社,1998年,604頁

20. *Dictionary of World Religions,* ed. by Keith Crim, Harper and Row, 1981年

21. 羅竹風主編,《宗教通史簡編》,華東師範大學出版社,1990年

22. K. Crim, ed., *The Perennial Dictionary of World Religions,* HarperSanFrancisco, 1981年，478頁

第二章
《舊約》是誰寫的？

　　《舊約》原來是猶太教的經典。 耶穌在傳道的時候，只是說自己與當時猶太當權者主張不同，但是並沒有說要廢棄猶太人的信仰。 根據《新約》，耶穌自己本人也說過：「莫想我來是要廢掉律法和先知； 我來不是要廢掉，乃是要成全。 我實在告訴你們，就是到天地都廢去了，律法的一點一劃也不能廢去，都要成全。」[1]。

　　此處中文翻譯的「成全」二字，不是很恰當，中文翻譯成「成全」的這兩個字，在英文裏分別是 fulfill 和 accomplish，其實應該是「完成」或「達成」，都是很強烈 支持贊同的意思。 因此，早期的基督教，其實只是猶太教裏面的一個派別。 但是，後來耶穌的門徒與猶太教徒逐漸分開，形成了另一個宗教。 不過，猶太教的經典，仍然是基督教的經典。 只不過基督教把猶太教的經典稱為《舊約》，而把有關耶穌和耶穌門徒的記載和書信，稱為《新約》。 這一點猶太教當然是不承認的，他們仍然把《舊約》當作他們唯一的經典。

　　猶太教原來的經典，分成廿四卷，稱為「二十四書」。 分為三

大類： 律法書（Torah 或稱 The Law）五卷、先知書（Prophets）
八卷、和作品集（The Writings）十一卷。 其中先知書又分為
「前先知書」（四卷）和「後先知書」（四卷）。 基督教把它們
接納為經典後，將〈撒母耳記〉（The Book of Samuel）、〈列王
紀〉（The Book of Kings）、〈歷代志〉（Chronicles）各分為上下兩
卷，將〈十二小先知書〉分為十二卷，將〈以斯拉—尼希米記〉
分為〈以斯拉記〉（Ezra）和〈尼希米記〉（Nehemiah），從而使總
卷數增加到三十九卷。

　　這三十九卷書一般分為四類： 律法書（五卷），前先知書
（六卷）、後先知書（十五卷）和作品集（十三卷）[2]。 猶太教、
羅馬天主教、東正教、新教對此各有不同的分列方式。 同時，
還有一些經典，稱為「次經」（Deutero-Canonical Books）只
有部分的基督教會承認，以及一些沒有列入經典的「外傳」
（Apocrypha）[3]。

　　律法書（Torah）又稱五經（Pentateuch），或摩西五經，
指《舊約》開頭的五卷書，也就是：〈創世記〉（Genesis）、
〈出埃及記〉（Exodus）、〈利未記〉（Leviticus）、〈民數記〉
（Numbers）和〈申命記〉（Deuteronomy）。〈創世記〉記載了有
關創世、造人、洪水等神話傳說和希伯來民族的起源故事。 五
經的後四卷，記述以色列人的領袖摩西帶領以色列人出埃及的故
事，以及與文學故事交織出現的猶太教的教義、教規、希伯來人
的民事律法、道德規範等。 律法書是最早出現的猶太經典，也
是《舊約》中最重要的部分。

　　「前先知書」指位於律法書後面的〈約書亞記〉（Joshua）、

〈士師記〉（Judges）、〈撒母耳記〉（Samuel）和〈列王紀〉（Kings）。 內容基本是敘述以色列人，從征服迦南到被擄到巴比倫前後各時期的歷史。「後先知書」是所謂先知的著作。 包括三大先知書：〈以賽亞書〉（Isaiah）、〈耶利米書〉（Jeremiah）、〈以西結書〉（Ezekiel），和十二小先知書。 大先知書和小先知書只是依經卷的長短而定，與先知的地位與重要性並沒有一定的關係。 時間大約自公元前八世紀到前五世紀[4]。

作品集是最後確定為正典的經卷，包括抒情詩集〈詩篇〉（Psalms）、〈耶利米哀歌〉（Lamentations）、〈雅歌〉（Song of Solomon），智慧文學〈箴言〉（Proverbs）、〈約伯記〉（Job）、〈傳道書〉（Ecclesiastes）、故事集〈路得記〉（Ruth）、〈以斯帖記〉（Esther）、歷史故事〈歷代志〉（Chronicles）（上下卷）、〈以斯拉記〉（Ezra）、〈尼希米記〉（Nehemiah）、和啟示書〈但以理書〉（Daniel）。

在十七世紀啟蒙運動之前，基督教基本上是西方國家的國教，教會的教條就是社會行為的準則，《新舊約》裏的每一句話都被當作是神的啟示。 雖然偶爾會有人提出一些不同的意見，但是在教會和國家權力機構的雙重管制之下，很少不立刻受到壓制。

公元 1231 年，羅馬教宗格里高利九世（Gregory IX，約公元 1145－1241，1227－1241 在位）設立宗教裁判所，由多明我會（Dominican）和方濟各會（Franciscan）的教士來審判異端[5]。這個宗教裁判所前後繼續了五百年之久，以西班牙的宗教審判最為殘暴，據統計，僅僅是從公元 1483 年到 1820 年近三百五十

年間，被判處為宗教異端的有三十八萬多人，被火刑處死的有十萬多人。另外，以女巫的名義被處刑而冤死的也很多。在這種情形下，自然聽不到任何另外的聲音了[6]。

《舊約》既然有這麼多的篇章，它們不是由一個人寫的，也不是在同一個時代寫的。《舊約》寫作的年代前後長達一千年[7]，一直到公元 90 年，在巴勒斯坦詹尼亞（Jamnia）這個地方，經過猶太教士（也就是拉比 rabbi）的會議以後，才完全定型[8]。

《舊約》既然是猶太教和基督教的經典，而基督教又變成了許多西方國家的國教，因此，《舊約》的神聖地位也就變成不可侵犯、不容懷疑的了。其中《舊約》裏最為神聖的摩西五書，教會認為是由神拿給摩西，由摩西寫下來的。但是，在歷史上，有些人逐漸對於這種教會傳統的說法，感到懷疑。

從十一世紀起，開始有人指出，〈創世記〉中提到的一些以東人的王（Edomite kings），他們的時代比摩西要晚。後來陸續有人指出許多不合理之處，五書中還提到摩西死去的事情，這些都不可能是摩西自己寫的。

摩西五書中有許多地方都有重複的現象，許多故事都講了兩遍，內容往往有些出入。而且，這兩套敘述的故事，各自對於神的名字有一定的稱呼。一種稱神為雅威（Yahweh），過去誤拼為耶和華（Jehovah），另一種則稱神為艾洛亨（Elohim），也就是希伯來文「神」的複數（希伯來文神是 El，El 的複數是 Elohim）。摩西五書，因此有兩套或更多的來源。後來的研究顯示，摩西五書一共有四種來源，因為在前四書中，有的地方一個故事有三套講法。摩西五書中的第五書，〈申命記〉，來源

與其他四書都不同，〈申命記〉有另外的作者，因此一共有四個來源。 這四種分別稱為 J、E、D 和 P，它們的來源是：

J ——把神稱為 Yahweh 或 Jehovah 的部分

E ——把神稱為希伯來語中「神」（即 Elohim）的部分

D ——〈申命記〉的部分

P ——與律法和教士有關的部分，這部分占的篇幅最多

根據學者們的研究，J 和 E 的作者年代比較早，因為一些後來發生的事他們不知道。 而 P 作者最晚[9]。 對於摩西五書性質的真正了解要分三個不同的階段[10]。 在第一個階段，人們仍然認為摩西五書是摩西所寫的，只不過有些句子是後人加上去的。

十一世紀的時候，在伊斯蘭教統治下的西班牙，有一個猶太裔的宮廷醫生，叫做雅述實（Isaac ibn Yashush）。 他發覺在〈創世記〉第三十六章所提到的以東（Edom）諸王裏面，有一些是在摩西死後很久才出現的。 因此，雅述實認為這個以東諸王的名單是在摩西死後由其他的人所列的。

十二世紀一個西班牙的猶太教士，亞伯拉罕·伊本·以斯拉（Abraham ibn Ezra）雖然批評雅述實的論點，可是也找到了一些新的證據，顯示摩西也許不是摩西五書的作者，但是他說知道情況的人應該要保持沉默。 到了十四世紀，一位住在大馬士革的學者邦非斯（Joseph ben Eliezer Bonfils）不想保持沉默了，但是即使是在三百五十年以後，當他的著作印行的時候，這些話仍然是刪掉了的。 到了十五世紀，一位阿維拉（Avila）的主教拓斯塔圖斯（Alphonsus Tostatus，約 1410–1455）也說過，摩西五書中關於記載摩西過世的事，不是摩西所寫的。

　　到了第二個階段，人們仍然以為摩西五書主要是由摩西所寫的，只是後來有人編輯整理過這些文件。十六世紀的一個天主教士凡梅斯（Andreas van Maes，1514－1573）和另外兩位耶穌會士波瑞拉（Benedict Pereira，1536－1610）和彭佛瑞（Jacques Bonfrere，1573－1642）就是持這種主張。凡梅斯寫的書因而成了天主教的禁書。

　　到了第三個階段，學者們直接指出摩西五書不是摩西所寫的。十七世紀的英國哲學家霍布士（Thomas Hobbes，1588－1679）是第一個這麼說的人。他舉出許多證據，顯示摩西五書不可能是由摩西所寫的。過不了多久，法國的狄拉皮瑞（Isaac de la Peyrere，1596－1676）也提出類似的看法，他因而被捕，教會威脅他，如果想要出獄的話，就必須放棄他的言論，而且要向教宗謝罪，在這種威脅下，他只好收回他的言論。

　　約略同時，在荷蘭的猶太裔哲學家斯賓諾莎（Baruch Spinoza，1632－1677）也指出，這些與歷史不合的例子不是孤立的，他說：「摩西五書不是摩西寫的，而是由摩西死後很久的人所寫的，這件事就跟中午太陽照在天上一樣的清楚。」斯賓諾莎當時已經被驅逐出猶太教，他寫了這樣的文章以後，又被天主教和新教的人所譴責。

　　過後不久，一位法國人西蒙（Richard Simon，1638－1712）本來要寫一篇批評斯賓諾莎的文章，但是在他的文章中，他說摩西五書主要是由摩西寫的，但是有些部分是由後來的先知所加的。他的書成了天主教的禁書而被燒毀，他的書印了一千三百本，只有六本逃過一劫。英國人漢普頓（John Hampden）翻譯

了他的書，結果被囚禁在倫敦塔，只有在表示懺悔之後才被放了出來。

　　同樣的，在十八世紀的末期，英國的出版商為了要出版美國和法國革命時期的思想家培恩（Thomas Paine，1737－1809）的著作《理性時代》（*The Age of Reason*）而被下獄。 在這本書裏，培恩寫下了他有關宗教的看法，有人稱這本書是「無神論的聖經」[11]。 1697 年，一個二十歲的蘇格蘭學生愛肯海（Thomas Aikenhead，約 1676－1697），因為主張以斯拉（Ezra）才是摩西五書的作者，不是摩西，而被吊死[12]。

　　西蒙認為《舊約》的作者是把古時候的記述收集起來的想法，對於研究《舊約》是重要的一步。《舊約》中有許多故事是重複述說的。 十八世紀，有三位學者不約而同的得到了類似的結論。 一位是德國的教士韋特（H. B. Witter），一位是法國的醫學教授和法王路易十五的御醫阿斯特魯（Jean Astruc，1684－1766），還有一位是德國的教授艾希霍恩（Johann G. Eichhorn，1752－1827）[13]。

　　韋特 1711 年起的研究結果後來失傳，一直到 1924 年才重現。 阿斯特魯在他出版的有關〈創世記〉的書中，首先論及《舊約》中表述神的名字，有艾洛亨（Elohim）（神的複數）和雅威（Yahweh）或耶和華這兩種稱謂，奠定了關於「摩西五經」底本學說的基礎，使這一研究獲得重大的突破。

　　在阿斯特魯〈創世記〉二底本說的基礎上，德國學者艾希霍恩認為這些來源是在摩西死後才編輯起來的[14]。 他們的結論都是類似的： 就是在《舊約》裏至少有兩組故事編在一起。 一組故

事中，神的名字是雅威（Yahweh），在另一組故事中，神的名字就是叫神（Elohim）。 這兩組故事都是摩西死後的人所寫的。摩西與摩西五書的關係越來越疏遠了。

到了十九世紀，發現摩西五書還不只有兩個來源，其實有四個。 在前四部書中，不只有兩組，有時還有三組故事。 一位年輕的德國學者迪維特（Wilhelm M. L. de Wette，1780－1849），在他的博士論文中說，摩西五書的第五書，也就是〈申命記〉（Deuteronomy），與其他的四書在語法上很不相同。 前面所說的兩、三種來源都沒有出現在〈申命記〉中。 因此，〈申命記〉不是前面四書的作者寫的。 迪維特因而認定〈申命記〉是第四個獨立的來源，他認為〈申命記〉是在約西亞王（Josiah，約公元前 640－609 在位）的時候寫的。

下一步的研究就是要決定這四個文件來源的先後次序。 兩位德國學者對此有重大的貢獻，一位是格拉夫（Karl Heinrich Graf，1815－1869），一位是瓦特克（Wilhelm Vatke，1806－1882）。 格拉夫用比較歷史文獻先後的方法，發現 J 和 E 是最早的，因為這兩卷書的作者不知道後來發生的事情。 D 比 J 和 E 要晚，而 P 是最晚的。 瓦特克用宗教發展不同階段的方法也得到類似的結論。 他們都認為這些經典成立的時代比摩西要晚的多。

在《舊約》研究上，威爾豪森（Julius Wellhausen，1844－1918）是一個有著重大貢獻的人物。 雖然在他之前，有許多發現就已經有人先做過了，但是他把它們連結起來，形成了一個清楚的綜合體。 同時，他自己也有許多研究成果。 威爾豪森

接受了格拉夫和瓦特克三個階段的說法。認為 J 與 E 先結合起來，形成 JE。後來〈申命記〉加進來，變成 JED，最後又加入了 P 的部分。這個綜合的理論稱為「底本學說」，或稱「文獻假說」（Documentary Hypothesis）[15]。這個理論到現在一直是《舊約》研究方面的主要理論。後來有人攻擊威爾豪森的研究，說他對學生們的宗教信仰有破壞性的影響，因而被迫辭職[16]。

在英語世界，這個「底本學說」（Documentary Hypothesis）之所以為人所知，主要是由於史密斯（William Robertson Smith，1846－1894）的貢獻，他是一位英國人類學家，也是《舊約》與閃語研究專家[17]，他是蘇格蘭亞伯丁（Aberdeen）Free Church College 的《新舊約》教授，也是大英百科全書（Encyclopedia Britannica）的編輯。他後來被教會起訴。雖然沒有定罪，卻失去了教職。在十九世紀，南非的一位英國國教主教，科楞所（John Colenso，1814－1883）也發表了類似的文章，被人稱為是「邪惡主教」（the wicked bishop）。

因此，現代的學者經過多年的研究，認為「摩西五經」都不是摩西所寫的，這五書一共有四個不同的來源，分別稱為 J、E、D、P。J 是在五書中以雅威（Yahweh）或耶和華（Jehovah）來稱呼神的部分。E 是用艾洛亨（Elohim），也就是希伯來文「神」的複數這個字來稱呼神的部分。D 則是〈申命記〉（Deuteronomy）的部分，P 是與律法和祭司（priest）有關的部分，在摩西五書中篇幅占得最多。這四個部分都是獨立成篇的，時代和作者都不同。這幾部經書到了公元前 450 年或 398

年左右，由一個從巴比倫回來的祭司以斯拉（Ezra）總合編輯成書。

　　在研究《舊約》的過程中，基督教和猶太教一直都是持反對的態度，它們認為這會破壞人們對基督教和猶太教的信仰。 天主教幾個世紀以來，一直都是反對研究《舊約》歷史的，但是情勢逼人，到了 1943 年，教宗庇護十二世（Pius XII，1876－1958，1939－1958 在位）也不得不同意《舊約》的歷史是可以研究的了。 在基督新教和猶太教方面，這種阻力也慢慢地變小了。

　　這個有關「摩西五書」的成書理論，現在已經得到幾乎所有研究《舊約》學者的支持。 在上一世代，還有一些基督教和猶太教的學者對抗這個「文獻假說」，但是到了現在，已經沒有一個研究《舊約》的學者還認為摩西五書是摩西所寫的了。 而且也沒有人認為這是任何一個人所寫的。 他們對於摩西五書是誰寫的，什麼時候寫的，容或會有不同的意見，但是對於這個理論的基本架構，已經沒有人提出異議了 [18]。

　　這樣的分析不但對摩西五書是成立的，而且可以用到《舊約》的其他部分。 譬如說，〈以賽亞書〉（Isaiah）傳統上認為是公元前八世紀的先知以賽亞所寫的。 這書的前半部與傳統的說法相符。 但是，根據學者的考證，〈以賽亞書〉的第四十章到五十五章和第五十六章到六十六章，分別是在另外時代，由另外的人所寫的，稱為第二以賽亞和第三以賽亞，這個第二以賽亞大約是兩百年以後的人 [19]。 即使是只有一頁的〈俄巴底亞書〉（Obadiah），也可能是由兩個作者寫的。

　　近年來，語言學的研究更為進步。 摩西時代的語言和「摩

西五書」真正寫下來的時代的語言，彼此之間的差異和莎士比亞時代的英文與現在的英文之間的差異一樣的大。從威爾豪森的時代到現在，考古學也有重大的革命，對於《舊約》的研究，又添加了許多新的資料。

《舊約》記載，在所羅門王之後，猶太分裂為南北兩個國家，北面是以色列，南面是猶大。學者們的研究指出，兩國都有許多以祭司為業的利未人，為了爭奪主要神廟大祭司的職位，號稱是摩西（Moses）子孫的祭司和號稱是亞倫（Aaron）子孫的祭司有了衝突。後來，亞倫的子孫在南面的猶大國獲得了勝利。

在北面以色列國示羅（Shiloh）的摩西系祭司則運氣最不好，沒有受到兩國王朝的任命。在這種歷史環境下，根據加州大學聖地牙哥分校教授弗利德曼（Richard E. Friedman，1946－）的考證[20]，E 文件的作者是以色列國摩西系的祭司，在這些文字中，作者抬高摩西的地位，貶低亞倫的地位。寫作的年代是在公元前 922 年到 722 年之間。J 文件的作者是猶大國裏的文臣，寫作的年代應該是在公元前 848 年到 722 年之間。P 文件的作者是猶大國亞倫系祭司，作者貶低摩西，而抬高亞倫的地位。D 文件的作者，有很大的可能性就是流亡到猶大國的摩西系士羅籍的先知耶利米（Jeremiah）。最後，這四個不同來源的文件由流放到巴比倫的亞倫系祭司以斯拉（Ezra）把它們編輯在一起，就是現在「摩西五書」的來源。

以斯拉的活動年代不能完全確定，可能是在公元前 458 年左右，也可能在公元前 398 年左右。至於《舊約》的其他篇章，在宗教意義上的重要性不如摩西五書，大多是以神話的敘述方

式，來記述的猶太人歷史 [21]。而整個《舊約》要到公元 90 年才完全確定 [22]。

　　學者們對於 J、E、P、D 這四部經典的年代，意見稍有不一。 關於 J、E、P、D 四底本說的歷史，有人認為 J 是公元前 850 年左右寫於猶大國。 E 是公元前 750 年左右寫於以色列國。 D 就是在 622 年在耶路撒冷發現，並且送給約西亞王的律法書。 P 陸續成書於公元前 6 世紀中葉至 5 世紀中葉（公元前 550－450），作者是先知以西結（Ezekiel）的門徒，和波斯統治前期的猶太教祭司。

　　關於四底本的編輯，J 於分國期間在南國猶大形成，以後約一百年，E 底本在北國形成。 公元前 722 年，北國被亞述人征服後，以色列逃亡者將 E 底本帶至猶大，猶大的文人將兩種資料彙集起來，編成 JE 底本（以 J 為基礎，E 為輔助）。 公元前 622 年，約西亞王改革之時，一位南方的申命派作者又把新近成書的 D 匯入 JE，編成 JED 底本。 P 底本寫於因居巴比倫期間及隨後的數十年間。 P 成書不久即被匯入 JED，形成 JEDP 底本，時間是公元前 5 世紀下半葉。 從事編定，增補各底本工作的人，許多學者認為就是以斯拉（Ezra）[23]。

　　除了摩西五書以外其他的《舊約》篇章，在宗教的意義上，就比較不是那麼重要了。

　　〈約書亞記〉、〈士師記〉、〈撒母耳記〉和〈列王紀〉，〈歷代志〉、〈以斯拉記〉、〈尼希米記〉基本內容都是以神話的形式，記述以色列人從進入迦南到亡國，被擄到巴比倫前後各時期的歷史。 後先知書，包括三大先知書：〈以賽亞書〉

（Isaiah）、〈耶利米書〉（Jeremiah）、〈以西結書〉（Ezekiel），和十二小先知書是有關所謂先知，他們的故事和言論。 時間大約自公元前八世紀到前五世紀。

《舊約》其他部分則是一些神話文學作品。 包括抒情詩集〈詩篇〉（Psalms）、〈耶利米哀歌〉（Lamentations）、〈雅歌〉（Song of Solomon），文學作品〈箴言〉（Proverbs）、〈約伯記〉（Job）、〈傳道書〉（Ecclesiastes）、故事集〈路得記〉（Ruth）、〈以斯帖記〉（Esther），〈但以理書〉（Daniel）等。 在猶太教和新教方面，認為最晚出的〈但以理書〉已經是到了公元前二世紀，馬加比戰爭時期的作品。 對於天主教來說，〈所羅門智訓〉（The Wisdom of Solomon）更晚，時間是公元前 80 至公元前 30 年 [24]。

在摩西五經的編寫當中，原來流放在巴比倫的亞倫系祭司以斯拉（Ezra）是一個重要的人物。 在整個《舊約》中，只說到有兩個人是給律法的： 那就是摩西和以斯拉。 以斯拉回到耶路撒冷的年代有好幾種說法，可能是公元前 458 年，或者 428 年，或者 398 年 [25]。 首次在耶路撒冷對大眾公開摩西五書的就是以斯拉。 他是一個祭司，他也有波斯皇帝的授權。

傳統上，猶太人也說，摩西五書在公元前 586 年毀於戰火，而以斯拉把它恢復了。 這個紀錄保持在所謂〈以斯拉第四書〉（Fourth Book of Ezra）當中，這卷書不在現在的「《聖經》」正典中，而在《偽經》（Pseudepigrapha）中。 即使是把「《聖經》」翻譯成拉丁文的哲羅姆（Jerome，約公元 342－420）也說過：「你要說摩西是五書的作者，或者說以斯拉是它的重續者，

我沒有意見。」[26]。 因此，把舊有的經典最後合在一起形成摩西五經的，應該就是以斯拉。

　　公元 66 年到 70 年的戰爭中，猶太祭司班扎凱（Yohanan ben Zakkai）逃出耶路撒冷，在詹尼亞（Jamnia）建立了新的教士學校。 到了公元 90 年，在詹尼亞召開了猶太教士們的會議，才把《舊約》確定為現在的形式[27]。

　　因此，從歷史文獻的考證上，我們可以很清楚的看到，《舊約》是古代猶太祭司和文人編輯出來的故事。 文字中充滿了古代那種比較原始的，比較殘忍的政治鬥爭和社會風俗。 以現代人的眼光看起來，像是博物館中陳列的古物。 只要真正瞭解了「《聖經》」中《舊約》的來源，都會對《舊約》有一個比較公平而客觀的評價。

注釋

1. 見〈馬太福音〉5:17
2. 梁工，《聖經指南》，遼寧人民出版社，1993年，第5頁
3. 任繼愈主編，《宗教大辭典》，上海辭書出版社，1998年，135頁和828頁
4. 梁工，《聖經指南》，遼寧人民出版社，1993年，第5-7頁
5. 見(1) Keith Crim, ed., *The Perennial Dictionary of World Religions*, Harper and Row, 1981年，343頁。(2)唐逸，《基督教史》，中國社會科學出版社，1993年，151頁，說成立宗教裁判所在1223年。(3)任繼愈主編，《宗教大辭典》，上海辭書出版社，1998年，979頁，提到不同的教宗，在1179年、1183年、1220年、1229年都曾有通諭，強調處罰異端
6. 唐逸主編，《基督教史》，中國社會科學出版社，1993年，151頁
7. D. L. Bender and B. Leone, *Science and Religion-opposing viewpoints*, Greenhaven Press, 1988年，第5章
8. 見(1) U. Ranke-Heineamann, *Putting Away Childish Things,* HarperSanFrancisco, 1992年，230頁和250頁。(2) 羅竹風主編，《宗教通史簡編》，華東師範大學出版社，1990年，279頁
9. R. E. Friedman, *Who Wrote the Bible?* Harper & Row Publishers, 1987年，Introduction

10. R. E. Friedman, *Who Wrote the Bible?* Harper & Row Publishers, 1987年，Introduction

11. 見*The World Book Encyclopedia*, World Book Inc., 1985年，培恩條

12. H. Shanks, editor, *The Search for Jesus*, Biblical Archaeology Society, 1994, 第2頁

13. 他們的生卒年月分別見：《宗教大辭典》的24頁和847頁。任繼愈主編，《宗教大辭典》，上海辭書出版社，1998年

14. 以上大多參考自：R. E. Friedman，*Who Wrote the Bible?* Harper & Row Publishers, 1987年

15. 中文譯名，見任繼愈主編，《宗教大辭典》，上海辭書出版社，1998年，847頁

16. 張瑞夫，《人是上帝造的嗎？》，老古文化，1995年二版，第205頁

17. 任繼愈主編，《宗教大辭典》，上海辭書出版社，1998年。734頁

18. R. E. Friedman, *Who Wrote the Bible?* Harper & Row Publishers, 1987年，Introduction

19. J. Rogerson and P. Davies, *The Old Testament World*, Prentice-Hall, 1989

20. R. E. Friedman, *Who Wrote the Bible?* Harper & Row Publishers, 1987年

21. R. E. Friedman, *Who Wrote the Bible?* Harper & Row Publishers, 1987年

22. 見U. Ranke-Heinemann, *Putting Away Childish Things*, HarperSanFrancisco, 1992年，230頁

23. 見梁工，《聖經指南》，遼寧人民出版社，1993年，121頁。另外參考卓新平，《世界宗教與宗教學》，社會科學文獻出版社，1992年，399頁

24. 見海內曼U. Ranke-Heinemann, *Putting Away Childish Things*, HarperSanFrancisco, 1992年，230頁

25. J. Bright, *A History of Israel*, Westminster Press, 1981. 第379頁

26. R. E. Friedman, *Who Wrote the Bible?* Harper & Row Publishers, 1987年，225頁

27. 海內曼U. Ranke-Heinemann, *Putting Away Childish Things,* HarperSanFrancisco, 1992年，250頁

╱ 第三章 ╱
《舊約》故事的來源

　　《舊約》最重要的部分是前面的所謂「摩西五書」。一般人比較熟知的《舊約》故事，也大多來自「摩西五書」。

　　我們在前一章已經討論過了，現代的學者經過多年的研究，認為「摩西五書」都不是摩西所寫的，這五書一共有四個不同的來源，分別稱為 J、E、D、P。J 是在五書中以雅威（Yahweh）或耶和華（Jehovah）的名字來稱呼神的部分。E 是用艾洛亨（Elohim），也就是用希伯來文中「神」這個字的複數來稱呼神的部分。P 是與律法和祭司（priest）有關的部分，在摩西五書中占的篇幅最多。D 則是〈申命記〉（Deuteronomy）。這四個部分都是獨立成篇的，寫成的時代和作者都不同。這幾卷經書到了公元前 450 年，或者 398 年左右，由一個從巴比倫回到耶路撒冷的祭司以斯拉（Ezra）總合編輯成書。這個有關「摩西五書」的「文獻假說」（Documentary Hypothesis）成書理論，現在除了一些猶太教和基督教的極端保守派以外，已經得到幾乎所有研究《舊約》學者的支持。

　　猶太教和基督教會在《舊約》的研究過程中，一直持反對的

態度，認為這會對他們的信仰造成威脅，但是到了二十世紀，大勢所趨也不得不同意這樣的研究結果是可信的了。過去的學者，還認為以斯拉所編輯的摩西五書，就應該跟現在的版本差不多了。但是，1947 年發現了死海經卷，經過學者的研究，發現在寫死海經卷的時代[1]，《舊約》仍然有不同的版本。

美國聖母（Notre Dame）大學的優利西（Eugene Ulrich，1938-）教授在研究過一百二十七份死海經卷以後，得到的結論是：寫死海經卷的人對於猶太經典做了修改和添加。死海經卷中，至少有四種不同版本的〈出埃及記〉和〈民數記〉。許多不同種的〈申命記〉，以及兩種以上的〈詩篇〉（Psalms）。他猜測大概還有更多的版本沒有存留下來[2]。因此，即使是在以斯拉之後，《舊約》仍然是在繼續演變中的，直到公元 90 年的詹尼亞（Jamnia）會議以後才基本確定[3]。

《舊約》中常有一些故事，初看之下很難理解。如果我們根據上面所說摩西五書編輯成書的經過，事情就會比較明朗化了。在討論《舊約》中這些故事的來龍去脈之前，如果我們先回顧一下猶太人，特別是猶太祭司的歷史，這些故事的內涵就會豁然開朗了。

我們在第一章的時候就談到過，《舊約》中所描述的猶太歷史，往往都找不到真正的歷史根據。在近代考古學上，也找不到任何一點關於亞伯拉罕、以撒、雅各、摩西的根據。我們只能說他們是猶太神話歷史中的人物。至於掃羅、大衛和所羅門，可靠的歷史根據也很少，有些學者甚至認為他們也都是猶太歷史神話中的人物。認為一直到了以色列、猶大兩國分立的

時代，才有比較可以相信的歷史[4]。但是，因為我們現在討論的是《舊約》中的故事，如果不從《舊約》來討論，則將無從討論起了。因此，我們暫時把它的歷史真實性放在一邊，採取比較寬鬆的態度，以《舊約》來論《舊約》。不過我們要記住，這些都可能只是一些歷史神話故事。

根據一些學者的推估，大衛大約在公元前 985 至 963 年成為猶太人的王，所羅門為猶太人王的年代則大約是公元前 963 年到 929 年[5]。傳說中猶太人一共有十二個部落，大衛是由人數最多的猶大（Judah）部落來的。在他稱王之後，他任命兩位主要的祭司，一位名叫亞比亞他（Abiathar），是由北方部落中選出來的，另一個叫撒督（Zadok）是由南方部落選出來的。北方的教士來自示羅（Shiloh），號稱是摩西的後裔，而南方的教士來自西布倫（Hebron），聲稱是亞倫（Aaron）的後裔。因此大衛的安排一方面是南北的平衡，同時也是兩個重要教士家族的平衡。

大衛有許多妻子和兒子，兒子之間互相爭位，最後由所羅門（Solomon）繼承王位。當時大衛的前三個兒子都已過世[6]。亞比亞他支持大衛的四子亞多尼雅（Adonijah）與所羅門爭奪王位。因此所羅門在繼位之後，把亞比亞他趕出了耶路撒冷。

雖然《舊約》把所羅門王說成是一個有智慧的人，而且在耶路撒冷蓋了一座神殿，但是實際上，所羅門的政策有重南輕北的傾向，即偏向自己原來的南方部落猶大。而且，所羅門的傜役甚重。因此，當所羅門死後，他的兒子羅波安（Rehoboam）就不能得到北方十個部落的支持。北方部落立耶羅波安（Jeroboam）為王。從此，猶太人的國家一分為二，南方的猶

大國由猶大和依附於它的便雅憫（Benjamin）兩個部落組成，而北方的以色列國由剩下的十個部落組成 7。 這些都是《舊約》的說法，現代許多學者則認為以色列和猶大一直是兩個分立的國家。

對於猶太人來說，宗教與政治不可分。 當時的神廟，約櫃（ark）、大祭師都在南國的耶路撒冷。 這對於北方的以色列國來講，是一個嚴重的問題。 耶羅波安因此在伯特利（Beth-El）和但（Dan）建立新的宗教中心 8，而且做了兩個金牛犢做為象徵。 耶路撒冷神廟的象徵則是兩個金作的有翼天使基路伯（cherub）9。 早期，示羅（Shiloh）是宗教重鎮，撒母耳就是來自該地。 北方的教士階層受到所羅門的打擊很重，而尤以示羅的教士為最。 在但（Dan），耶羅波安任命了摩西的子孫為祭司 10，在伯特利（Beth-El），他任命了其他人做祭司，而且用的不是利未人的子孫 11。 不過，示羅的教士都沒有分，因此示羅的教士處境最為困難。

公元前 722 年，北國以色列被亞述帝國所滅。 猶太人的國家只剩下南方的猶大。 公元前 715 年到 687 年，猶大國王希西家（Hezekiah）在位 12。 他把宗教活動集中到耶路撒冷，禁止在耶路撒冷神殿以外的地方進行宗教儀式。 這些其他地方的宗教場所叫做「高地」（highplaces）或稱「邱壇」，希西家王取消了這些場所 13。 這大大增加了僧侶階級的權力和地位。

希西家的兒子瑪拿西（Manasseh）和孫子亞們（Amon）兩個國王雖然恢復了邱壇，但是到了他的曾孫約西亞（Josiah）做國王的時候，又回到希西家的措施，把祭祀集中在耶路撒冷。

公元前 622 年，約西亞王的祭司希勒家（Hilkiah）號稱在神廟中找到了律法書的經卷。 約西亞王於是宣約書於民，把邱壇廢去了。 這些歷史經過，對於了解《舊約》各卷的作者是誰，以及為甚麼他們要持這樣的觀點，都有很大的幫助。

1987 年，加州大學聖地牙哥分校的教授弗利德曼（Richard E. Friedman，1946－）寫了一本書《聖經是誰寫的？》（*Who Wrote the Bible？*），主要討論《舊約》中摩西五書的問題。 他引用猶太人的歷史，特別是猶太祭司的歷史，解釋了許多摩西五書中難解的問題。 下面我們就引用一些他所敘述的故事，來論證這個論點：

（1）猶大和以法蓮繼承的故事

在 J 故事中，在雅各的十二個兒子裏面，流便（Reuben）是長子，西緬（Simeon）是次子，利未（Levi）是三子，猶大（Judah）是四子。 在古代中東，長幼次序是很重要的，因為這代表了繼承權的順序。 在 J 故事中，流便與父妾通姦。 而二子三子因為示劍（Shechem）屠城事件，他們在這城大肆屠殺，而被父親雅各（Jacob）斥責。 所以，前三子都犯了錯，繼承權因而到了猶大身上，而猶大的後裔就是南方猶大國的主要部落[14]。

在 E 故事中，又是如何寫的呢？E 故事中，在雅各臨死的時候，他的兒子約瑟（Joseph）可以繼承兩分，即約瑟的兩個兒子：瑪拿西（Manasseh）和以法蓮（Ephraim）。 故事說，雅各臨死時，把右手放在約瑟次子以法蓮的頭上。 右手代表顯要。

為何 E 故事要把雅各的祝福放在一個孫子而不是放在兒子身

上？而且這個孫子還是次子而不是長子？答案是： 北方以色列
國的第一個國王耶羅波安（Jeroboam）是以法蓮部落的人。 以法
蓮是耶羅波安的部落，耶羅波安的首都示劍（Shechem），也在
以法蓮的地方 [15]。

在 J 和 E 故事中，都有兄弟嫉妒約瑟（Joseph），而且要殺
他的故事。 在 J 故事中，救他的人是猶大，而在 E 故事中，救
他的人是長子流便 [16]。

在 E 故事中，摩西的忠實助手是約書亞（Joshua），而在 J
故事中，約書亞的分量並不重。 因為，約書亞是北方的英雄，
他來自以法蓮（Ephraim）部落 [17]。 所以，其實 J 與 E 故事的寫
作者，都是在替他們自己主要的部落在說話。

（2）金牛犢的故事

E 故事中最有意思的是金牛犢（golden calf）的故事 [18]。 當
摩西上山去取十誡的時候，亞倫（Aaron）做了一個金牛犢，把
它當作領他們出埃及的神。 耶和華大怒，要毀去猶太人，重新
由摩西開始，做一個新的民族，經過摩西苦求才得免。 當摩西
看到金牛犢的時候，怒碎法版。 而附從摩西的利未人，對不合
者進行了一次屠殺清洗。 這個故事中有太多的疑點。 背後的原
因是什麼呢？

弗利德曼教授的解釋是： 示羅（Shiloh）的教士對於北國
以色列在兩個地方設立宗教中心，用金牛犢作為象徵，而自己
沒有做祭司的分，非常惱怒，他們惱怒的對象是金牛犢、是亞
倫、是北方以色列國的國王。 但是他們無法改變亞倫子孫做

為高級教士的事實，所以在這個金牛犢的故事中，亞倫受到批判，不過沒有受到特別的懲罰。

這個故事批評做金牛犢，因此也表現出他們對以色列國王耶羅波安（Jeroboam）的不滿。 為何要提到利未人呢？因為他們自己是利未人，是忠實於神的，而亞倫則是反叛的。 為何要把約書亞特別講出來，說他追隨摩西呢？[19] 因為約書亞是北方部落的英雄，要寫得使他與金牛犢事件無關。 為什麼要說摩西怒碎法版呢？因為複製的法版在耶路撒冷，這表示耶路撒冷的法版可能是假的。 E 的作者用這個金牛犢的故事，一舉攻擊了以色列和猶大所有教士階層的既得利益者[20]。

（3）亞述帝國與希西家王的故事

關於猶大國希西家王（Hezekiah，公元前 715-687 年在位）與亞述王西拿基立（Sennacherib，公元前 705-681 在位）的故事。

亞述王來攻伐猶大國[21]，希西家先是乞和奉款，但是在《舊約》〈列王記下〉19：35 說：「當夜耶和華的使者出去，在亞述營中殺了十八萬五千人，清早有人起來一看，都是死屍了。 亞述王西拿基立就拔營回去，住在尼尼微。」這是猶人人的講法。

亞述方面的講法正好有歷史的證據，在尼尼微考古發現了一個六角型的泥版，現存大英博物館。 上面記載了亞述王西拿基立（Sennacherib，公元前 705-681 在位）對這場戰事的紀錄。部分有關的文字如下[22]：

「猶大人希西家，不向我投降，我使用坡道設施、圍城機

器、破城機器、攻城戰梯，還有我們的英勇將士，攻占了他四十六個設有堅固防衛的城市及其附近城鎮。 我從他們獲得大小男女共 200,150 人，馬、驢、騾、牛、羊、駱駝，不記其數，做為戰利品。

　　他自己呢？ 我把他鎖在他的京城耶路撒冷，猶如籠中之鳥。 我建築圍城工事，使他軍民不能出入，截斷他和那些我已經劫掠過的城市中間的連絡。 我把那些城市送給鄰近的 Mitinti King of Ashdod, Padi King of Ekron, and Silli-Bel King of Gaza 三個國王，削減他的國土。 我加重他進貢的規定。

　　希西家為我強盛的武力而喪膽。 他請來的阿拉伯部隊和精銳部隊有志難展。 他送來他的女兒們、妃嬪和歌手，還有黃金三十他連得 [23]、白銀八百他連得、銻、石材、象牙長椅、象牙安樂椅、象皮、象牙、黑檀木、黃楊木、以及其他很多的東西，到我的皇城尼尼微，並遣使稱臣進貢。」

　　因此，《舊約》上的記載與亞述方面的記載，差異非常之大，也證明《舊約》是以色列人用神話的形式，所記述的歷史。

（4）反叛的故事

　　〈民數記〉十六章有一個反叛的故事。 在〈民數記〉中，JE的版本寫的是一個流便部落的人向摩西挑戰的故事。 而 P 把 JE當中這個反叛的故事改寫了。 P 改編的故事，說一群利未人在可拉（Korah）的領導下反叛。 他們的反叛，不是反抗摩西的領導，而是反抗亞倫對於祭祀的壟斷。 JE 故事的結果是摩西得到了勝利。 而 P 故事的結果則是亞倫得到了勝利。 祭司只能由亞

倫的子孫出任，成了亞倫子孫的權利[24]。P 文件的作者自然會想要消除對於他們祖先亞倫任何不利的言論，像金牛犢等事情是絕口不提的。別人攻擊了亞倫，他們就要攻擊摩西，來貶低摩西的地位。

（5）摩西擊磐出水的故事

要貶低摩西的地位，最明顯的例子就是：〈出埃及記〉的第十七章二至七節，摩西擊磐出水的故事。〈出埃及記〉17：5 說：「耶和華對摩西說，你手裏拿著你先前擊打河水的杖，帶領以色列的幾個長老，從百姓面前走過去。我必在何烈的磐石那裏站在你面前。你要擊打磐石，從磐石裏必有水流出來，使百姓可以喝。」

在〈出埃及記〉中，擊磐是一件好事。到了〈民數記〉卻變成一件壞事。在〈民數記〉20：11-12 中說：「摩西舉手，用杖擊打磐石兩下，就有許多水流出來，會眾和他們的牲畜都喝了。耶和華對摩西、亞倫說，因為你們不信我，不在以色列人眼前尊我為聖，所以你們必不得領這會眾進我所賜給他們的地去。」。P 作者把亞倫寫成是無辜的，為了摩西的罪行而受過。

另外，在〈民數記〉廿五章，有一個故事說米甸女人如何不好，亞倫的孫子把這個米甸女人殺了，於是以色列人的瘟疫就停止了。這個故事本身相當荒謬，但其實它的目的是用來貶低摩西的，因為摩西的妻子是米甸人（Midianite）。

總之，我們從以上所引的故事當中，可以知道，這些初看之下有些奇怪的故事，其實，都跟當時猶太人的政治和猶太祭

司之間的權力鬥爭有關係。 這些故事表明：《舊約》文件的作者都想表達一些事情，這些事情是與他們自己當時的處境有關的。 這也說明，《舊約》其實是猶太人用神話來記述的猶太歷史，而且這些文字都是事後追述的。

注釋

1. 死海經卷書寫的年代，據任繼愈主編，《宗教大辭典》，755頁，為前二世紀中葉，到後二世紀中葉。在*Zondervan's Pictorial Bible Dictionary*，206頁，則云：大約在公元前一世紀到公元後一世紀

2. A. D. Marcus, *The View from Nebo-how archaeology is rewriting the bible and reshaping the middle east*, Little, Brown and Company, 2000年，240頁起

3. 海內曼U. Ranke-Heinemann, *Putting Away Childish Things*, HarperSanFrancisco, 1992年，230頁

4. Walter C. Kaiser Jr., *A History of Israel*，Broadman and Holman, 1998年出版，Introduction章。以及I. Finkelstein and N. A. Silberman, *The Bible Unearthed,* Simon and Schuster, 2001年

5. 猶太早期的歷史年代，各家學者所推測的年代不一致。Emil G. Kraeling, *Bible Atlas,* Rand McNally & Company書中所記的年代，大衛是985-963，所羅門是963-929。*Jerusalem Bible*在343頁所列的年代，大衛是1010-970，所羅門是970-931。John Bright, *A History of Israel*, Westminster Press, 1981年，後附的年表中，大衛在位的年代列為大約1000-961，而所羅門在位的年代列為大約是961-922

6. 大衛前三子都已過世，見*Zondervan's Pictorial Bible Dictionary,* 14頁，Adonijah條

7. 一般傳統上都說南方的部落是由猶大與便雅憫兩個部落組成，見任繼愈主編，《宗教大辭典》，998頁。也見：*Zondervan's Pictorial Bible Dictionary,* 105頁，便雅憫條。但是實際上，究竟應該是猶大與便雅憫，還是猶大與西緬，是否還加上部分的便雅憫和利未，都是有問題的。可見：Gary Greenberg, *The Moses Mystery-the African origins of the Jewish people,* A Birth Lane Press Book, published by Carol Publishing Group, 1996, 267頁

8. 見〈列王記〉12:29

9. 基路伯是一種想像中的有翼天使，具有人和獸的特徵，cherub的複數是cherubim

10. 可見〈士師記〉18:30

11. 見〈列王記〉上12:29-31。依照古代猶太人的傳統，只有利未人才能做祭司

12. 希西家由公元前715到687年在位的年代，來自R. E. Friedman, *Who Wrote the*

Bible? Harper & Row Publishers, 1987年，91頁。而在I. Finkelstein and N. A. Silberman, *The Bible Unearthed,* Simon and Schuster, 2001年出版的書上，列為公元前727-698年在位

13. R. E. Friedman, *Who Wrote the Bible?* Harper & Row Publishers, 1987年，91頁

14. R. E. Friedman, *Who Wrote the Bible?* Harper & Row Publishers, 1987年，64頁

15. R. E. Friedman, *Who Wrote the Bible?* Harper & Row Publishers, 1987年，65頁

16. R. E. Friedman, *Who Wrote the Bible?* Harper & Row Publishers, 1987年，65頁

17. R. E. Friedman, *Who Wrote the Bible?* Harper & Row Publishers, 1987年，66頁

18. 見〈出埃及記〉32章

19. 提到約書亞，是在〈出埃及記〉25:12及32:17

20. R. E. Friedman, *Who Wrote the Bible?* Harper & Row Publishers, 1987年，70頁

21. 按北方的以色列國已於公元前722年滅亡

22. 見R. E. Friedman, *Who Wrote the Bible?* Harper & Row Publishers, 1987年，94頁。中文翻譯見：張瑞夫，《人是上帝造的嗎？》，老古文化，1995年，252頁。此處略有修改

23. 按他連得（talent）是古代金幣的一種單位。見：*The MacArthur Study Bible,* Thomas Nelson Bibles, 1997年，第2199頁

24. 可見〈民數記〉16:40「……使亞倫後裔之外的人，不得進前來，在耶和華面前燒香，免得他遭可拉和他一黨所遭的。這乃是照著耶和華藉著摩西所吩咐的。」

第四章
歷史上的耶穌

　　耶穌究竟是怎麼樣的一個人呢？這個問題對於不同的人來說，當然會有不同的答案。 對於基督徒來說，耶穌是神的兒子，他為了替人類贖罪，被釘死在十字架上，後來復活了又升了天。 對於非基督徒來說，耶穌是羅馬帝國時期，一個巴勒斯坦的木匠，因為傳道被猶太和羅馬當局處死了，後來成了基督教的教主。

　　如果再問詳細一點，你可能會驚訝的發現，其實不論是基督徒也好，非基督徒也好，大多數人對於耶穌究竟是怎麼樣的一個人，他的生平經歷如何，其實知道的都不多。 就算是一個虔誠的基督徒，很細心的讀了基督教的經典，他對歷史上真正的耶穌，可能還是知道的不多。 原因是為什麼呢？這是因為正史上有關耶穌的記載非常的少，少到幾乎快要沒有的程度。 大部分人對於耶穌的了解，大多是從《新約》的四福音書來的，而四福音書是早期基督教會傳教用的，並不是真正的歷史。 即使以四福音書作為耶穌生平的根據，四福音書的內容也有許多彼此互不一致的地方，使得真相究竟如何，莫衷一是。 在西方

國家，基督教過去都有接近國教的地位。 基督教的經典是神聖而不容懷疑的。 只要對《新舊約》有任何懷疑，都屬於重大罪行，往往處以死罪，因此也就沒有人敢提出不同的看法。 一直到了最近這兩百多年，基督教的勢力逐漸消退，才陸續有比較勇敢的學者，展開了對《新舊約》的研究。 不過，這方面的研究結果，也還不是那麼為大眾所知。 所以，也難怪一般人對耶穌了解的不多了。 這在西方社會已經如此，在我們中國，自然更是這樣了。

信基督教的朋友們可能會不同意，有關耶穌的記載很少的這種講法。《新約》中專門記載耶穌生平的福音書，不但有，而且有四種之多。 四福音書是基督教《新約》中四種有關耶穌生平的紀錄。 按現在教會一般用的次序，是〈馬太〉（Matthew）、〈馬可〉（Mark）、〈路加〉（Luke）、和〈約翰〉（John）。 四福音書的作者，基督教會傳統的說法是： 馬太是一個稅吏，後來變成了耶穌的門徒。 馬可是彼得（Peter）和保羅（Paul）的伴侶，路加是保羅的醫生[1]。 教會還傳說，〈馬可福音〉的作者約翰・馬可（John Mark），他是保羅的同伴，巴拿巴（Barnabas）的表兄弟，還可能是彼得的同伴。

有關這些作者的說法首先是由早期教士帕皮亞（Papias，約公元 60-130 年）提出來，但他並沒有指明是誰。 提出作者名字的是後來的伊里奈烏（Irenaeus，約 130-約 202），而由教會史家尤西比烏（Eusebius，約 260-約 340）記載下來。 帕皮亞是早期的一個基督教教士，曾任小亞細亞地區的主教。 伊里奈烏曾任里昂主教。 尤西比烏是古代的基督教教會史家，生於巴

勒斯坦，313 年任該撒利亞（Caesarea）的主教 [2]。

　　但是，帕皮亞的說法是不可靠的 [3]。〈馬太福音〉的得名來源與〈馬可福音〉一樣，傳說馬太是迦百農城的稅吏，這也是不可信的。寫〈路加福音〉和〈使徒行傳〉的路加，傳說是保羅的同伴，是一個醫生，這些都是二世紀時的傳說，也是不可信的。至於〈約翰福音〉，公元 180 年左右，曾任里昂主教的伊里奈烏（Irenaeus，約 130－約 202）說這是西庇太的兒子約翰（John, son of Zebedee）所寫的，也有人說是住在以弗所的約翰長老（John the elder who lived at Ephesus）所寫，又有人說是〈約翰福音〉中一個未指名的、稱作是耶穌「所愛的門徒」（the beloved disciple）所寫的 [4]。

　　伊里奈烏是基督教早期的教士，生於現在的土耳其境內，160 年到里昂任教士，公元 177 年至 178 年左右任里昂主教 [5]。〈約翰福音〉在早期的教會被視為是異端，許多學者認為〈約翰福音〉大約是由一個在敘利亞的教派所寫的 [6]。現代的學者認為，四福音書的作者都不是教會傳統上所說的這些人。實際上，四福音書都不知道是什麼人寫的。

　　根據學者們的研究，〈馬可福音〉是最早寫成的福音書，年代約在公元 70 年左右。〈馬太福音〉約在公元 85 年左右，〈路加福音〉是在公元 85 年到 90 年左右 [7]。〈約翰福音〉最晚，約為公元 95 年到 100 年 [8]。也有人說，〈馬可福音〉和〈馬太福音〉大約在公元 70 年到 80 年。〈路加福音〉和〈約翰福音〉在公元 100 年左右 [9]。不論如何，這四卷福音書，都是大約在耶穌死後四十年到七十年左右寫成的。

　　當時流傳的福音書不只這四種，後來的基督教會把這四種當作正式的經典，而把其他的禁掉了。 1945 年，在埃及納格──漢馬迪（Nag-Hammadi），發現了〈多馬福音〉（Gospel of Thomas），全書帶有明顯的基督教諾斯替派（Gnosticism）色彩，但是關於〈多馬福音〉的年代，學者們之間還有爭議 [10]。

　　依照學者們的研究，〈馬可福音〉的年代，是四福音書中最早的。〈馬太〉和〈路加〉有很大一部分都是依照〈馬可福音〉寫成的。 前面三種福音書，因為在取材、結構和觀點上大致相同，因此稱為「同觀福音」（Synoptic Gospels）。 而〈約翰福音〉則主要是從神學的觀點來表現耶穌，並不是想要寫耶穌的傳記，與前面三本福音書，內容很不相同 [11]。

　　學者的研究結果顯示： 在〈馬可福音〉中的 661 節（verse）中，〈馬太〉重複了六百個，〈路加〉重複了三百五十個 [12]。 也有的統計數字說，〈馬可福音〉666 節，有約六百節在〈馬太福音〉中重複，約三百節在〈路加福音〉中重複 [13]。 而〈馬太〉與〈路加〉福音中，不是取自〈馬可〉的部分，又有許多是類似的。 這部分學者認為是來自一個目前已經失傳的福音書，《新約》的學者把它稱為 Q，Q 是德文 Quelle 的第一個字母，Quelle 是來源的意思 [14]。

　　四福音書中的前三個稱為「同觀福音」，原因就是這三個福音書有共同的來源，共同的來源主要有兩個，一個就是〈馬可福音〉，另一個就是已經失傳了的 Q 福音，這就是福音書的二源說。 另外，〈馬太福音〉和〈路加福音〉，都還有一些自己的來源材料。 所以，如果加上他們自己的來源，這三個同觀福音書

就有四個來源。 至於〈約翰福音〉，它的目的主要是在傳教，而不在述說耶穌的生平，所以對於耶穌的生平，記載的很少，早期甚至被當作是異端。

在四福音書中，對於耶穌的生平是怎麼樣記載的呢？關於這一點，一般人都耳熟能詳的，也就是傳統基督教的講法是：耶穌是耶和華的獨生子，由馬利亞感受聖靈，處女生子。 他生在猶太希律王（Herod the Great，公元前 74－前 4）在位的時候。 當時，猶太已經成為羅馬帝國的一部分，希律是羅馬所封的王。 耶穌接受過施洗約翰（John the Baptist）的洗禮，後來有了十二個門徒，在猶太人中間傳道，因為與當時的猶太當局不合，被羅馬總督彼拉多（Pontius Pilate）釘死在十字架上。

按照基督教的講法，他死後三日又復活了。 他的門徒維持對他的信仰，特別是他沒有見過的使徒保羅（Paul），更是四處傳教，基督教的信徒也就越來越多。

基督教後來成為羅馬帝國的國教。 在羅馬帝國滅亡之後，基督教也成為入侵蠻族的宗教。 在近代以前，基督教因此實際上是西方國家的國教。 基督教的教義是神聖而不可侵犯的。 也因為如此，一直到最近這兩百年來，才逐漸有一些勇敢的學者，敢於冒天下之大不諱，來討論歷史上真正的耶穌。

〈馬太福音〉第二章說，耶穌是在希律王的時候生的。 後來，耶穌為羅馬總督彼拉多所處死。 從歷史的記載中，我們知道，希律王死於公元前 4 年，而彼拉多的任期是從公元 26 年到 36 年。 所以，耶穌應該生在公元前 4 年以前，而死在公元 26 年到 36 年當中。

　　〈路加福音〉又說，當提比留斯（Tiberius，公元前 42－公元 37，公元 14－37 在位）當羅馬皇帝的第十五年，施洗約翰為他洗禮的時候，耶穌大約是三十歲[15]。提比留斯的第十五年是公元 28 到 29 年。如果的確是這樣的話，耶穌應該生在公元前 2 或前 1 年。

　　〈路加福音〉中又說：「當那些日子，該撒亞古士督（Caesar Augustus）[16] 有旨意下來，叫天下人民都報名上冊。這是居里扭（Quirinius）作敘利亞巡撫的時候，頭一次行報名上冊的事。」[17]。居里扭（Quirinius，約公元前 51－公元 21 年）作敘利亞的巡撫是從公元 6 年到 12 年，猶太史家約瑟福斯（Josephus）說居里扭在猶地亞（Judea）有過一次人口調查，但是年代是在公元 6 至 7 年。

　　這當中有兩個問題。第一，耶穌的父母住在加利利（Galilee），不屬於猶地亞。而且，這次人口調查是在公元 6 至 7 年，所以，如果這個記載是對的話，那麼耶穌就要生在公元 6 至 7 年，而那時候，希律王已經死了不只十年了。所以，〈馬太福音〉和〈路加福音〉所記的資料，其中有彼此矛盾的地方，得不到一個一致的耶穌生年。學者們多認為，如果有耶穌這麼一個人的話，那麼耶穌的生卒年月，應該是在公元前 6 年至 7 年，到公元 36 年之間。目前大多數的學者把耶穌的生卒年月，定在公元前 6 至 4 年生，大約公元 29 至 33 年左右被處死[18]。再詳細，就沒有辦法推定了。

　　在四福音書中，關於耶穌的出生，〈馬太〉和〈路加〉福音有記載，而〈馬可福音〉和〈約翰福音〉則沒有任何記載[19]。對

於耶穌的出生有許多附會的講法。在〈馬太〉和〈路加〉福音中，都說耶穌是馬利亞由於受到聖靈所感，處女生子。〈馬太福音〉的第一章和第二章，〈路加福音〉的第一章和第二章都有這些故事。但是，這兩者的故事相當的不同[20]。

〈路加福音〉第二章第一至四節說：「當那些日子，該撒亞古士督（Caesar Augustus）有旨意下來，叫天下人民都報名上冊。這是居里扭（Quirinius）做敘利亞巡撫的時候，頭一次報名上冊的事。眾人各歸本城，報名上冊。約瑟也從加利利（Galilee）的拿撒勒（Nazareth）城上猶太（Judea）去，到了大衛的城，名叫伯利恆（Bethlehem）。因他本是大衛一族一家的人。」[21]。

上面這個路加所說的故事有三個毛病[22]。

第一，在羅馬皇帝奧古斯都（Octavius Augustus，公元前63－公元14，公元前27－公元14年在位）的時候，並沒有做過全國性的人口調查，奧古斯都在位的年代是從公元前27年到公元後14年[23]。

第二，在猶地亞（Judea）的確有過一次人口調查，不過這是在公元後6年，已經是希律王（Herod the Great）死了十年以後的事了。希律王在公元前4年[24]死掉以後，羅馬把他的封地，分給他的三個兒子。公元6年，羅馬把其中一個兒子阿奇勞（Archelaus）廢掉，把他的封地猶地亞收歸帝國直轄。羅馬帝國駐敘利亞的總督居里扭（Quirinius）在公元6年到7年間，作了一次人口調查，包括了原來阿奇勞管轄的地方。這與福音書記載的耶穌出生的時間是不合的，而且，約瑟所住的地方拿

撒勒（Nazareth），屬於希律另一個兒子安提帕斯（Antipas）管轄，也不在這次調查的地區之內。

　　第三，羅馬帝國做人口調查的目的，是為了要抽稅的緣故。像〈路加福音〉上所說的，要人民到他們遠祖的地方去報到，只會造成混亂，而對抽稅毫無用處。而且，就算約瑟是大衛的後代，從大衛到耶穌的時候，已經有近一千年了。沒有一個政府會叫人民到一千年以前祖先的地方去登記的，因此，耶穌在伯利恆出生的故事完全是虛構的。

　　因為伯利恆是大衛的家鄉，所以〈路加〉寫了一個故事。〈路加〉要強調耶穌是大衛的後人，依照猶太人的傳說，這才有可能是拯救猶太人的彌賽亞。所以讓約瑟從拿撒勒到了伯利恆，讓耶穌在伯利恆出生。

　　關於耶穌的出生，〈馬太福音〉第二章第一至三節說：「當希律王的時候，耶穌生在猶大的伯利恆，有幾個博士從東方來到耶路撒冷，說『那生下來作猶太人之王的在那裏？我們在東方看見他的星，特來拜他』。希律王聽見了，就心裡不安。」。在第二章十六節，還說：「希律見自己被博士愚弄，就大大發怒，差人將伯利恆城裡，並四境所有的男孩，照著他向博士仔細查問的時候，凡兩歲以裏的，都殺盡了。」

　　希律王雖然的確是一個相當邪惡的人，但是學者在歷史記載中並沒有發現希律王殺盡伯利恆城中男孩的事。〈馬太福音〉中，約瑟一家人好像原來就住在伯利恆，為了要躲避希律王，逃到埃及去，後來又去了拿撒勒。如果比較〈馬太〉和〈路加〉福音中所記述的耶穌出生的故事，除了馬利亞和約瑟的名

字、處女生子、和在伯利恆出生以外，幾乎沒有相同的地方[25]。

約瑟和馬利亞都是拿撒勒人，為什麼要把耶穌說成是生在伯利恆呢？這是因為伯利恆是大衛的家鄉。依照猶太人的傳說，將來會有一位彌賽亞（Messiah）來拯救猶太人。彌賽亞原意是「受膏者」，這是古代以色列人的首領就職時，要舉行的一種儀式。於是，彌賽亞就成了上帝派到塵世的救世主。猶太人認為這位救世主應該是他們古代君王大衛的後代，而大衛的家鄉是伯利恆。

在《舊約》〈彌迦書〉（Micah）第五章第二節有一句：「伯利恆以法他阿（Bethlehem in Ephrathah），你在猶大（Judah）諸城中為小，將來必有一位從你那裡出來，在以色列中為我作掌權的。」於是，為了要配合《舊約》當中這樣的記載，所以《新約》〈馬太〉和〈路加〉這兩個福音書的作者，就想盡辦法要把耶穌的出生地寫成是伯利恆。雖然，他們所編的故事，在分析之後都是不可能的。

至於馬利亞處女生子的故事。〈路加福音〉第一章廿六至三十五節，說馬利亞處女生子，說的比較詳細。〈馬太福音〉則相當簡單，在〈馬太〉第一章十八節說：「他母親馬利亞已經許配了約瑟，還沒有迎娶，馬利亞就從聖靈懷了孕」，對於如何向約瑟解釋，只說約瑟做了一個夢。

在《新約》的篇章中，以年代論，其實以保羅的書信為最早。在保羅的書信中，並沒有說耶穌是童女所生的記載。他甚至在〈加拉太書〉（Galatians）第四章第四節中說：「上帝就差遣他的兒子，為女子所生，且生在律法以下。」[26]。童女生子的事

在猶太教的教義中是沒有的，猶太教的傳統認為彌賽亞應該是一個正常的人[27]。馬利亞處女生子，其實完全是虛構的。這麼寫是為了要湊合原來《舊約》上的預言故事。

　　因為在希臘文的《舊約》中，〈以賽亞書〉（Isaiah）第七章第十四節有一句：「因此，主自己要給你們一個兆頭，必有童女懷孕生子」。其實，在希伯來原文的《舊約》裏，這個重要的字「童女」，不是「處女」（betulah 英文是 virgin），而是「適婚年齡的少女」（almah 英文是 young woman of marriageable age），只有在《舊約》的希臘文翻譯本裏，也就是七十子本的《舊約》中，才用了童女這個字[28]。因此，把耶穌寫成是處女所生，有很大一個原因是因為〈馬太〉和〈路加〉這兩個福音書的作者只能讀希臘文本的《舊約》，才編出來的故事。

　　有的學者認為，《新約》的作者這麼寫，還有一個原因，是因為早期的基督教會要把耶穌跟羅馬的神祇來比的原故，因為羅馬人的神話中有天神生子的故事[29]。另外，許多學者也認為，福音書把耶穌說成是處女生子，很可能是為了掩飾耶穌原來是私生子的事實[30]。耶穌長大以後，痛恨這件事，與家人生疏，對母親的態度尤其欠佳。

　　基督教的講法，一方面說耶穌是由聖靈懷孕，另一方面又說耶穌是大衛王的後裔，是彌賽亞。這兩種說法是完全互相矛盾的。因為，如果耶穌真的是由聖靈所懷孕的，那麼他就與約瑟一點血緣關係都沒有。按照猶太人的說法，彌賽亞應該是大衛的子孫。福音書上說耶穌是大衛的子孫，其根據是由約瑟的傳承而來的。耶穌如果與約瑟沒有血緣關係，怎麼能說耶穌是大

衛的子孫？

　　在基督教會方面，很早就有人發現了這個矛盾，後來有人為此而編織說，〈馬太福音〉所列的家譜是約瑟的，而〈路加福音〉的家譜是馬利亞的，說馬利亞也是大衛的子孫，耶穌是大衛子孫是由馬利亞的母系血統而來的。但是，在猶太人的傳統裏面，在《舊約》的記載中，從來就沒有從母系這方面的祖先來談繼承的說法。就算退一大步，讓我們看一下馬利亞的世系，依照《新約》的記載，〈路加福音〉1：36說馬利亞是施洗約翰母親以利沙伯（Elizabeth）的親戚，而以利沙伯號稱是亞倫的後人[31]。這顯示馬利亞是施洗約翰母親的親戚，施洗約翰的母親是亞倫的後人，因此是利未人。

　　也就是說，馬利亞也很可能是利未部落的人，與大衛所屬的猶大部落是不同的。因此，馬利亞也不會是大衛的子孫。所以，即使要依據馬利亞的家族傳承，說耶穌是大衛子孫的說法也是講不通的。所以，說耶穌是由聖靈而生，和說耶穌是大衛的子孫，是彌賽亞，這兩者之間根本是互相矛盾的[32]。

　　另外一件事，更可以顯示《新約》福音書的作者，在編耶穌出生故事的時候，所洩漏出來的偽造問題。因為他們要把耶穌說成是救世主，也就是彌賽亞。在〈馬太福音〉第一章第一至十七節，記載了從亞伯拉罕傳下來一直到耶穌的家譜。在〈路加福音〉第三章第廿三至三十八節中，更記載了從亞當開始，一直到耶穌的家譜。

　　這兩個家譜都是根據約瑟的世系而來的。〈路加福音〉的記載，從亞當到耶穌一共有七十六代。〈馬太福音〉的記載，從亞

伯拉罕到大衛有十四代，從大衛開始到約瑟，又有二十七代。加上從亞當到亞伯拉罕的世代，因此從亞當到耶穌，合起來一共有六十一代。〈馬太福音〉和〈路加福音〉兩者之間的記載差了十五代。

不但如此，除了可以從《舊約》上抄出來的名字以外（從亞當到大衛這三十三代人的名字，在《舊約》上都有），其他每代的名字兩者都不一樣。從這裏就可以很明顯的看出來，這些《新約》的作者，都在努力的編故事。而編出來的結果矛盾百出。

福音書有關耶穌的記載既然如此不可信，在基督教以外有關耶穌的記載又是如何呢？我們前面已經說過，正史上有關耶穌的記載非常少，少到幾乎快要沒有的程度。現在我們就把這些僅有的有關耶穌的記載列在下面，然後作一些分析：

（1）猶太史家約瑟福斯（Flavius Josephus，公元 37－約100），原來是猶太人的將領，在公元 66 年起的羅馬—猶太戰事中，是猶太人在加利利（Galilee）的守將，他在戰敗後投降了羅馬。他預言羅馬主將韋斯巴先（Vespasian，公元 9－79，69－79 在位）將成為羅馬的皇帝，而在韋斯巴先後來真的成了羅馬皇帝的時候，他就被釋放了。他用希臘文寫了《猶太戰爭史》（*Jewish War*）和《猶太古事記》（*Jewish Antiquities*）兩部歷史著作，是這個時期猶太歷史的主要來源。

約瑟福斯與耶穌幾乎是同時期的人，他寫的歷史著作篇幅很長，包羅的也很詳細，但是幾乎沒有提到耶穌。可能提到的只有下面這兩段。在《猶太古事記》第十八卷第六十三節，說到：

約在這個時候，有一個耶穌，是一個有智慧的人，（如果可以稱他為一個人的話），他施行奇蹟，是一切樂於接受真理之人的導師。他把許多猶太人和外邦人吸引到他面前，（他是彌賽亞）。當我們猶太人裏面一些最高的領袖控告他，彼拉多（Pilate）判他釘十字架的罪。那些從起初就愛他的人並沒有放棄他們對他的愛。（因為他在第三日又活活地向他們顯現，正如聖先知們所預言的，也預言了關於他的數以千計的神奇事情。）這個由他而得名的基督徒族類，一直到現在都沒有消失。

About this time there lived Jesus, a wise man, (if indeed one ought to call him a man). For he was one who wrought surprising feats and was a teacher of such people as accept the truth gladly. He won over many Jews and many of the Greeks. (He was the messiah). When Pilate, upon hearing him accused by men of the highest standing among us, had condemned him to be crucified, those who had in the first place come to love him did not give up their affection for him. (On the third day he appeared to them restored to life, for the prophets of God had prophesied and countless other marvelous thing about him). And the tribe of Christians, so called after him, has still to this day not disappeared.

大部分的學者都認為，這一段完全是後來的基督徒偽造加進去的。因為約瑟福斯在第一次猶太—羅馬戰爭中，最後叛變投敵，被後世的猶太人認為是叛徒，因此他的著作在中世紀都是由基督徒傳抄的，被更動的可能性很高。

約瑟福斯也是一個相信傳統猶太教的人，他不可能以為耶穌
是彌賽亞，也不可能相信他復活。 也有的學者認為，除了用括
號括起來的部分以外，其他的文字也許有可能是出自約瑟福斯。
不過，總之這一段記載是不可信的。

（2）在《猶太古事記》第二十卷第兩百節：

　　他（按： 指猶太人的大祭司亞那努斯（Ananus））召集了猶
太人的公議會（Sanhedrin），把所謂的彌賽亞耶穌的兄弟，他的
名字是雅各，還有一些其他人，叫進來。 他指控他們違法，並
且把他們交付用石頭擲死。」

He convened the judges of the Sanhedrin, and brought before it
the brother of Jesus the so-called Messiah, James by name, and also
some others. When he had accused them of transgressing the law, he
handed them over to be stoned.

　　有許多的學者認為這一段是比較可靠的，因為「所謂的彌
賽亞」應該只會出自於非基督徒之口。 但是，另外有些學者認
為，這一段所說的耶穌，其實指的是另外一個人，因為，這段
文字的上下文是這樣的：

「And now Caesar, upon hearing the death of Festus, sent Albinus
into Judea, as procurator. But the king deprived Joseph of the high
priesthood, and bestowed the succession to that dignity on the son of

Ananus, who was also himself called Ananus. Now the report goes that this eldest Ananus proved a most fortunate man; for he had five sons who had all performed the office of a high priest to God, and who had himself enjoyed that dignity a long time formerly, which had never happened to any other of our high priests.

But this younger Ananus, who, as we have told you already, took the high priesthood, was a bold man in his temper, and very insolent; he was also of the sect of the Sadducees, who are very rigid in judging offenders, above all the rest of the Jews, as we have already observed; when, therefore, Ananus was of this disposition, he thought he had now a proper opportunity.

Festus was now dead, and Albinus was but upon the road; so he assembled the sanhedrin of judges, and brought before them the brother of Jesus, who was called Christ, whose name was James, and some others; and when he had formed an accusation against them as breakers of the law, he delivered them to be stoned: but as for those who seemed the most equitable of the citizens, and such as were the most uneasy at the breach of the laws, they disliked what was done; they also sent to the king, desiring him to send to Ananus that he should act so no more, for that what he had already done was not to be justified; nay, some of them went also to meet Albinus, as he was upon his journey from Alexandria, and informed him that it was not lawful for Ananus to assemble a sanhedrin without his consent.

Whereupon Albinus complied with what they said, and wrote

in anger to Ananus, and threatened that he would bring him to punishment for what he had done; on which king Agrippa took the high priesthood from him, when he had ruled but three months, and made Jesus, the son of Damneus, high priest. 」

因此，這些學者認為這裏所提到的耶穌，是這段文字在最後提到的，後來成為大祭司的「達尼烏斯的兒子耶穌」（Jesus, the son of Damneus）。而 so-called Messiah 的正確的英文翻譯應該是 who was called Christ，而他們認為這個修飾詞，是後來基督教徒改動過的，原文很可能就是 the son of Damneus。

這個事件是大祭司亞那努斯（Ananus）跟其他祭司之間的權力鬥爭，跟基督教的耶穌扯不上關係，也沒有必要去殺他的弟弟雅各。另外有些學者甚至認為這整段都是偽造的，因為有些早期的版本中，沒有這一段。因此，這一段約瑟福斯所寫有關耶穌的記載，也變成不是那麼確定了。

（3）羅馬史學家塔西陀（Tacitus，56–117）在他寫於公元 115 年的《編年史》（*Annals*）第十五章第四十四節中記道：

這個宗派的創始者，基督，在提比留斯（Tiberius）皇帝的時候，被巡撫本丟‧彼拉多（Pontius Pilate）判處死刑，這個教派當時遏制下去了，可是這個可惡的迷信不但在原來出現這種邪惡的地方猶地亞（Judea），而且在羅馬，又爆發了出來，在那裏所有可怕和可恥的事都在湧現和成長。

The founder of this sect, Christus, was given the death penalty in the reign of Tiberius by the procurator, Pontius Pilate, suppressed for the moment, the detestable superstition broke out again, not only in Judea where the evil originated, but also in [Rome], where everything horrible and shameful flows and grows.

這個記載是羅馬人以極為否定的態度寫的，因此，大部分的學者認為這段文字的確出於塔西陀的手筆。 不過，有些學者指出，塔西陀把彼拉多的官銜引用錯了。 彼拉多當時的官銜是 prefect，而不是塔西陀時代的 procurator。 塔西陀所說的是基督 Christus，而不是耶穌 Jesus。 因此，學者們認為，這個記載不是塔西陀由獨立的羅馬方面的紀錄而得來的資料。 他只不過是在復述他那個時代的傳聞，因此不能當作耶穌生平資料的獨立來源 [33]。

（4）羅馬史學家蘇維托尼烏（Suetonius，年代不確定，有人說 65-135，也有人說約 70-約 160，或約 75-160）在羅馬皇帝〈革老丟（Claudius）傳〉（公元前 10 年-公元後 54 年，公元 41-54 年在位）[34] 中，曾提到革老丟驅逐猶太人的事件。 他說：

由於猶太人在 Chrestus 的煽動下不斷引起騷亂，他把他們驅逐離開羅馬。

Since the Jews constantly made disturbances at the instigation of Chrestus, he expelled them from Rome.

此事在《新約》〈使徒行傳〉中也有記載,〈使徒行傳〉十八章第二節提到:「因為革老丟命猶太人都離開羅馬」(because Claudius had commanded all the Jews to leave Rome)。因此,這段話可能有史料的價值。

這個騷動應該是在公元 49 年。不過,蘇維托尼烏的寫法,表示 Chrestus 是一個住在羅馬的人,有些學者認為蘇維托尼烏把來源弄錯了,Chrestus 也許是 Christus 的誤拼,因此可能是猶太基督徒傳教引起的。但是,目前越來越多的學者認為 Chrestus 是一個猶太的騷動者,只是名字與基督相近,其實與基督教沒有關係。

(5)羅馬學者小普林尼(Pliny the Younger,公元 63－約 113)的記載。小普林尼是羅馬學者老普林尼(Pliny the Elder,公元 23－79)的姪子。老普林尼死於公元 79 年的維蘇威(Vesuvius)火山爆發。小普林尼是羅馬在小亞細亞比塞尼亞(Bithynia)省,從公元 111 年到 113 年的總督。大約在 112 年,他寫信給羅馬皇帝圖拉真(Trajan)(公元 53－117,98－117 在位)的信中說:

他們(指基督徒)在固定的一天太陽出來以前聚會,合唱一些以基督為神的詩歌,他們發誓:不要犯任何罪行,避免偷竊,搶劫和姦淫的行為,而且不能背信……

They meet on a certain fixed day before sunrise and sing an antiphonal hymn to Christ as god, and bind themselves with an oath:

not to commit any crime, but to abstain from all acts of theft, robbery and adultery, and from breaches of trust……

不過，這個記載並沒有提到耶穌本人的事，而且時間也相當晚，已經是在耶穌去世八十多年以後的事了。 只不過是記述當時他管轄地區裏面，基督教徒的活動，對於澄清耶穌本身的事蹟，並沒有幫助。

（6）猶太拉比文獻塔木德（Talmud）也有一些地方提到耶穌，但絕大部分都是貶斥耶穌的話，而且這些文獻的年代都相當晚，從 3 世紀到 6 世紀不等。 猶太學者克勞斯內爾（Joseph Klausner，1874－1958）從中搜集十幾處可能提到耶穌的文字加以考證。 但是，這些文件上提到的耶穌名字是 Yeshu，而 Yeshu 不一定就是 Jesus，即使 Yeshu 就是後來的 Jesus，耶穌在當時也是一個很常用的名字，因此，很難確定就是指創立基督教的耶穌。 塔木德（Talmud）在中世紀常被基督教會列為禁書，受到檢查，也有許多修改。 因此很難說這些有關耶穌的記載沒有受到更動。

塔木德（Talmud）外傳載有猶太拉比以利以謝（Rabbi Eliezer）的一段話（Abodah Zarah 17a 段）：

「有一次我在賽福里斯（Sepphoris）城的街上走，遇到（拿撒勒人）耶穌的一個門徒，名叫基法‧賽肯尼亞的雅各（Jacob of Kefar-Sekaniah）。 他對我說：『你們的律法上寫到不可把妓

女得到的錢拿到你上帝的殿裡。 用這樣的錢修建大祭司的廁所是允許的嗎？』我不知道怎樣回答他。 然後他對我說，『這是（拿撒勒人）耶穌教導我的，因為這些錢是作為妓女的報酬得來的，就要作為妓女的報酬歸還。 從污穢裡來的回到污穢的地方去。』」

　　在現存的大約四種不同的塔木德（ *Talmud* ）版本中，只有一種提到「拿撒勒人」的字樣，所以，這很可能是後來加進去的。 而且所用的字是 Notzri，不一定就是指耶穌的家鄉拿撒勒（Nazarene）。 而且，在福音書中，也找不到耶穌說過像這一段所記載的話。

　　（7）公元 500 年到 600 年編成的猶太法典巴比倫塔木德（ *Babylonian Talmud* ）有一段（Sanhedrin 43a 段）：

　　「在踰越節前一日，他們絞死了（拿撒勒人）耶穌。 有四十天之久，使者走著說：『（拿撒勒人）耶穌要被擲石處死了，因為他施行邪術進行欺騙，把人民引入歧途。 任何人要為他辯護的話，可以前來為他辯護。』但是，沒有人來為他辯護，於是就在踰越節的前一日把他絞死了。」

It was taught: On the eve of the Passover Yeshu (the Nazarene) was hanged. For forty days before the execution took place, a herald went forth and cried, " He is going forth to be stoned because he has practiced sorcery and enticed Israel to apostasy. Anyone who can say

anything in his favor, let him come forward and plead on his behalf ".
But not having found anything in his favor, they hanged him on the
eve of Passover.

　　如同前述，在現存的大約四種不同版本中，只有一種提到
「拿撒勒人」的字樣。根據學者的研究，這一段所說的 Yeshu
應該是生於耶穌之前大約一百年左右的人。他是由猶太當局所
處死的，這應該是在羅馬帝國占領猶太地區之前。而且所說的
處死方式也與福音書所說耶穌被釘十字架的處死方式不同。除
此之外，這些文件記載下來的時代也已經非常晚了。

　　（8）塔木德在同一段稍後一點，也有一段提到耶穌（Sanhedrin
43a 段）：

　「耶穌有五個門徒，馬太（Mattai），馬凱（Maqai），麥策
（Metser），布尼（Buni）和多太（Todah）」

　　Yeshu had five disciples: Mattai, Maqai, Metser, Buni, and Todah

　　這　段與前　段是連在一起的，而且所說的耶穌門徒與福音
書記載的也不相同。

　　（9）在塔木德中還有一些對耶穌的討論。這些是公元 400 至
500 年的文字，在巴比倫猶太法典塔木德（Babylonian Talmud）
Sanhedrin 107b 段：[35]

「有一天他（拉比約書亞）在復頌〈申命記〉的六章四節時，
耶穌走到他面前。他想要接待他，並做了一個表示。耶穌以為他
是想拒絕他，走了，拿了一塊磚，而且崇拜它⋯⋯. 就像一位長
老說的：「（拿撒勒人）耶穌行魔術，把以色列帶上了歧途[36]。」

One day he (Rabbi Joshua) was reciting the Shema (Deut. 6:4)
when Jesus came before him. He intended to receive him and made
a sign to him. He (Jesus) thinking that it was to repul him, went, put
up a brick and worshipped it.....And a Master has said," Jesus (the
Nazarene) practiced magic and led Israel astray."

　　根據學者的研究，這一段所說的 Yeshu 或 Jesus 應該是生在
耶穌之前大約一百年左右的人。同樣的，在現存的大約四種不
同塔木德（*Talmud*）版本中，只有一種提到「拿撒勒人」的字
樣，因此大概是後來加進去的，而且所用的字是 Notzri，也不一
定就是指耶穌的家鄉拿撒勒（Nazarene）。福音書中的耶穌也從
來沒有崇拜過磚頭。這是另一個 Hermes 教派的事。

　　（10）猶太文獻 Tosefta 中，提到 Yeshu 時，與 ben Pandera
連用，就是 Yeshu ben Pandera。Ben Pandera 在希伯來文中是
「Pandera 的兒子」的意思。在塔木德（*Talmud*）Shabbat 104b
和 Sanhedrin 67a 段，也提到有一個人叫 ben Stada，他母親的名
字是 Miriam，他父親的名字是 Pappos ben Yehudah。他的母親
Miriam 與一個名叫 Pandira 的人有染，生下了 ben Stada。有些

人認為這個故事與耶穌有關，Miriam 就是 Mary。 不過，學者的研究指出，這個故事的年代比較晚，應該與耶穌無關。

　　因此，在猶太法典塔木德（*Talmud*）和相關文獻中，雖然有幾段可能跟耶穌有關的話，但是仔細分析起來，卻沒有一段能真正說講的與創立基督教的耶穌有關。

　　（11）古代希臘基督教教士奧利金（Origen，約 185－約 254）也紀錄了一個羅馬哲學家賽爾索（Celsus，公元二世紀人）所說的、類似的攻擊耶穌的話。

　　「讓我們回顧一下猶太人嘴中所說的話，說耶穌的母親原來是許配給一個木匠，後來因為她與人通姦，跟一個名叫潘得拉的士兵生了一個小孩，被木匠拒絕了。」

　　" Let us return, however, to the words put into the mouth of the Jew, where the mother of Jesus is described as having been turned out by the carpenter who was betrothed to her, as she had been convicted of adultery and had a child by a certain soldier named Panthera."[37]。

　　（12）羅馬時代的　個希臘諷刺散文作家（satirist）盧西安（Lucian of Samosata，約公元 120－180 年之後，活動於公元 175 年左右），在他的文字中，有這麼樣一段有關基督徒的話：

　　「……這個人（按：指耶穌）在巴勒斯坦被釘十字架處死了，因為他在這個世界上創立了新的教派，……此外，這個首

先提出他的律法的人，還告訴這些基督徒說，因為他們已經否定了希臘的神祇，同時尊崇他這個釘了十字架的詭辯者，並而他們都服從他所定的律法，因此，他們都已經彼此成了兄弟。」

" ……the man who was crucified in Palestine because he introduced this new cult into the world, ……Furthermore, their first lawgiver persuaded them that they were all brothers one of another after they have transgressed once for all by denying the Greek gods and by worshipping that crucified sophist himself and living under his laws "

這項資料年代非常晚了，已經是耶穌死後大約一百五十年以後的事，而且也只是記錄了盧西安當時所了解的基督徒生活，所以，並沒有什麼原始資料的價值。

從上面引述的歷史記載可以知道：在比較正式的史書上，有關耶穌的記載就是這麼幾條。其中有些年代已經很晚了，不能作為第一手的證據。有些又無法確定指的是創立基督教的耶穌。嚴格說起來，竟沒有一條能夠提供有關耶穌第一手原始的資料。頂多，我們也許可以說有過耶穌這麼一個人。但是，他只是一個相當普通的人，在猶太地區宣傳他的宗教主張，與猶太當權者不合，後來被羅馬官員處死，他的追隨者後來形成了一個教派，僅此而已。福音書中所說的奇蹟，說他是猶太人的彌賽亞，說他在死後復活等等，都是福音書作者編出來的故事，歷史上根本沒有這些事。

注釋

1. 可見：(1)任繼愈主編，《宗教大辭典》，上海辭書出版社，1998年，485頁與501頁及507頁。(2) M. F. Wilkins and F. P. Moreland, eds. *Jesus Under Fire,* Zondervan Publishing House, 1995年，28頁

2. 任繼愈主編，《宗教大辭典》，上海辭書出版社，1998年，997頁

3. 帕皮亞的說法不可靠，可見R. W. Funk, R. W. Hoover and the Jesus Seminar, *The Five Gospels-the search for the authentic words of Jesus,* Macmillan Publishing Co., 1993年，第20頁。有關帕皮亞和尤西比烏的記載可見：(1)任繼愈主編，《宗教大辭典》，上海辭書出版社，1998年。(2)《基督教辭典》，北京語言學院出版社，1994年

4. 見〈約翰福音〉，13:23，19:26，20:2，21:7，21:20

5. 任繼愈主編，《宗教大辭典》，上海辭書出版社，1998年，963頁

6. R. W. Funk, R. W. Hoover and the Jesus Seminar, *The Five Gospels-the search for the authentic words of Jesus,* Macmillan Publishing Co., 1993年，第20頁

7. H. Shanks, ed. *The Search for Jesus, Modern scholarship looks at the Gospels,* Biblical Archaeology Society, 1994年，135頁

8. 梁工，《聖經指南》，遼寧人民出版社，1993年，682頁

9. B. L. Mack, *Who Wrote the New Testament?* HarperSanFrancisco, 1989. 見第5頁和附錄A第311頁

10. 見Robert W. Funk, Roy W. Hoover and the Jesus Seminar, *The Five Gospels-the search for the authentic words of Jesus*, A Polebridge Press book, Macmillan Publishing Company, 1993年。又見：任繼愈主編，《宗教大辭典》，200頁，說〈多馬福音〉於1945至1946年發現於上埃及納格—漢馬迪出土的科普特文蒲紙抄卷中。經考證，一般認為希臘文原本約寫於150年，科普特文抄本約成於400年

11. W. Durant, *Caesar and Christ-The story of civilization III*, Simon and Schuster, 1944年，553頁

12. W. Durant, *Caesar and Christ-The story of civilization III*, Simon and Schuster, 1944年，553頁起

13. 見R. Helms, *Who Wrote the Gospels?* Millennium Press, 1997年，Introduction章。也見M. Grant, *Jesus-An Historian's Review of the Gospels,* Charles Scribner's Sons, 1977年，187頁起

14. 見B. L. Mack, *Who Wrote the New Testament?* HarperSanFrancisco, 1989年，47頁。也見R. W. Funk, *Honest to Jesus,* HarperSanFrancisco, 1996年，134頁

15. 見〈路加福音〉第3章，3:1及3:23

16. 一般譯為奧古斯都，羅馬帝國皇帝，生於公元前63年，公元前27年到公元後14年在位

17. 見〈路加福音〉2:1

18. W. Durant, *Caesar and Christ-The story of civilization III,* Simon and Schuster, 1944. 557頁起

19. 海內曼Uta Ranke-Heinemann, *Putting Away Childish Things,* HarperSanFrancisco, 1994年，第7頁

20. H. Shanks, ed. *The Search for Jesus, Modern scholarship looks at the Gospels*, Biblical Archaeology Society, 1994年，60頁

21. 見〈路加福音〉2:1-4

22. H. Shanks, ed. *The Search for Jesus, Modern scholarship looks at the Gospels*, Biblical Archaeology Society, 1994年，70頁

23. W. L. Langer, *An Encyclopedia of World History,* Houghton Mifflin Company, 1972年，118頁

24. W. L. Langer, *An Encyclopedia of World History*, Houghton Mifflin Company, 1972年，116頁

25. J. D. Crossan, *The Historical Jesus-the life of a Mediterranean Jewish Peasant,* HarperSanFrancisco, 1991年，371頁

26. 此處中文翻譯的不太好，英文是But when the time had fully come, God sent forth his Son, born of woman, born under the law.

27. 海內曼Uta Ranke-Heinemann, *Putting Away Childish Things,* HarperSanFrancisco, 1994，40頁

28. T. L. Miethe, editor, *Did Jesus Rise from the Dead? -the resurrection debate,* Harper and Row, 1987年，第9頁。又見：C. D. McKinsey, *The Encyclopedia of Biblical Errancy*, Prometheus Books, 1995年，117頁起討論處女生子，特別在120頁，提到betulah and almah這兩個字的重要區別

29. H. Shanks, ed. *The Search for Jesus, Modern scholarship looks at the Gospels,* Biblical Archaeology Society, 1994 年，72頁

30. (1) Robert Funk, *Honest to Jesus,* Harper San Francisco, 1996, 294頁

    (2) Charles Templeton, *Farewell to God*, McClelland & Steward Inc., 1996, 93頁

    (3) Reza Aslan, *Zealot,* Random House, 2013, 36頁。(4) Charlotte Allen, *The Human Christ,* The Free Press, 1998, 44頁

31. 見〈路加福音〉1:5

32. R. Helms, *Gospel Fictions?* Prometheus Books, 1988年，51頁

33. M. Martin, *The Case Against Christianity,* Temple University Press, 1991年，51頁

34. 生年見*The World Book Encyclopedia*, World Book Inc.1985年

35. 可見M. F. Wilkins and F. P. Moreland, eds. *Jesus Under Fire,* Zondervan Publishing House, 1995年

36. 申命記中猶太人所最多引用的一句，就是〈申命記〉的6章4節：「以色列阿，你要聽，耶和華我們上帝是獨一的主」，這一句稱為Shema

37. 來源為《駁賽爾索》（Contra Celsum）1.32; Henry Chadwick, *Origen*, Cambridge University Press, 1980, p.31; cf. R. J. Hoffmann, *Celsus on the True Doctrine* (New York: Oxford University Press, 1987), p.57

第五章
《新約》是誰寫的？

　　基督教的經典，包括了《舊約》和《新約》。《舊約》是猶太人以神話的形式，所記錄的猶太歷史，還有一些猶太歷史人物故事，和一些文學作品及詩歌等。《新約》則是有關耶穌事蹟的記載和耶穌門徒的書信。記載耶穌生平言行的四卷記錄，就是以〈馬太〉、〈馬可〉、〈路加〉和〈約翰〉命名的四福音書。耶穌信徒所寫的書信，則主要以保羅的書信為主，以及最後一篇以神話寓言形式寫成的〈啟示錄〉（Revelation）。

　　《舊約》原是猶太教的經典，稱為「二十四書」，由廿四卷書構成，分為三大類：律法書（五卷）、先知書（八卷）、和作品集（十一卷）。其中先知書又分為〈前先知書〉（四卷）和〈後先知書〉（四卷）。基督教接納它為經典後，將〈撒母耳記〉、〈列王紀〉、〈歷代志〉各分為上下兩卷，將〈十二小先知書〉分為十二卷，將〈以斯拉－尼希米記〉分為〈以斯拉記〉和〈尼希米記〉，從而使總卷數達到三十九卷。

　　這三十九卷一般分為四類：律法書（五卷）、前先知書（六卷）、後先知書（十五卷）和作品集（十三卷）[1]。《舊約》

原本是用希伯來文寫的，希臘文譯本稱為「七十子希臘文本」
（Septuagint）。傳說其中律法書的部分，是由七十二位猶太學
者應埃及國王托勒密二世（Ptolemy II，公元前 308 / 9–246 年，
公元前 283–246 年在位）之請，公元前三世紀在亞歷山大城完
成的，其餘部分到公元前 150 年左右完成。

　　希伯來文本和希臘文本的《舊約》，二者所包括的卷冊略有
不同。前者於公元 90 年詹尼亞（Jamnia，在今巴勒斯坦）猶太
教教士會議中被確定為正典。為後者所收集而不見於前者的各
卷書，後來被稱為次經（*Deutero-Canonical Books*）。天主教的
《舊約》將次經包括在內，基督新教則不收 [2]。

　　《新約》共有二十七卷，分為四類：福音書（四卷）、歷史
記事（一卷）、使徒書信（廿一卷）、和啟示經卷（一卷）。

　　福音書指《新約》卷首有關耶穌生平的四部紀錄：〈馬太福
音〉、〈馬可福音〉、〈路加福音〉和〈約翰福音〉。前三部類似
的地方比較多，稱為「同觀福音」（Synoptic Gospels）。第四卷
〈約翰福音〉則強調基督教的宗教教義，現實成分相對薄弱。
歷史記事指〈使徒行傳〉一卷。〈使徒行傳〉記述了耶穌死後三
十年間（約公元 30 年到 60 年）早期基督教會的成長情形。

　　使徒書信是初期使徒在傳教過程中彼此往來的信件，反映
了各地教會的情況，實際上是一批「教義著作」。除〈希伯來
書〉以外，一般分為兩大類：「保羅書信」和「公普書信」。
按照基督教的傳統說法，保羅書信共十三卷。不過根據現在學
者的研究，比較可信是保羅所寫的只有七卷，這七卷是：〈羅
馬書〉（Romans）、〈前後哥林多書〉（1 and 2 Corinthians）、〈加

拉太書〉（Galatians）、〈帖撒羅尼迦前書〉（1 Thessalonians）、〈腓立比書〉（Philippians）和〈腓利門書〉（Philemon）[3]。其中最早的一篇可能是〈帖撒羅尼迦前書〉（1 Thessalonians）[4]。

　　公普書信共七卷，他們不像保羅書信那樣寫給專門的會眾，而是籠統的寫給「教會」，因此具有普遍意義而稱為「公普書信」。〈希伯來書〉並非書信，而是一篇無名氏的神學論文。啟示經卷指《新約》末尾的〈啟示錄〉（Revelation），〈啟示錄〉以象徵的筆法，寫末世時，宇宙間的善惡之戰，隱晦的表達基督徒對羅馬帝國的仇恨[5]。

　　除了現在正式列入《新約》的篇章以外，還有一些有關的文字，稱為《新約》外傳（Apocryphal Books of New Testament）。《新約》外傳指未列入《新約》正典，而與《新約》相似的古代基督教著作，或指托名《新約》中人物所寫的作品。數量雖大，但多數僅存書名或殘片[6]。

　　《新約》篇章中最主要的，自然是描述耶穌生平的四福音書。「福音」（gospel）源出希臘文 euaggelion，原意為「喜訊」、「好消息」。英語中意譯為 god spell 或 good tidings[7]。但是，四福音書並不是《新約》中最早的文字。《新約》中年代最早的是保羅所寫的書信。根據學者的研究，《新約》中各篇的年代大約是：保羅書信是在公元 50 年代，〈馬可福音〉約在 66 年到 70 年左右，〈馬太福音〉約在 85 年左右，〈路加福音〉在 85 至 90 年[8]，而〈約翰福音〉最晚，約在 95 至 100 年[9]。至於其他的書信等，可能要遲到二世紀的上半葉，有些可能遲到公元 140 至 150 年間[10]。

　　關於四福音書的年代，各家學者估計的年代稍有不同，除了上面所列的年代以外，有的學者認為，〈馬可〉和〈馬太〉可能是在 70 年到 80 年，〈約翰〉和〈路加〉約在 100 年左右 [11]。 也有的學者認為，〈馬可〉的年代在 70 年左右，〈馬太〉和〈路加〉在 75 到 90 年，而〈約翰〉最晚 [12]。 史學家杜蘭（William Durant，1885－1981）在《西洋文明史》的第三冊《凱撒與基督》當中，認為〈馬可〉的年代大約是在 65 至 70 年，〈馬太〉的年代是 85 至 90 年，而四福音書的寫作年代大約是在 60 至 120 年之間 [13]。 因此，各家學者估計的年代稍有出入，但大體上差不多。

　　現在基督教會對四福音書排列的次序是〈馬太〉、〈馬可〉、〈路加〉和〈約翰〉。 但是，其實〈馬可〉的寫作年代要比〈馬太〉為早。 任何人只要讀一下四福音書，都會發覺前面三個福音書，雖然內容仍然有許多出入，但是大體上寫作的內容和方式，有許多類似的地方。 而〈約翰福音〉則大不相同，主要的內容在討論耶穌的教義，而對於耶穌的生平介紹的很少。 因此，基督教會把前面三個福音書，稱為「同觀福音」（synoptic gospels）。 最早的〈馬可福音〉篇幅比較短，其他的福音書則比較長。

　　這些福音書是誰寫的呢？ 基督教的傳說，認為四福音書的作者中： 馬太是一個稅吏，後來成了耶穌十二個門徒之一。 馬可是彼得和保羅的伴侶，而路加是保羅的醫生 [14]。 至於約翰，在公元 180 年左右，里昂主教伊里奈烏（Irenaeus，約 130－約 202）說他是西庇太的兒子約翰（John, son of Zebedee），

也有人說是住在以弗所的約翰長老（John the elder who lived at Ephesus），又有人說是〈約翰福音〉中的耶穌「所愛的門徒」（the beloved disciple）[15]。〈約翰福音〉在早期的教會被視為是異端，許多學者認為這是由一個大概在敘利亞的教派所寫的[16]。我們在「歷史上的耶穌」一章已經討論過了。

在蘭克海內曼（U.Ranke-Heinemann）教授《丟掉幼稚東西》（*Putting Away Childish Things*）一書中，她提到教會傳統上把〈馬可福音〉的作者當作是彼得的伴侶，把〈路加福音〉的作者當作是保羅的伴侶。這是里昂（Lyon）主教伊里奈烏（Irenaeus，約 130－約 202）[17] 提出來的。這是對於彼得和保羅的一種平衡。其實說這些福音書的作者是誰都沒有足夠的證據，唯一能夠說的是：〈路加福音〉的作者是一個外邦的基督徒，他可以寫很好的希臘文，時間可能是在 80 年到 90 年。

有關〈約翰福音〉的作者，首先提出來的也是伊里奈烏（Irenaeus）。在〈約翰福音〉中有所謂耶穌「所愛的門徒」（beloved disciple）。在〈約翰福音〉第廿一章，對這個「所愛的門徒」做了一些敘述，但是沒有說這個人是誰。在〈約翰福音〉21：20-22 中有這樣的話：「彼得轉過來，看見耶穌所愛的那門徒跟著，就是在晚飯的時候，靠著耶穌胸膛說，主啊，賣你的是誰的那門徒。彼得看見他，就問耶穌說，主啊，這人將來如何。耶穌對他說，我若要他等到我來的時候，與你何干，你跟從我罷。」

有些人認為這個「所愛的門徒」是西庇太的兒子約翰（John the son of Zebedee），但這是不正確的。他常常與彼得相比，其他

的三個福音書都沒有提到在這些場合，有這個所謂的耶穌「所愛的門徒」。〈約翰福音〉的第二十一章其實根本是後來加上去的[18]，所以這些都是一筆糊塗帳，充滿了偽作和後來的附會[19]。

總之，《新約》福音書現在的篇名，和基督教傳統所說的這些福音書的作者，都是後來基督教教會的人假設的，其實並沒有真正的證據[20]。

我們在「歷史上的耶穌」一章中，已經談到，耶穌在大約公元 30 年左右，被羅馬總督彼拉多（Pontius Pilate）處死。 在耶穌死去以後，他的門徒四處傳教。 起初，耶穌的門徒並沒有認為他們的教義與傳統的猶太教有什麼不同，不同的只是在於他們認為耶穌是彌賽亞。

前面三個福音書，稱為「同觀福音」，因為它們之間有許多相像的地方。〈馬太〉引用了〈馬可〉的百分之九十，〈路加〉引用了〈馬可〉的百分之五十。 關於福音書的來源，有所謂兩源說和四源說。 兩源是指〈馬可〉和 Q。〈馬太〉和〈路加〉福音中，都有不見於〈馬可福音〉的材料，將兩書中的這些部分加以比較，會發現它們頗有相似之處。 這一事實表明，在〈馬太〉和〈路加〉福音成書之前，曾有不同於〈馬可福音〉的另一分早期文件存在，也被〈馬太〉和〈路加〉共同用為寫書的材料。 學者們將這一材料稱為 Quelle，簡稱為 Q，Quelle 是德文「來源」的意思[21]。四源說再加上〈馬太〉和〈路加〉所獨有的資料，分別稱為 M 和 L。 而〈約翰福音〉是由較早的 Gospel of Signs 引來的，如果再加上〈多馬福音〉（Gospel of Thomas），就有六源了[22]。

　　另一分資料說：〈馬太〉經文一共有一○六八節，〈馬可〉有六六一節，〈路加〉有一一四九節。〈馬太〉和〈路加〉大量抄錄〈馬可〉的內容，〈馬可〉的經文有百分之九十一重現於〈馬太〉，百分之七十重現於〈路加〉[23]。還有一分資料說：〈馬可〉有六百七十八節，其中有六百零六節（約百分之九十弱）與〈馬太〉相同，有三百五十節與〈路加〉相同，而〈路加〉中又有另外的三百二十五節與〈馬太〉相同[24]。

　　在杜蘭（William Durant，1885－1981）的《文明的故事—凱撒與基督》一書中也提到，〈馬可福音〉有六六一節，〈馬太〉重複了六百個，〈路加〉重複了三百五十個[25]。

　　Q 的原件迄未發現，推測最初文字可能是亞蘭文，後譯為希臘文，篇幅約有兩百零七節，大體見於今本〈路加〉的一些段落。因為〈路加〉對於 Q 修改的較少[26]。如果加上〈馬太〉和〈路加〉所獨有的材料，福音書就有四個來源。學者們研究的結果認為：Q 來自敘利亞的安提阿（Syrian Antioch）[27]。〈馬太〉獨有的材料表現出較濃重的猶太色彩，代表了耶路撒冷的傳統。而〈路加〉獨有的材料，來自該撒利亞（Caesarea）[28]。〈路加福音〉富有希臘色彩，希臘文也是寫的比較好的[29]。

　　前面三個福音書，雖然有許多類似的地方，但是，彼此不同而又矛盾的地方也很多。我們在「歷史上的耶穌」一章中，已經提到〈馬太〉和〈路加〉福音，對於耶穌的家譜，兩者之間差了十五代，除了能從《舊約》抄出來的名字以外，所有其他的祖先名字都不一樣。如果我們比較四福音書，對於耶穌出生的記載，也都不相同。〈馬可〉和〈約翰〉對此沒有記載。

〈馬太福音〉說約瑟一家，好像一直住在伯利恆，生了耶穌以後，逃到埃及去，以後再去拿撒勒。而〈路加〉則說約瑟一家原來住在拿撒勒，為了人口調查的原故去了伯利恆，沒有說他們去埃及。另外，耶穌被釘在十字架上，快要死去的時候，在〈馬可〉和〈馬太〉福音中，都是這麼寫的：

「申初的時候，耶穌大聲喊著說，以羅伊！以羅伊！拉馬撒巴各大尼；繙出來，就是我的上帝！我的上帝！為什麼離棄我？」

And at the ninth hour Jesus cried with a loud voice, "Eloi, Eloi, lama sa-bach-tha-ni？" which means, "My God, my God, why hast thou forsaken me？"

（見〈馬可福音〉15：34 和〈馬太福音〉27：46）。

而在〈路加福音〉中（見〈路加福音〉23：46），卻是這樣記載的：

「耶穌大聲喊著說，父啊！我將我的靈魂交在你的手裏；說了這話，氣就斷了。」

Then Jesus, crying with a loud voice, said, "Father, into thy hands I commit my spirit!" And having said this he breathed his last.

而在〈約翰福音〉裏（見〈約翰福音〉19：30），又是這樣記載：

「耶穌嘗了那醋，就說，成了；便低下頭，將靈魂交付上帝了。」。

按此處英文是：

When Jesus had received the vinegar, he said, " It is finished"; and he bowed his head and gave up his spirit.

其實沒有交付上帝之類的話。

我們可以看出來，在比較早期的〈馬可〉和〈馬太〉福音中，耶穌在臨死的時候所說的話，有很強烈的埋怨而不甘心的意思。到了〈路加福音〉中，就變得比較中性一點。而到了較晚的〈約翰福音〉中，幾乎變成理所當然了。

在〈路加福音〉中（見〈路加福音〉23：34）說耶穌在被釘十字架的時候說：「當下耶穌說，父啊！赦免他們；因為他們所做的，他們不曉得。」（And Jesus said, " Father, forgive them; for they know not what they do.")關於這句話，有兩個問題。一方面，依照〈路加福音〉，這句話不是耶穌最後在十字架上說的，再者，在人多《新約》古本上沒有這句話，很可能是後來加上去的[30]。

其實，《新約》作者所寫的，耶穌死前在十字架上最後所說的話，都是抄自《舊約》〈詩篇〉。在〈馬可〉和〈馬太〉福音中，是抄自《舊約》〈詩篇〉22.1，〈路加福音〉是抄自《舊約》〈詩篇〉31.5，文字幾乎完全一樣[31]。

在羅馬帝國時代，釘十字架是一種激烈的處死方式，不過還是很常見的。 一般處死的人，屍體是不准搬下來的 [32]。 羅馬帝國當時有三種最重的刑罰，就是釘十字架，在競技場餵獅子，以及燒死。 因為這三種處死的方法，都讓人無法下葬。 這也是為什麼，在約瑟福斯（Josephus）的猶太史中，說羅馬帝國當時釘十字架處死了成千上萬的猶太人，但是到目前為止，處死者的骨骼，只發現了一個，而且，這還是一個例外 [33]。

對於耶穌的被處死刑，在四福音書中，對於猶太人和羅馬總督彼拉多的責任孰輕孰重，由〈馬可福音〉到〈馬太〉和〈路加〉福音，再到〈約翰福音〉，彼拉多的責任是越來越輕，而猶太人的責任則是越來越重。 到了〈約翰福音〉，耶穌與彼拉多幾乎是在友善的談話了。 這顯示，越到後來的作者越想討好羅馬當局，把處死耶穌的責任盡量推到猶太當權者的身上。 為了要把處死耶穌的責任，從羅馬轉移到猶太人的身上，他們假設有一個叛徒猶大（Judas），其實猶大這個名字本身就是代表猶太人的。

在〈馬太福音〉27：24 中，還說彼拉多特意在猶太人面前洗手，表示對耶穌的死不負責任，「彼拉多見說也無濟於事，反要生亂，就拿水在眾人面前洗手，說，流這義人的血，罪不在我，你們承當罷！」

So when Pilate saw that he was gaining nothing, but rather that a riot was beginning, he took water and washed his hand before the crowd, saying, " I am innocent of this man's blood; see to it yourselves."

　　在歷史上，這些都是不可能的。因為最擔心動亂的是羅馬當局，有權處死犯人的也是羅馬當局。

　　在這一點上，羅馬史家塔西陀（Tacitus）還是比較公正的，他說的較為接近事實[34]。這跟早期基督教會與猶太和羅馬帝國當局的關係也是符合的。基督教本來是猶太教中的一個派別，後來由於基督教會中外邦人逐漸增多，為了傳教的目的，希望討好羅馬當局。基督教會在公元 66 至 70 年的第一次猶太羅馬戰爭中，已經不是很支持猶太人。等到第二次（公元 115-117 年），和第三次猶太—羅馬戰爭（公元 132-135 年），基督教會就袖手旁觀了[35]。

　　前面我們已經討論過，耶穌在正史上的記載少到幾乎接近沒有的程度。所有的福音書都是以傳教為目的而寫的，不是真正的歷史。我們讀四福音書就可以知道，最早的〈馬可福音〉，比較平樸直述，到了〈馬太〉和〈路加〉，就蓄衍添加得多了。〈約翰福音〉是最後才寫成的，最為強調耶穌的神性，歷史的可信度就更低了。

　　從耶穌在大約公元 30 年被處死，到公元 325 年基督教會的尼西亞（Nicaea）會議，是一個基督教轉化的時期。基督教由一個羅馬帝國偏遠地區，一個不知名的人所創的小教派，變成了主要的宗教，再到公元 381 年更成為羅馬帝國的國教。《新約》一直到大約公元 395 年，也就是耶穌死了大約三百六十二年以後，我們現在所知道的《新約》才告確定。只有為官方所接受的經文才變成了正典，除了現在的四福音書以外，其他的福音書都被禁掉了。這中間《新約》福音書經過眾多教士和教會多

年的傳寫和編輯，這自然會產生一個問題，《新約》經過多少改造？

　　舉例來說，〈馬可福音〉在談到耶穌被釘十字架處死後，今本〈馬可福音〉在十六章第八節以後的文字，也就是十六章的九到二十節，敘述耶穌復活情節的，在古本的《新約》裏都是沒有的。原來的文字，到十六章第八節就結束了。甚至，有人認為到十五章三十九節就完了，後面的部分都是後來加上去的[36]。同樣的，敘述耶穌復活的〈約翰福音〉第廿一章，也是後來偽造的。這對於耶穌復活的真實與否，當然有不言可喻的重要性。

　　《新約》福音書早期不只這四種，但是後來基督教會把這四種當作是正典，而把其他的禁掉了。但是，多少還有一些斷簡殘篇留下來。1945 年，在埃及納格─漢馬迪（Nag Hammadi）發現了一批文獻，現在稱為納格─漢馬迪圖書館（Nag Hammadi library）[37]。這是埃及科普特人（Coptic）基督教會的文獻，其中有完整的〈多馬福音〉（Gospel of Thomas），還有一些其他福音書的殘片[38]。科普特人是古代埃及人的後裔，是現在埃及的少數民族，歷史上長期信仰基督教。在〈多馬福音〉中，只有一百一十四條耶穌的講話，沒有關於耶穌生平的記載，與推論中早期的 Q 福音書很像。但是，對於〈多馬福音〉的確實年代，學者們還有很多爭論。

　　另外有一個叫做〈秘密馬可福音〉（Secret Gospel of Mark），目前所存的資料只有早期基督教的教士亞歷山大的克雷芒（Clement of Alexandria，約公元 150-215）寫給一個叫西奧多（Theodore）的人的信，在他的信中提到〈秘密馬可福音〉。

這封信在十八世紀中葉，部分被抄寫，保留在伯利恆和死海之間的一個希臘正教的修道院中。 這分抄本在 1958 年由哥倫比亞大學的史密斯（Morton Smith，1915－1991）照相。 現在的〈馬可福音〉是〈秘密馬可福音〉經過刪減後的版本（censored version），但是這些不同的本子在一段時間內並存，至少在公元 200 年左右在亞歷山大（Alexandria）還可以看到[39]。

在開羅之南兩百五十英里，尼羅河的東岸，在四世紀的時候，有幾個基督教的修道院。 1886 至 1887 年間，法國的考古學者在一個修道士的墓中發現了一小本紙草書，其中有「我，西門彼得，……來到海邊」等字樣，這在 1892 年發表。 1897年後，英國的考古隊也在尼羅河西岸發現了〈彼得福音〉的片段。 所以，現存的四福音書，是早期基督教會經過審核編輯的版本。

有些段落，像是〈馬可福音〉早期的本子，在 16：8 就已經結束了。 後面的 16：9 節到 16：20 節都是後來加上去的[40]。 在耶路撒冷版的「《聖經》」（*The Jerusalem Bible*）中，在〈馬可福音〉的最後一頁，就提到說：許多福音書的稿本，都省略了〈馬可福音〉十六章的九至二十節[41]。 所以，很明顯的，這十二節其實是後來加上去的，而這十二節講的正是耶穌復活的事。 所以，如果原來的本子中沒有後面這十二節的話，那麼對於耶穌復活的故事，影響是很大的，因為後來的〈馬太〉和〈路加〉福音都是抄〈馬可福音〉的，接續的影響就更大了。

此外，〈約翰福音〉的第廿一章，整章也都是後來加上去的[42]。 近年出版的耶路撒冷版「《聖經》」（*The Jerusalem Bible*）

就把〈約翰福音〉第廿一章當作是附錄（Appendix），而沒有放在正文中，並且加註說，這章是傳道者或其弟子加進去的（added either by the evangelist or by a disciple of his.）。

關於猶太人的史料，在 1947 年又發現了「死海經卷」（Dead Sea Scrolls）。大部分「死海經卷」的年代比耶穌早，對於《新約》的研究沒有直接的幫助，但是它對於了解耶穌和施洗約翰的時代背景有幫助，而且把《舊約》現存本的時代提早了一千年[43]。一直到大約公元 395 年，我們現在所知的《新約》才告確定。只有為官方認可的經文才成了正典，其他的都被禁掉了。保留其他的福音書是異端行為，而異端是要處死的[44]。其他的福音書說了什麼，除了一些考古發現的斷簡殘篇，其他的我們今天是無法曉得的了。

總之，《新約》福音書是早期基督教會傳教所用的文宣，不是真正的歷史。從《新約》我們可以看到基督教剛剛成立的時候的一些情形，但是，要用這些福音書或者使徒的書信來證明耶穌是神子，證明耶穌死後三日復活，對於作為基督教是否可以成立的證據來說，那是遠遠不夠的。

注釋

1. 梁工，《聖經指南》，遼寧人民出版社，1993年，第5頁

2. 見任繼愈主編，《宗教大辭典》，上海辭書出版社，1998年，406頁。又見：梁工，《聖經指南》，遼寧人民出版社，1993年，45頁

3. 見 Robert W. Funk, *Honest to Jesus,* HarperSanFrancisco, 1996, 38頁

4. 見梁工，《聖經指南》，遼寧人民出版社，1993年，754頁

5. 參考梁工，《聖經指南》，遼寧人民出版社，1993年，9-11頁

6. 見任繼愈主編，《宗教大辭典》，上海辭書出版社，1998年，917頁

7. 見(1) 任繼愈主編，《宗教大辭典》，上海辭書出版社，1998年。(2)*Zondervan's*

Pictorial Bible Dictionary. (3) W. Durant, *Caesar and Christ-The story of civilization III,* Simon and Schuster, 1944年，553頁

8. H. Shanks, ed. *The Search for Jesus, Modern scholarship looks at the Gospels,* 1994年，135頁

9. 梁工，《聖經指南》，遼寧人民出版社，1993年，682頁

10. B. L. Mack, *Who Wrote the New Testament?* HarperSanFrancisco, 1989年，第5頁

11. B. L. Mack, *Who Wrote the New Testament?* HarperSanFrancisco, 1989年，第5頁。不過，在此書後面的167頁，和311頁的表，似乎把〈路加福音〉的寫成的年代當作是公元120年左右，因此，比〈約翰福音〉還晚了

12. M. Grant, *Jesus, an Historian's review of the Gospels,* Charles Scribner's Sons, 1977年，183頁起

13. W. Durant, *Caesar and Christ-The story of civilization III*, Simon and Schuster, 1944年，556頁

14. (1) Wilkins and Moreland, *Jesus under Fire,* 28頁。按：〈馬太福音〉10:2 說「這十二使徒的名，頭一個叫西門，又稱彼得，還有他的兄弟安得烈；西庇太的兒子雅各，和雅各的兄弟約翰。腓力，和巴多羅買、多馬、和稅吏馬太、亞勒腓的兒子雅各，和達太；奮銳黨的西門，還有賣耶穌的加略人猶大。」。(2) I. Asimov, *Asimov's Guide to the Bible,* Wings Books, 1981年，957頁說 Peter and sons of Zebedee, James and John是三個比較特殊的門徒

15. 見〈約翰福音〉21:7，21:20

16. 以上參考(1) R. W. Funk, R. W. Hoover and the Jesus Seminar, *The Five Gospels-the search for the authentic words of Jesus,* Macmillan Publishing Co., 1993年，20頁。(2)《基督教辭典》，北京語言學院出版社。(3) 梁工，《聖經指南》，遼寧人民出版社，1993年，666頁

17. 此見任繼愈主編，《宗教大辭典》，上海辭書出版社，1998年。《基督教辭典》上所列的年代，為約130-約202年

18. 見U. Ranke-Heinemann, *Putting Away Childish Things,* HarperSanFrancisco, 1994年，219頁起

19. 在*Asimov's Guide to the Bible,* 954頁，有一段討論這個耶穌「所愛的門徒」（beloved disciple），說此人不見於前面三個同觀福音

20. B. L. Mack, *Who Wrote the New Testament?* HarperSanFrancisco, 1989年，第6頁

21. (1) B. L. Mack, *Who Wrote the New Testament?* HarperSanFrancisco, 1989年，47頁及(2) 梁工，《聖經指南》，遼寧人民出版社，1993年，623頁

22. R. W. Funk, R. W. Hoover and the Jesus Seminar, *The Five Gospels*, Macmillan Publishing Co., 1993年，第10頁

23. 見梁工，《聖經指南》，遼寧人民出版社，1993年，624頁

24. 段琦、陳東風、文庸，《基督教學》，當代世界出版社，2000年，117頁，數字與梁工的稍異

25. 見W. Durant, *Caesar and Christ-The story of civilization III,* Simon and Schuster, 1944年，553頁

26. (1) B. L. Mack, *Who Wrote the New Testament?* HarperSanFrancisco, 1989年，48頁。(2) 梁工，《聖經指南》，遼寧人民出版社，1993年，625頁

27. (1) M. Grant, *Jesus, an Historian's review of the Gospels*, Charles Scribner's Sons, 1977年，186頁

    (2) 梁工，《聖經指南》，遼寧人民出版社，1993年，629頁

28. 見梁工，《聖經指南》，遼寧人民出版社，1993年，629頁

29. M. Grant, *Jesus, an Historian's review of the Gospels*, Charles Scribner's Sons, 1977年，188頁

30. 見《新約》Revised Standard Version的附註

31. 見：T. Callahan, *The Secret Origins of the Bible*, Millennium Press, 2002年，362頁

32. 見(1) H. Shanks, ed. *The Search for Jesus, Modern scholarship looks at the Gospels*, 1994年，120頁。(2) J. D. Crossan, *The Historical Jesus*, HarperSanFrancisco, 1991年，391頁

33. 見J. D. Crossan, *The Historical Jesus*, HarperSanFrancisco, 1991年，391頁

34. 海內曼Uta Ranke-Heinemann, *Putting Away Childish Things*, HarperSanFrancisco, 1994年，106-109頁

35. 參考J. D. Crossan, *The Historical Jesus*, HarperSanFrancisco, 1991年，205頁

36. 參考J. D. Crossan, *The Historical Jesus*, HarperSanFrancisco, 1991年，411頁

37. (1) B. L. Mack, *Who Wrote the New Testament?* HarperSanFrancisco, 1989年，第60頁

    (2) R. W. Funk, R. W. Hoover and the Jesus Seminar, *The Five Gospels*, Macmillan Publishing Co., 1993年

38. Nag Hammadi圖書館中，有〈多馬福音〉，有Secret Book of James, Dialogue of the Savior，另外，還有Gospel of Mary的殘片，見R. W. Funk, R. W. Hoover and the Jesus Seminar, *The Five Gospels*, Macmillan Publishing Co., 1993年

39. 見J. D. Crossan, *The Historical Jesus*, HarperSanFrancisco, 1991年，328頁有關於secret Mark的討論

40. 見海內曼Uta Ranke-Heinemann, *Putting Away Childish Things*, HarperSanFrancisco, 1994年，144頁

41. 英文是Many manuscripts omit vv.9-20 and this ending to the gospel may not have been written by Mark, though it is old enough

42. 見(1) R. W. Funk, *Honest to Jesus*, HarperSanFrancisco, 1996年，260頁。(2) 海內曼Uta Ranke-Heinemann, *Putting Away Childish Things*, HarperSanFrancisco, 1994年，222頁

43. R. W. Funk, R. W. Hoover and the Jesus Seminar, *The Five Gospels-the search for the authentic words of Jesus*, Macmillan Publishing Co., 1993年

44. 見M. I. Dimont, *Jews, God and History*, Mentor Books, 1994年，153頁

╱第六章╱
近年《新約》研究

　　自從羅馬帝國把基督教訂為國教以後，基督教在西方國家就具有神聖不可侵犯的地位，對基督教教義的任何質疑，都是可以處死的死罪，因此，也就沒有什麼人敢提出疑問了。 只有到最近的這兩百多年來，基督教的勢力逐漸消退了，學者們才可以比較開放的討論他們對於《新約》的研究。 即使如此，在這個過程中，許多學者仍然為了他們的《新約》研究，付出了慘重的代價。 一直到今天，基督教會的阻力仍然很大。

　　因為過去的學者不敢暢所欲言，所以對於《新約》的研究，開始的很晚。 在這方面，第一個有分量的研究是由漢堡（Hamburg）大學的東方語言學教授萊瑪魯斯（Hermann Reimarus，1694-1768）所做的。 他在 1768 年過世的時候，留下了 1400 頁有關研究耶穌的文字，但是由於擔心被迫害的關係，這些文字在他生前沒有發表。 六年以後，萊辛（Gotthold Lessing，1729-1781）在許多朋友的反對之下，發表了他著作中的一部分。 但是即使在死了好多年以後，仍然是用隱名出版的。 萊瑪魯斯認為不能把耶穌當作是一個建立新宗教的人，耶

穌實際上是猶太以神秘為傳統的最後一個主要人物，也就是說，他並沒有想要創造一個新的宗教，而是要猶太人為這個世界的毀滅，和神最後的審判作準備。

接下來的研究包括：1796 年賀德（Johann Herder，1744－1803）[1] 指出同觀福音與〈約翰福音〉之間幾乎不可協調的差異。 1828 年，泡魯斯（Heinrich Paulus，1761－1851）提出一種折衷性的說法，以自然的方式來解釋神蹟，而不用神啟的說法。 1835 至 1836 年史特勞斯（David Friedrich Strauss，1808－1874）出版了《耶穌生平的嚴格研究》（*Life of Jesus Critically Examined*）一書，史特勞斯不同意泡魯斯的看法，認為福音書中的神蹟是神話，要敘述耶穌真實的事蹟不能用這些神蹟，要把神話的部分和歷史的部分分開。

史特勞斯的巨幅著作使得「《聖經》」的批判研究成為德國思想的中心有一代之久。 不過，他卻因為這本一千四百頁的著作，讓他丟掉了第一份在杜賓根（Tubingen）大學的教書工作，一直到他 1874 年去世，批評他的人都在緊盯著他[2]。

1835 年同一年，包爾（Ferdinand Christian Baur，1792－1860）認為「《聖經》」中保羅的書信只有〈加拉太書〉（Galatians），〈哥林多書〉（Corinthians）和〈羅馬書〉（Romans）是真的。 1840 年，鮑威爾（Bruno Bauer，1809－1882）認為耶穌是一個神話，基督教是公元二世紀的時候，把猶太、希臘、羅馬神學合在一起創造出來的教派。

1863 年，瑞南（Ernest Renan，1823－1892）寫了《耶穌的一生》（*Life of Jesus*）一書，否認耶穌的神性和一切超自然的奇

蹟，把他描繪成一個歷史人物，讓大眾了解福音書的問題，該書被教廷列為禁書[3]。

十九世紀末，法國的盧瓦齊（Alfred Loisy，1857－1940）以非常嚴格的角度研究《新約》，發表的著作被教廷列為禁書，他被迫辭去教職，最後脫離天主教會[4]。荷蘭的三位研究者皮爾孫（Allard Pierson，1831－1896），那伯（Samuel Adrian Naber，1828－1913）和馬特哈斯（Matthas）更進一步，否定耶穌事蹟的歷史真實性。德國的德魯斯（Arthur Drews，1865－1935）在1906年寫書贊成這種否定的觀點。美國教授史密斯（William Benjamin Smith，1850－1934）和英國的國會議員羅伯森（John Mackinnon Robertson，1856－1933）也作了類似這種否定耶穌事蹟的認定[5]。

另外，美國的開國元勳傑弗遜（Thomas Jefferson，1743－1826）也在這方面作了一些工作，他把他的心得寫在《拿撒勒人耶穌的生命與道德》（*The Life and Morals of Jesus of Nazareth, extracted textually from the Gospels in Greek, Latin, French, and English*）一書中，這本小書在1904年出版，現在仍有售。

近代學者馮克（Robert W. Funk，1926－2005）在他共同主編的《五部福音書》（*The Five Gospels*）中指出：近代《新約》的研究，有七根主要的柱石[6]。第一根柱子就是把歷史上的耶穌與信仰的基督分開了。第二根柱子，就是認識到同觀福音比〈約翰福音〉，要與歷史上的耶穌接近的多。到了1900年左右，又有了第三根與第四根柱子。這第三根柱子就是了解到〈馬可福音〉比〈馬太〉和〈路加〉福音都要早，而且是後二者的來源。

第四根柱子就是了解到還有另外一個〈馬太〉和〈路加〉福音所共有的來源，叫做 Q 的原始資料，這是與〈馬可福音〉不同的另外一個獨立來源。

到了二十世紀的初年，最有名的有關《新舊約》的研究，就是後來在非洲行醫，而且在 1952 年獲得諾貝爾和平獎的史懷徹（Albert Schweitzer，1875－1965）所做的研究。史懷徹有多方面的才能，早年就以《新舊約》研究、風琴演奏、和研究巴哈的音樂而知名。後來為了要去非洲行醫，特別再學醫學。他在 1906 年所寫的《對歷史上耶穌的探索》（*The Quest of the Historical Jesus*）是這方面研究的一個里程碑。他的結論是歷史上有關耶穌的史實太少了。他說：「拿撒勒人耶穌，這個後來說是成了救世主，傳上帝之國的道理，在地球上建立了天國，而且為了他的工作而獻了身的人，根本沒有存在過。」[7]。他覺得研究歷史上的耶穌，資料太少了，無法得到正確的結論。他因此放棄了這方面的研究，去了非洲。

在基督新教方面，到了 1920 年代以後，基督教神學在巴特（Karl Barth，1886－1968）、布爾特曼（Rudolf Bultmann，1884－1976）、和蒂利希（Paul Tillich，1886－1965）等人的倡導下，回到新正統神學（neo-orthodoxy）。

巴特是瑞士新教的神學家，新古典主義的主要倡導人。布爾特曼是德國《新舊約》學者。蒂利希是德國路德派的神學家。巴特論點的主要結論就是在科學和宗教之間建起一道高牆，他認為科學與神學不同，科學是對於可觀察的事物，所做的陳述，是對於有限的東西所做的討論，而且是用人所發展出

來的方法學。 所以他認為，科學與宗教因而是處在不同的領域中，兩者是不相稱的（incommensurate）[8]。

在巴特和布爾特曼提倡之下的新正統神學（neo-orthodoxy），在五十年之間（1920－1970）都壓抑了對於歷史上耶穌這方面的研究。 他們認為研究歷史上的耶穌，對於求得信仰的基礎來說，是一種不正確的方法。 在天主教的學者方面，如： 德國的拉納（Karl Rahner，1904－1984）和瑞士的漢斯‧昆（Hans Kung，1928－）等人，他們主要關心的重點也不在歷史上的耶穌。 漢斯‧昆的主張也不是天主教的主流，他甚至在 1979 年受到天主教廷的查禁。 因此，由於不同的原因，對於歷史上耶穌的研究，從 1920 年到 1970 年，沈寂了將近半個世紀。

馮克認為，一直要到了二次大戰以後，有許多新的大學和研究中心成立了，對於《新舊約》的研究，不再侷限於教會和修道院，或者教會所支持的大學，而逐漸轉移到別的、比較中立的學術機構。《新舊約》的研究終於得到了自由。 現代的學者從史懷徹的末日基督形象解放了出來，這是現在《新約》研究的第五根柱子。

第六根柱子是了解到，口傳文化與書寫文化之間的不同。歷史學家要找的應該是那種口傳的耶穌，說的句子是短的、有挑撥性的、容易記的。 第七根柱子，也是最後一根柱子，是了解到誰有義務要證明福音書的真實性。 過去一般人的看法似乎認為，持批評態度的學者一定要能夠證明福音書中所寫的不是歷史事實。 史特勞斯（David F. Strauss）在他的書中，為了要做這些證明，寫了一些推翻原來想法的東西，因而被視為大部分是負

面的，而且是具有破壞性的。 現在的想法則不然，大家認為福
音書是公元一世紀的人以神話和傳奇的形式，所寫出來做為傳教
之用的文字。 信基督教的人才有要證明它屬實的義務。

　　1985 年，研究《新約》的學者馮克（Robert Funk，1926－
2005）和柯羅山（John Dominic Crossan，1934－）共同發起成立
了「耶穌研究會」（Jesus Seminar）。 這是一個以研究歷史上的
耶穌，還原耶穌真面目為目的的研究會。 他們相繼編輯出版了
《五部福音書》（*The Five Gospels-the search for the authentic words
of Jesus*，1993 年）以及《耶穌的經歷》（*The Acts of Jesus*，
edited by R. W. Funk and the Jesus Seminar，1998 年）等書籍。

　　耶穌研究會的主要成員馮克曾在多所大學任教，最後在
蒙他拿（Montana）大學退休。 柯羅山是狄保羅（DePaul）大
學的教授。 伯格（Marcus Borg，1942－2015）是奧瑞岡大學
（Oregon State University）的教授。 還有一些其他學者如克萊
蒙（Claremont）學院的教授麥克（Burton Mack，1931－）；英
國愛丁堡大學教授格蘭特（Michael Grant，1914－2004）；德國
的女性學者、愛森大學（Essen University）的教授蘭克─海內曼
（Uta Ranke-Heinemann，1927－）也都在歷史上的耶穌這方面發
表了相當多的著作。

　　蘭克─海內曼本來是神學教授，但是在 1987 年，因為對馬
利亞處女生子提出懷疑而被免去了神學教授的職位，她現在改
任宗教史學的教授。 以上諸位學者都有很多的著作，其中，馮
克的《誠實面對耶穌》（*Honest to Jesus*，1996），柯羅山的《歷
史上的耶穌：一個地中海猶太農民的一生》（*The Historical Jesus:*

the life of a Mediterranean Jewish peasant，1991）和《耶穌：一個革命者的傳記》（*Jesus: A Revolutionary Biography*）（1994），伯格的《再度首次面對耶穌》（*Meeting Jesus again for the first time*，1994），麥克的《新約是誰寫的？》（*Who Wrote the New Testament？*1989），格蘭特的《耶穌：一個歷史學者對福音書的看法》（*Jesus, An Historian's Review of the Gospels*，1977），蘭克—海內曼的《丟掉幼稚東西》（*Putting Away Childish Things*，1992）。 另外，耶穌神話論者威爾斯（G.A.Wells）還寫了《耶穌存在嗎？》（*Did Jesus Exist？*）（1975）、《我們能相信新約嗎？》（*Can We Trust the New Testament?*）（2004）。 以上這些學者的著作都對《新約》時代的環境和耶穌本人可能的經歷，作了多方面的探討。

　　近年來，美國《新約》學者、北卡羅林那州立大學宗教學教授葉爾曼（Bart Ehrman，1955－）出版了一系列著作，他探討基督教早期文獻的性質和來歷，為研究歷史上的耶穌做出了重要貢獻。 葉爾曼本是個虔誠的基督徒，為了證明《新舊約》都是神的話語，立志去讀神學院。 可是隨著對《新舊約》知識的增加，他越來越發覺《新約》產生的過程有很大的問題。 他從一個基本教義派基督徒，先是變成了自由派的基督徒，後來終於完全放棄了基督教信仰，成了他自己所說的「快樂的不可知論者」和「有著無神論傾向的不可知論者」[9]。 到目前為止，他已經出版了三十多本書，其中有五本都登上了紐約時報的新書暢銷榜，這五本書是：《誤引耶穌》（*Misquoting Jesus*）（2005）、《神的問題》（*God's Problem*）（2008）、《被中斷的耶穌》（*Jesus*

Interrupted）（2009）、《偽造》（*Forged*）（2011）、《耶穌怎麼變成了神》（*How Jesus Became God*）（2014）。

他們的意見一般來說，可以總結為：有關耶穌經歷真正的歷史記載很少，《新約》是早期基督教會的宣傳文字，不是歷史事實。從耶穌被處死到基督教成為羅馬帝國的國教，基督教的教義經過一些轉換，由猶太教的一個派別，變成一個可以跟羅馬帝國統治階層互相融合的宗教。

注釋

1. 見*World Book Encyclopedia,* World Book Inc., 1985年
2. 史特勞斯丟掉杜賓根大學的工作，見：R.W. Funk and R. W. Hoover, ed. *The Five Gospels,* Macmillan Publishing Co., 1993年，第3頁
3. 見任繼愈主編，《宗教大辭典》，上海辭書出版社，1998年，638頁
4. 見任繼愈主編，《宗教大辭典》，上海辭書出版社，1998年，482頁
5. 見Will Durant, *Caeser and Christ-The Story of Civilization,* Simon and Schuster, 1944年，553-554頁
6. R. W. Funk, R. W. Hoover and the Jesus Seminar, *The Five Gospels,* Macmillan Publishing Co., 1993年
7. 這段Schweitzer的話，引自：(1) Albert Schweitzer, *The Quest of the Historical Jesus,* The Macmillan Company, 1973, p.398. 這一段的英文是：The Jesus of Nazareth who came forward publicly as the Messiah, who preached the ethic of Kingdom of God, who founded the Kingdom of Heaven upon earth, and died to give His work its final consecration, never had any existence. (2) *Science and Religion-opposing viewpoints,* D. L. Bender and B. Leone, editors, Greenhaven Press, 1988年，第69頁
8. 見D. C. Linberg and R. L. Numbers, ed., *God and Nature*, University of California Press, 1986年，451頁
9. Bart D. Ehrman, *Did Jesus Exist?* Harper One, 2012, p.5

第七章
耶穌復活了嗎？

　　耶穌復活的故事，對於基督教來說有著絕對的重要性。 因為，類似耶穌這樣創立教派的人，在歷史上可謂所在多有。 如果不能證明耶穌是神子而且死後復活，那麼基督教根本就沒有成立的理由。 與其他宗教比較起來，這個道理尤其明顯。

　　以佛教來說，釋迦牟尼（Sakyamuni）是佛教的始祖，他是公元前 5 或 6 世紀的人，歷史的記載自然也不會很詳盡。 但是，佛教有一套自己的理論。 釋迦牟尼的故事再不確定，只要釋迦牟尼所傳的經典還在，那麼佛教的成立並沒有太大的困難，有沒有釋迦牟尼都沒有關係。 但是，基督教就不同了。 如果基督教不能證明耶穌是神子，甚至如果不能證明耶穌曾經死後復活，那麼基督教成立的基礎會整個崩潰。

　　讓我們來看基督教認為耶穌死後復活的證據。

　　在年代最早的〈馬可福音〉中，記載耶穌復活是在最後一章，也就是第十六章。 但是，這章是後人改動過的。 我們在前面第五章提到過，早期〈馬可福音〉的文字，在第十六章第八節就結束了。 甚至還有證據顯示，其實在十五章三十九節就終

結了。〈馬可福音〉16：8 說：「他們（按：〈馬可福音〉的記述中，指去看耶穌墳墓的抹大拉的馬利亞、雅各的母親馬利亞、以及撒羅米三個女人）就出來，從墳墓那裏逃跑；又發抖，又驚奇，甚麼也不告訴人；因為他們害怕。」〈馬可福音〉原來到這裏就結束了。現在的〈馬可福音〉說耶穌復活了，首先顯現給抹大拉的馬利亞看，後來又顯現給兩個門徒看等等，都在後面的 16：9-20 節中，這些都是後來加上去的 [1]。

在 1966 年新譯出版的耶穌撒冷版「《聖經》」（*Jerusalem Bible*）中 [2]，在〈馬可福音〉的最後一頁，也承認許多〈馬可福音〉的早期版本都沒有現在〈馬可福音〉的第九至二十節，說這九至二十節不是原始〈馬可〉所記的，雖然出現的時代也相當早了。在柯羅山（John Crossan）的《歷史上的耶穌》（*The Historical Jesus*）一書中，作者根據更早期的〈秘密馬可福音〉（Secret Mark），說原始的〈馬可福音〉甚至在十五章三十九節就結束了。15：39 是「對面站著的百夫長，看見耶穌這樣喊叫斷氣，就說，這人真是上帝的兒子。」。〈馬可福音〉從 15：40 到 16：8 都不在原始的〈秘密馬可福音〉（Secret Mark）當中，而是後來在正典〈馬可福音〉（canonical Mark）中加進去的。如果這種說法能夠獲得更多的證實，那麼後面所有這些婦女來看耶穌墳墓的事，都是後來加進去的。不過，作者說這方面證據目前還並不太多 [3]。

我們前面在第五章「新約是誰寫的？」一章中，已經提到過，晚出的〈馬太〉和〈路加〉福音，有很大一部分都是摘取自〈馬可福音〉。所以，如果〈馬可福音〉被後人竄改過，當然

〈馬太〉和〈路加〉福音，也會跟著受到同樣的影響。那麼，以〈馬可福音〉為基礎的〈馬太〉和〈路加〉福音，對耶穌復活又是怎麼說的呢？

〈馬太福音〉在第廿七章和廿八章談到耶穌的復活。在27：51 說當耶穌斷氣的時候，「忽然殿裏的幔子，從上到下裂為兩半，地也震動；磐石也崩裂；墳墓也開了；已睡聖徒的身體，多有起來的。耶穌復活以後，他們從墳墓裏出來，進了聖城，向許多人顯現。」也就是說，耶穌復活並不是唯一的例子，他死的時候，還有許多其他人也復活，也向其他人顯現。在〈馬太福音〉中，關於耶穌復活敘述的很簡略，在廿八章只說有兩個女人，抹大拉的馬利亞，和另一個馬利亞來看墳墓。忽然地大震動，有一個天使來，說耶穌已經復活了。耶穌顯現給這兩個女人看，後來又顯現給十一個門徒看。如果真有這麼多死人復活的事，一定會相當轟動，而正式歷史中一點記載也沒有，豈不是一件怪事？

〈路加福音〉中描述耶穌復活的是在第廿四章。在〈路加福音〉中，這些來耶穌墳墓的婦女數目變多了，有抹大拉的馬利亞、約亞拿、雅各的母親馬利亞、還有其他的婦女。而且，彼得也到墳墓前，看到耶穌的屍體不見了。後來耶穌顯現給兩個行人看，但是，這兩個人不認識他。後來又顯現給使徒們看，耶穌於是升天去了。〈路加〉24：51-52 說：「正祝福的時候，他就離開他們，被帶到天上去了。他們就拜他，大大地歡喜，回耶路撒冷去。」但是，〈路加福音〉中「被帶到天上去了」這句在古時候早期的福音書中是沒有的。因此，也沒有印在標準的

原始希臘文版本的新約中（Nestle's Standard Edition）。 這段話也是後來加進去的[4]。 這段話也與〈路加福音〉其他部分不合，因為耶穌在〈路加福音〉23：43，對同時被釘十字架的一個比較好的賊說：「耶穌對他說，我實在告訴你，今日你要同我在樂園裏了。」在〈路加〉24：26 耶穌也說：「基督這樣受害，又進入他的榮耀，豈不是應當的麼？」這表示復活的耶穌馬上就要進入天堂了，而不是在後來才上天堂[5]。

　　年代最晚的〈約翰福音〉，有關耶穌復活的事記載在〈約翰福音〉的第二十和第廿一章。 第二十章說抹大拉的馬利亞來看耶穌的墳墓，看見石頭移開了，就來見彼得和耶穌「所愛的門徒」。 耶穌「所愛的門徒」這件事是福音書中的謎團之一，〈約翰福音〉說這個門徒是耶穌所愛的，而且關係頗不尋常，可是卻又沒有說他的名字。 兩個人朝耶穌的墳墓跑，耶穌「所愛的門徒」先到了。 看到兩個天使在那裏，也看到了耶穌，卻不認識他。 而且耶穌說，不要摸他，因為他還沒有升天。 後來又顯現給門徒看。 在〈約翰福音〉的第 21 章，耶穌又顯現給其他人看。 不過，這整個〈約翰福音〉第廿一章是原來版本所沒有，而在後來加進去的[6]。

　　我們可以很清楚的看出來，所有福音書對於耶穌復活的記載，都不相同，莫衷一是。 而且幾乎所有提到耶穌復活最重要的部分，都是後來版本加進去的。 所以，為了傳教而偽造的情況，非常明顯。

　　研究基督教的學者馮克（Robert Funk，1926－2005），在他的《誠實面對耶穌》（*Honest to Jesus*）一書中，說道：〈馬可福

音〉中空墓的故事是後來加進去的，保羅就不知道空墓這件事，早期的 Q 福音和〈多馬福音〉（Gospel of Thomas）的作者也不知道，因此也都沒有記載這些事。基督教教會的人自然會引用保羅在〈哥林多前書〉中的話來反駁這個論點。保羅在〈哥林多前書〉15：13-14，說：「若沒有死人復活的事，基督也就沒有復活了。若基督沒有復活，我們所傳的便是枉然，你們信的也是枉然。」但是，保羅所說的話到這裏並沒有完，保羅在〈哥林多前書〉15：35 又接著說：「或有人問，死人怎樣復活，帶著什麼身體來呢？」；15：42「死人復活也是這樣，所種的是必朽壞的，復活的是不朽壞的。」；15：44「所種的是血氣的身體，復活的是靈性的身體，若有血氣的身體，也必有靈氣的身體。」；15：50「弟兄們，我告訴你們，血肉之體，不能承受上帝的國，必朽壞的，不能承受不朽壞的。」這些都說明，保羅所說的耶穌復活，指的是精神意義上的復活，引用保羅句子的人，沒有把他的話引用完全[7]。

馮克又說：在〈馬可福音〉中，並沒有記述耶穌復活後的言行。只有三個女人，抹大拉的馬利亞（Mary of Magdala）、雅各的母親馬利亞（Mary the mother of James），和撒羅米（Salome），在後來訂為復活節（Easter）的那天早晨去墓地，但是發現墳墓已經空了，裡面坐了一個穿白袍的少年人。不過，這三個女人很驚恐，什麼也不告訴人。

寫於大約十年以後的〈馬太福音〉，現在說只有兩個女人了，抹大拉的馬利亞（Mary Magdalene）和另一個馬利亞（the other Mary），有了地震，而且有神的使者[8]。

　　到了〈路加福音〉，人又多了，除了抹大拉的馬利亞（Mary Magdalene）、雅各的母親馬利亞（Mary the mother of James）、還有約亞拿（Joanna）。 這個約亞拿，在〈路加福音〉8：3 中說是「希律的家宰苦撒的妻子約亞拿」（Joanna, the wife of Chuza, Herod Antipas' steward），還有一些其他的女人。 現在有兩個天使了，〈路加福音〉說的是有兩個人站在旁邊，衣服放光[9]。

　　在〈約翰福音〉中，第二十章是原來的結尾，二十一章是後來加上去的[10]。 在二十章中，抹大拉的馬利亞（Mary of Magdala）來到墓邊，看見石頭移開了，她跑去見彼得，彼得和那個耶穌「所愛的門徒」，兩個人同跑，那門徒跑得比彼得更快，可是彼得先進墳墓裏去，他們看見細麻布還放在那裡，那個門徒看見就信了，但是沒有說信什麼。 而且也說：「因為他們還不明白聖經的意思，就是耶穌必要從死裏復活」[11]。 從上面的敘述我們可以看出來，四福音書關於耶穌復活以後的紀錄，也是莫衷一是。

　　除了四福音書以外，現在還殘存一些其他福音書的片段，像是〈彼得福音〉、〈希伯來福音〉、〈馬利亞福音〉等。 在高度神話式的〈彼得福音〉中，有一些關於耶穌復活的描述。 但是，所有這些殘存的福音書，對於耶穌復活，講的也是各不一致[12]。

　　保羅沒有敘述復活的故事，但是他在〈哥林多前書〉15：5-8中，提到耶穌顯示給人看的次序，而且提到給五百多弟兄看。〈哥林多前書〉15：5-8「並且顯給磯法（Cephas，彼得的另一個名字）看，然後顯給十二使徒看； 後來一時顯給五百多弟兄看，其中一大半到如今還在，卻也有已經睡了的； 以後顯給雅

各看；再顯給眾使徒看；末了也顯給我看。」

　　這是一件奇怪的事，因為沒有任何福音書提到這些事，除非指的是〈使徒行傳〉所記的五旬節（Pentecost）、門徒聚會的事[13]，可能耶穌的門徒沒有把身體復活和精神上的交會分清楚[14]。另外，「末了也顯示給我看」（Last of all, as to one untimely born, he appeared also to me.），其實這句話文字中的 appeared，在希臘文中不應該當作「看見」解釋[15]。

　　柯羅山（John Crossan，1934－）在討論羅馬釘十字架這種酷刑的時候說，羅馬有三種最重的死刑，這三種就是：釘十字架，在競技場餵獅子，和燒死。因為這些刑法都讓人無法下葬，這樣處死的人是沒有屍體可以安葬的。這對於古代社會的人來說，比甚麼都嚴重。當時釘十字架處死的人，一般都是不准拿下來的，結果變成餵野狗和飛鳥[16]。這也是為什麼，在約瑟福斯（Josephus）的歷史記載上，光是在一世紀就有成千上萬個猶太人被釘十字架處死，但是到目前為止，在猶太地區只有在 1968 年發現一個被十字架處死者的骨架，而且考古證據顯示，這是一個例外的情形[17]。

　　關於耶穌升天的事，四福音書中的三個和保羅書信都沒有對耶穌升天說什麼，只有在〈路加福音〉24：51-52 說：「正祝福的時候，他就離開他們，被帶到天上去了。」而這些句子在古時候的稿子中也是沒有的。因此，也沒有印在 Nestle's 標準版的希臘文新約中[18]。〈路加〉的這句話與〈路加福音〉其他部分也不符合，在〈路加福音〉23：43，有一句說：「耶穌對他說，我實在告訴你，今日你要同我在樂園裏了」。這表示耶穌死後，當天

就要進入天堂了，而不是在後來。

　　我們知道〈路加福音〉與〈使徒行傳〉的作者是同一個人，〈路加福音〉所說耶穌升天的時間和地點與〈使徒行傳〉也不相符。〈路加福音〉說耶穌是在復活的同一天升天，而不是像〈使徒行傳〉所說的在四十天以後 [19]。同時，升天的地點是在伯大尼（Bethany）[20]，而不是在橄欖山，〈路加福音〉的作者顯然自相矛盾。四福音書中的三個和保羅的書信都沒有提到耶穌升天的事，這不是偶然的 [21]。福音書的作者們講了一個虛構的故事以後，只能連到第二個虛構的故事。先是說空墓，再說耶穌行走，這種虛構的故事必須有一個結束，復活了的耶穌總不能一直走下去 [22]。

　　〈路加福音〉和〈使徒行傳〉的作者最會寫虛構的故事，有關聖靈降臨節的故事也是其它的福音書裏所沒有的。在〈使徒行傳〉2：1-5 有一個有關五旬節的故事，大家都突然會說加利利（Galilean）話了。其實，當時在猶地亞（Judea）的猶太人是說亞蘭語（Aramaic）或希臘話的。從亞歷山大大帝（公元前 356-323，336-323 在位）的時候起，到大約公元後 200 年，希臘話是一個國際語言。當耶穌在世的時候，亞蘭語已經降到成為一種不識字的人所說的語言了 [23]。

　　我們在前面已經提到過，四福音書不是歷史，四福音書是早期教會為了傳教所寫的文宣 [24]。其實，福音書的作者自己也是這麼說的。在〈約翰福音〉20：30-31，〈約翰福音〉的作者就說：「耶穌在門徒面前，另外行了許多神蹟，沒有記在這書上。但記這些事，要教你們信耶穌是基督，是上帝的兒子；並且叫你

們信了他，就可以因他的名得生命。」也就是說，〈約翰福音〉的作者對於耶穌真正的行事，並不是特別有興趣，甚至不想記，他想要寫的是如何讓人信耶穌。

《歷史上的耶穌》的作者柯羅山說：四福音書中，對於耶穌的死亡和埋葬，記錄的很詳細，但是對於耶穌的復活則漏洞百出 [25]。柯羅山說：「我不認為有任何人，在任何地點，在任何時間，曾經把已經死去的人又弄活過來。」（I do not think that anyone, anywhere, at any time brings dead people back to life.）[26]。史坦福大學教授席漢（Thomas Sheehan，1941－）說的更直接，他說：「不論他的屍體最後是在那裏，耶穌是死了，而且一直是死了的。」（Jesus, regardless of where his corpse ended up, is dead and remains dead.）[27]。

在耶穌復活的故事當中，還有一些附帶的人物。研究《新約》的學者也做了討論。〈馬可福音〉創造了強盜巴拉巴（Barabbas）的故事，柯羅山評論說，這在羅馬時代是不可能的，一個羅馬總督不可能做釋放強盜這樣的事。所有福音書以外的其他歷史記載，也都說明，彼拉多是一個殘暴的總督，他不會做這樣赦免重要犯人的事 [28]。斐洛（Philo，約公元前 20 年－約公元後 50 年）是當時活躍於埃及亞歷山大城、有名的猶太學者 [29]。他的文章記載說，一個羅馬總督對於判十字架處死的人能做的只有兩件事，一件是延遲處死，一件是讓十字架處死的人可以家葬。披拉多不可能讓群眾決定要處死誰，而且在節日放走重要人犯 [30]。

寫《耶穌：一個歷史學家對福音書的看法》（Jesus, An

Historian's Review of the Gospels）的英國歷史學家格蘭特
（Michael Grant，1914－2004）教授，對於〈約翰福音〉所寫的
有關耶穌與彼拉多的對話，格蘭特覺得不實在。 當時，管理加
利利的猶太人官員是安提帕斯（Antipas）。 由於逾越節的關係，
他正好在耶路撒冷，但是他不願意管耶穌的事。

羅馬總督在節日釋放一個犯人的事，不像是真的，因為沒有
其他的來源證明當時猶太地方有這樣的習俗。 這個故事也有嫁
罪於猶太人的意圖，這在〈馬太福音〉特別的明顯。 另外，巴
拉巴（Barabbas）的名字也很奇怪，這個名字的意思是「父親的
兒子」（Son of the Father），在〈馬太福音〉的一些古本中，甚
至說他的另外一個名字是耶穌巴拉巴（Jesus Barabbas）[31]。 這對
於早期的基督徒是有一點困惑的。 但是，這大概是早期教會的
設計，要顯示有一個好的耶穌，和一個壞的耶穌。 而猶太人卻
把一個好的耶穌處死了，留下了一個壞的耶穌[32]。

另外，替耶穌收屍的亞利馬太的約瑟（Joseph of Arimathea）
也是〈馬可福音〉創造出來的人物。〈馬可〉15：43 說：「有亞
利馬太的約瑟前來，他是尊貴的議士，也是等候上帝國的； 他
放膽進去見彼拉多，求耶穌的身體」。 在當時的猶太社會，不
可能有人同時是「尊貴的議士」，又是耶穌的信徒。 因此，不
會有符合〈馬可〉所說的這種條件的人。〈馬太〉注意到了這
個問題，所以在〈馬太福音〉中，他並沒有說約瑟是猶太的議
士，只說他是一個財主，同時是耶穌的門徒（見〈馬太福音〉
27：57）。〈路加〉則換了另一個方向改寫這個故事，說他是一
個議士，但不是門徒（見〈路加福音〉23：50）。 到了〈約翰福

音〉，又添加了一些材料，又多了一位尼哥底母（Nicodemus），帶著沒藥和沉香來（見〈約翰福音〉19：39）。 其實，柯羅山說，在當時的猶太社會，有權的人不是耶穌的朋友，而耶穌的朋友，都是沒有權的[33]。 在所謂耶穌復活的那天早上，他說：「關心耶穌的人，不知道耶穌的屍體在那裏，而那些知道的人，是不會關心的。」（those who cared did not know where it was, and those who knew did not care.）[34]。

從上面的討論可以看出來，時間越晚的福音書作者，把耶穌復活這件事，寫得越多。 添油加醬，把故事說得越離奇。 但是，從歷史的考證看來，這些福音書對於耶穌復活的記述，都是一些穿鑿附會的宣傳，而且大多是後來的版本加進去的，根本沒有根據。 其實，基本事實是很清楚的。 耶穌當時繼承了施洗約翰，成了一個猶太小教派的領頭人，他所傳的教義，與當時的猶太當局不合。 就跟施洗約翰一樣，對於當時的猶太當權者和羅馬帝國統治者來說，他也形成了一種威脅。

耶穌到了耶路撒冷以後，在神廟的一些暴烈打砸舉動，更引起猶太當權者的不安。 其實，當時在神殿外側，交換貨幣是完全合法合理的行為[35]。 猶太高層於是把他逮捕，而羅馬總督也下令把他釘十字架處死。 在定罪以後，耶穌的門徒四散逃走。耶穌被處死以後，他的門徒鍥而不捨，繼續向四方傳教。 被釘十字架處死，是一個很嚴重的處刑方式。 於是這些福音書的作者，製作了耶穌死後復活的故事。 越到晚期的作者，添油加醬的越多，這從許多福音書上有關耶穌處死和復活的章節，都是後來添加上去的，就可以看出來。 耶穌可以說是一個宗教上的

異議者，觸怒了猶太的當權派，被羅馬當局處死。 這樣的人，在當時並不少見。 把歷史還原起來，所謂耶穌復活的故事，其實就是這麼簡單。

注釋

1. 海內曼U. Ranke-Heinemann, *Putting Away Childish Things,* HarperSanFrancisco, 1994年，144頁

2. A. Jones, editor, *The Jerusalem Bible,* Doubleday & Company, 1968年

3. J. D. Crossan, *The Historical Jesus-the life of a Mediterranean Jewish Peasant*, HarperSanFrancisco, 1991年，411頁

4. 海內曼U. Ranke-Heinemann, *Putting Away Childish Things,* HarperSanFrancisco, 1994年，145頁

5. 海內曼U. Ranke-Heinemann, *Putting Away Childish Things,* HarperSanFrancisco, 1994年，145頁

6. 見R. W. Funk, *Honest to Jesus,* HarperSanFrancisco, 1996年，262頁

7. 馮克R. W. Funk, *Honest to Jesus,* HarperSanFrancisco, 1996年，259頁

8. 見〈馬太福音〉28:1-7

9. 見〈路加福音〉24:4-10

10. 見U. Ranke-Heinemann, *Putting Away Childish Things,* HarperSanFrancisco, 1994年，219頁起

11. 此處中文版的「聖經」兩個字，英文本中是scripture。見〈約翰福音〉20:9

12. 見R. W. Funk, *Honest to Jesus,* HarperSanFrancisco, 1996年，263-4頁

13. 見〈使徒行傳〉，第2章

14. 見R. W. Funk, *Honest to Jesus,* HarperSanFrancisco, 1996年，264頁

15. 見海內曼U. Ranke-Heinemann, *Putting Away Childish Things,* HarperSanFrancisco, 1994年，162頁

16. (1)見H. Shanks, ed. *The Search for Jesus, Modern scholarship looks at the Gospels,* 1994年，116頁，引J. D.Crossan的文章
   (2)在上述H. Shanks所編的書中116頁註2所引的資料，也就是：Martin Hengel, *Crucification in the ancient world and the folly of the message of the cross,* 1977年，第86-88頁
   (3) D. L. Edwards, *Christianity-the first two thousand years,* Orbis Books, 1997，第5頁

17. 見J. D. Crossan, *The Historical Jesus,* HarperSanFrancisco, 1991年，391頁

18. 見海內曼U. Ranke-Heinemann, *Putting Away Childish Things,* HarperSanFrancisco, 1994年，145頁

19. 在〈使徒行傳〉第1章，1:3提到四十天後升天，1:12提到在橄欖山（Mount of Olives）升天

20. 見〈路加福音〉24:50

21. 在〈馬可福音〉16:19，有一句「主耶穌和他們說完了話，後來被接到天上，坐在上帝的右邊。」不過，前面我們已經提到過，這節是屬於後加的

22. 海內曼U. Ranke-Heinemann, *Putting Away Childish Things,* HarperSanFrancisco, 1994年，145頁起

23. 海內曼U. Ranke-Heinemann, *Putting Away Childish Things,* HarperSanFrancisco, 1994年，150頁起

24. 見(1) John P. Meier, *A Marginal Jew: Rethinking the Historical Jesus*, vol.1, New York, Doubleday, 1991年, 419頁。(2)有關的評論可見Randel Helms, *Who wrote the Gospels?* 第ii頁。(3) Randel Helms的著作*Gospel Fictions,* Prometheus Books, 1988年

25. 見J. D. Crossan, *The Historical Jesus,* HarperSanFrancisco,1991年，395頁

26. J. D. Crossan, *Jesus, a revolutionary biography*，HarperSanFrancisco, 1994年，95頁

27. T. Sheehan, *First Coming*, 172-3頁；引自R. W. Funk, *Honest to Jesus*, 258頁

28. 見H. Shanks, ed. *The Search for Jesus, Modern scholarship looks at the Gospels*, Biblical Archaeology Society, 1994年，117頁所錄J. D. Crossan的文章

29. 按Philo Judaeus是猶太哲學家，年代大約在公元前20年到公元後50年，活躍於埃及亞歷山大城的猶太人社團中。見任繼愈主編，《宗教大辭典》，234頁

30. J. D. Crossan, *The Historical Jesus,* HarperSanFrancisco, 1991年，390頁

31. 〈馬太福音〉27:16說他的名字，在古本有時寫為Jesus Barabbas

32. 見M. Grant, *Jesus, an Historian's review of the Gospels*, Charles Scribner's Sons, 1977年，164-165頁

33. J. D. Crossan, *The Historical Jesus,* HarperSanFrancisco, 1991年，393頁

34. J. D. Crossan, *The Historical Jesus,* HarperSanFrancisco, 1991年，394頁

35. J. D. Crossan, *The Historical Jesus,* HarperSanFrancisco, 1991年，357頁

第八章

耶穌成了神嗎？

　　基督教一直號稱耶穌是神的兒子，耶穌不但是神，而且還是跟耶和華並肩而立，無分高下「三位一體」的神之一。　基督教這麼說有沒有任何根據？「三位一體」的問題我們將在後面另闢一章討論。　現在就讓我們先探討一下耶穌是不是成了神的這個問題。

　　前面我們已經提到：　基督教有關耶穌的記載，大多來自《新約》的四福音書，也就是〈馬太福音〉、〈馬可福音〉、〈路加福音〉和〈約翰福音〉。　現在《新約》中四福音書的排列次序是〈馬太〉、〈馬可〉、〈路加〉、〈約翰〉。　其實根據近代學者們的研究，四福音書中，〈馬可福音〉的成書年代最早，約在公元 66 年到 70 年，〈馬太福音〉約在 85 年左右，〈路加福音〉在 85 至 90 年[1]，而〈約翰福音〉最晚，約在 95－100 年間[2]。《新約》中，保羅書信的年代其實是最早的，大約寫於公元 50 年代。〈路加福音〉和〈使徒行傳〉是同一份文件的上下卷，作者是同一個人。　至於《新約》中其他的書信等，都比較遲，有些可能要遲到 2 世紀的上半葉，遲到公元 140－150 年間[3]。

前面三個福音書，雖然記載仍有許多出入，但大體上還比較類似，因而稱為「同觀福音」。而〈約翰福音〉不但時代最晚，而且內容與前面三個福音書很不相同，這些我們在我們在第五章「《新約》是誰寫的？」一章中已經討論過了。

　　關於耶穌有沒有說自己是神子，有沒有講過自己成了神，前面三個福音書都沒有提到耶穌這麼說過，只有〈約翰福音〉這麼講 [4]。保羅雖然把耶穌推崇得很高，但並沒有像〈約翰福音〉一樣，把耶穌說成是神 [5]。

　　在〈約翰福音〉的文字中，把耶穌的來歷說的最神奇的，就是最前面、稱為「序言」的 18 節（1：1-18），這個我們會在後面討論。而在〈約翰福音〉的其他部份，耶穌說自己成了神，或者門徒們說他成了神，而耶穌也沒有否認的例子有：

　　5：18「所以猶太人越發想要殺他，因他不但犯了安息日，並且稱神為他的父，將自己和神當作平等。」

　　5：23「叫人都尊敬子如同尊敬父一樣。不尊敬子的，就是不尊敬差子來的父。」

　　6：68-69「西門彼得回答說：主阿，你有永生之道，我們還歸從誰呢。我們已經信了，又知道你是神的聖者。」

　　8：23「耶穌對他們說：你們是從下頭來的，我是從上頭來的，你們是屬這世界的，我不是屬這世界的。」

　　8：58-59「耶穌說，我實實在在的告訴你們，還沒有亞伯拉罕，就有了我。於是他們拿石頭要打他，耶穌卻躲藏，從殿裡出去了。」

　　10：30-33「我與父原為一。猶太人又拿起石頭來要打他。

耶穌對他們說：我從父顯出許多善事給你們看，你們是為那一件拿石頭打我呢。猶太人回答說：我們不是為善事拿石頭打你，是為你說僭妄的話，又為你是個人，反將自己當作神。」

13：18-19「我這話不是指著你們眾人說的，我知道我所揀選的是誰，現在要應驗經上的話，說：『同我吃飯的人，用腳踢我。』如今事情還沒有成就，我要先告訴你們，叫你們到事情成就的時候，可以信我是基督。」

14：6「耶穌說：我就是道路，真理，生命，若不藉著我，沒有人能到父那裡去。」

14：9「人看見我，就是看見了父。」

17：21「使他們都合而為一，正如你父在我裡面，我在你裡面，使他們也在我們裡面，叫世人可以信你差了我來。」

20：27-28「就對多馬說：伸過你的指頭來，摸（摸原文作看）我的手，伸出你的手來，探入我的肋旁，不要疑惑，總要信。多馬說：我的主，我的神。」

因此〈約翰福音〉裡面，耶穌多次表示自己是神子，也是神。他這樣說是很觸犯猶太人傳統的，聽到這話的猶太人好幾次都要殺他。但是，〈約翰福音〉的歷史真實性很低[6]，大多研究《新約》的學者都認為〈約翰福音〉所說的不是真正的歷史，對於研究歷史上的耶穌是沒有什麼用處的[7]。〈約翰福音〉中耶穌所講的話，其實不是耶穌真正講的話，而是〈約翰福音〉的作者要他講的話。〈約翰福音〉很特殊的一點就是把耶穌的地位抬得非常高，耶穌在來到這個世界之前就已經是神，而且與父神的地位一樣高[8]。這在前面三個同觀福音中都是沒有的[9]。

耶穌也號稱自己是彌賽亞（Messiah）。 在猶太人的傳統中，彌賽亞是拯救猶太人脫離外人統治的民族英雄。 當時猶太地區被羅馬帝國統治，以武力反抗羅馬帝國的猶太人很多都號稱自己是彌賽亞 [10]。

公元前 4 年，有一個原來希律的奴隸叫做西蒙（Simon of Peraea）的，長得高高大大，號稱自己是彌賽亞，他稱王作亂，還燒掉了希律在耶利哥（Jericho）蓋的宮殿，結果被羅馬人抓住處死 [11]。

不久之後，還有一個叫做阿松格斯（Athronges）的牧童也帶頭作亂，他有四個兄弟跟他一起作戰，他自稱是彌賽亞，還戴上了王冠。 他的叛亂持續了兩年之久才被鎮壓下去 [12]。

到了公元 36 年，有一個號稱為「撒馬利亞人」（Samartian）的，也自稱彌賽亞，帶領一批附從者，登上了基利心（Gerizim）山，他號稱他會發現摩西埋藏在那裏的「聖器」（sacred vessels）。 羅馬總督彼拉多（Pontius Pilate）派了軍隊把他們殺掉驅散 [13]。 但是彼拉多被人控告，說他屠殺沒有武裝的民眾，結果被免職了。

公元 44 年，一個會法術的人修達斯（Theudas），把他自己加冕為彌賽亞，帶領了成百上千的人到約但河，說他可以像摩西當年分開紅海一樣，把約但河分開。 他說這是脫離羅馬帝國統治的第一步。 結果羅馬派了軍隊來，把他殺掉，也把他的群眾驅散到沙漠裏面去 [14]。

我們從這些資料可以知道，當時反抗羅馬帝國的起事活動並不少，而且主事者都是藉著號稱自己是彌賽亞來發動的。 因此

耶穌號稱是彌賽亞的事情並不是特例，這在當時反抗羅馬帝國的活動中，其實是很常見的。在福音書中，耶穌雖然沒有直接用彌賽亞這個名稱[15]，但是都用意譯的「基督」（Christ）來代替。耶穌不但暗示自己是彌賽亞，只是叫門徒不要對他人說[16]，還稱自己是猶太人的王[17]。在福音書中彌賽亞這個名稱只有在〈約翰福音〉1：41 和 4：25 出現過兩次，都是旁人在說耶穌是彌賽亞。不過按照猶太人的傳統，彌賽亞應該是成功反抗外人統治的民族英雄。耶穌反抗羅馬不但沒有成功，而且自己還被處死了。這是猶太人不承認耶穌是彌賽亞的主要原因。

　　同觀福音書中的耶穌，講話都是用比較簡短的句子，也常用比喻來說明他的道理。在同觀福音中，耶穌從來沒有說自己是神或者神子。但是在〈約翰福音〉中就完全不同了，〈約翰福音〉中的耶穌幾乎從來不用簡短句子和比喻說話，常常都是長篇大論的傳道，講的都是比較神學性的話題，而且都是在說他自己有多麼神聖偉大。〈約翰福音〉中的耶穌跟同觀福音中的耶穌簡直就不像是同一個人。伯格（Marcus J. Borg，1942－2015）在他的《再一次遇見耶穌》（*Meeting Jesus again for the first time*）一書中說，同觀福音與〈約翰福音〉中的耶穌是如此的不像，以致於不可能兩者都是對的[18]。

　　啟蒙運動以後，基督教會的勢力稍有消退，學者們才開始能夠比較勇敢的研究這些有關耶穌的問題。德國學者史特勞斯（David Friedrich Strauss，1808－1874）認為只有同觀福音中一些耶穌的宣示可能是真的，他認為〈約翰福音〉是最為神話的，因此也最不可靠[19]。法國學者瑞南（Ernest Renan，1823－1892）

認為：耶穌從來沒有說過他是神的肉身，這樣的想法也不是猶太人的觀念，在同觀福音中也沒有出現過，只有在〈約翰福音〉中有。在〈約翰福音〉中，因為耶穌講這樣的話引起了猶太人對他的責難，甚至要把他殺掉[20]，瑞南認為不能把〈約翰福音〉中這樣的話當作耶穌自己的主張[21]。

對於許多研究耶穌歷史的史家來說，〈約翰福音〉因而根本是沒有用處的[22]。舉例來說，史懷哲（Albert Schweitzer，1875－1965）在他的《對歷史上耶穌的探求》（*The Quest of the Historical Jesus*）一書的導言部份，就談到〈約翰福音〉有諾斯替派的背景，認為〈約翰福音〉沒有歷史基礎。在同一本書中，史懷哲也提到《新約》學者魏瑟（Christian Hermann Weisse，1801－1866）同意史特勞斯對於〈約翰福音〉的負面評價，認為〈約翰福音〉沒有歷史價值[23]。近代《新約》學者伯格（Marcus J. Borg，1942－2015）也認為〈約翰福音〉所說的不是歷史事實[24]。甚至早期基督教有許多教會都拒絕把它列入《新約》[25]。

〈約翰福音〉可能是出自一個敘利亞的基督教諾斯替教派，早期甚至被認為是異端[26]。大多現代學者認為〈約翰福音〉缺少歷史真實性，對於研究歷史上的耶穌來說，沒有什麼用處[27]。德國學者布特曼（Rudolph Bultmann，1884－1976）就認為寫〈約翰福音〉的作者很可能是一個從諾斯替派轉過來的人[28]。許多近代學者也認為，〈約翰福音〉帶有諾斯替派的色彩，所講的神學比較玄虛。1985 年成立的「耶穌研究會」（Jesus Seminar）成員評估〈約翰福音〉中耶穌講話的真實性，竟然找不到任何一句比較像是歷史上的耶穌可能說的話[29]。在同觀福音中，耶穌很

少說自己怎麼樣，辯論時也很少主動。 由於這些原因，許多學者認為〈約翰福音〉所說的耶穌，不是真正的耶穌[30]。

　〈約翰福音〉與同觀福音非常不一樣，比如說： 在同觀福音中，耶穌講了許多次神國（kingdom of God），而很少講到有關自己的事。 而在〈約翰福音〉中，耶穌講了許多話都是關於他自己的，而很少有關神國。 耶穌在〈馬可〉講了 18 次神國，在〈馬太〉47 次，在〈路加〉37 次，而在〈約翰〉只有 5 次。 耶穌在〈馬可〉講了 9 次「我」，〈馬太〉17 次，〈馬太〉10 次，而在〈約翰〉講了 118 次[31]。〈約翰福音〉因此是非常標榜耶穌自己的福音書。 早期的基督教會，很多拒絕把〈約翰福音〉納入《新約》[32]。 他們把〈約翰福音〉當作是諾斯替派的，因此〈約翰福音〉納入《新約》的時間也比較晚[33]。

　〈約翰福音〉最前面第 1 章的前 18 節（1:1-18），與其他部分很不一樣[34]。 基督教後來把這 18 節稱為〈約翰福音〉的序言（Prologue）[35]，把這個序言看得很重要。 這18 節說神的「話」（Word），與神一起早就存在，後來「話」成了肉身，變成了耶穌。 這就是基督教「道成肉身」（incarnation）教義的來源。這 18 節所用的字彙，也與〈約翰福音〉其他地方不同。 在〈約翰福音〉1:1-18 節之後的部份，耶穌再也沒有被稱為「話」（Word）。 現代學者葉爾曼（Bart D. Ehrman，1955－）就認為，這 18 節很可能是〈約翰福音〉的作者從別的地方引用過來的[36]，所以才會這麼不同。 因為這 18 節講的很玄虛，基督教傳統上把這 18 節看得很崇高、很神秘。 中文「和合本」《新約》甚至把〈約翰福音〉1:1 節（In the beginning was the Word, and the Word was with God, and the Word was God.），英文中的「話」（Word）翻譯成中國儒家和道家所說的「道」，說「太初有道，道與神同在，道就是神」，更是沒有根據。 近年來水流職事站所翻譯的《新約》恢復本，把這節翻譯成「太初有話，話與神同在，話就是神」，應該說還比較忠實於原文。 不過無論如何，說太初就有「話」，「話」就是神，然後「話」又變成了肉身的人，變成了耶穌。 從一個抽象的「話」可以變成有血有肉的人耶穌，而耶穌這個神子，可以跟父神耶和華從頭到尾就一直存在，這根本就是定義的混淆和名詞的亂用。 這種邏輯不通、前後矛盾的「道成肉身」（incarnation）教義，如果在啟蒙運動之前，還可以假藉政教威權、唬弄一些人的話，到了 21 世紀的今天，我們只能說它是邏輯不通的胡言亂語，實在談不上還有什麼意義[37]。

《新約》中除了〈約翰福音〉講耶穌是神以外，還有一些其他篇章的段落，基督教中也有人認為含有耶穌是神的意思。 像是：

〈馬太福音〉28：19「所以你們要去，使萬民作我的門徒，奉父子聖靈的名，給他們施洗〔或作給他們施洗歸於父子聖靈的名〕」

〈羅馬書〉10：13「因為『凡求告主名的，就必得救。』」

〈哥林多前書〉8：6「然而我們只有一位神，就是父，萬物都本於他，我們也歸於他，並有一位主，就是耶穌基督，萬物都是藉著他有的，我們也是藉著他有的。」

〈哥林多後書〉13：14「願主耶穌基督的恩惠，神的慈愛，聖

靈的感動，常與你們眾人同在。」

〈腓立比書〉2：6「他本有神的形像，不以自己與神同等為強奪的。」

〈歌羅西書〉1：16「因為萬有都是靠他造的，無論是天上的，地上的，能看見的，不能看見的，或是有位的，主治的，執政的，掌權的，一概都是藉著他造的，又是為他造的。」

〈歌羅西書〉2：9-10「因為神本性一切的豐盛，都有形有體的居住在基督裡面。 你們在他裡面也得了豐盛。 他是各樣執政掌權者的元首。」

〈希伯來書〉1：1-3「神既在古時藉著眾先知，多次多方的曉諭列祖，就在這末世，藉著他兒子曉諭我們，又早已立他為承受萬有的，也曾藉著他創造諸世界。 他是神榮耀所發的光輝，是神本體的真像，常用他權能的命令托住萬有，他洗淨了人的罪，就坐在高天至大者的右邊。」

〈約翰一書〉5：20「我們也知道神的兒子已經來到，且將智慧賜給我們，使我們認識那位真實的，我們也在那位真實的裡面，就是在他兒子耶穌基督裡面。 這是真神，也是永生。」

〈啟示錄〉1：17-18「我一看見，就仆倒在他腳前，像死了一樣。 他用右手按著我說： 不要懼怕，我是首先的，我是末後的，又是那存活的，我曾死過，現在又活了，直活到永永遠遠，並且拿著死亡和陰間的鑰匙。」

這些誇大耶穌的話，其實都沒有真正講到什麼「 道成肉身」。 我們在前面在第五章已經討論過，四福音書的作者都不是現在教會所說的人，我們也不知道四福音書究竟是誰寫的。 其

餘的使徒書信等，基督教傳統上把這些書信的作者都說成是與耶穌關係密切的人，因為〈雅各書〉署名雅各，〈彼得前書〉和〈彼得後書〉署名彼得，〈約翰二書〉、〈約翰三書〉署名長老 [38]，〈猶大書〉署名雅各的兄弟猶大。 基督教傳統上因而把〈雅各書〉的作者當作是耶穌的弟弟雅各，把〈彼得前書〉和〈彼得後書〉的作者當作是使徒彼得，把〈約翰一書〉、〈約翰二書〉、〈約翰三書〉和〈啟示錄〉的作者當作是使徒約翰，把〈猶大書〉的作者當作是耶穌的弟弟猶大，把〈希伯來書〉的作者當作是保羅。 但是〈雅各書〉中沒有提到任何與耶穌個人相關的事情，而且〈雅各書〉的希臘文寫的很好，這也不是加利利鄉下出身、母語是亞蘭語的雅各所能寫得出來的 [39]。 其他各篇依照類似的推理，可以證明這些書信都是冒名偽托的 [40]。 現代《新約》學者的研究結果顯示：《新約》中 13 篇署名保羅的書信中有 7 篇可以比較確定是保羅所寫的，這七篇是：〈羅馬書〉、〈哥林多前書〉、〈哥林多後書〉、〈加拉太書〉、〈帖撒羅尼迦前書〉、〈腓立比書〉和〈腓利門書〉[41]。 其餘的使徒書信都不知道是什麼人寫的，也不是教會傳統上所說的這些人寫的，這些書信和文字都是托名之作。《新約》的最後一篇〈啟示錄〉是一篇很有爭議性的文字。 作者說自己的名字是約翰，住在拔摩（Patmos）島上，基督教傳統上因而說作者是西庇太的兒子使徒約翰。 但是〈啟示錄〉的成書年代大約是在公元 95 年左右 [42]，使徒約翰如果還活著的話，大約要接近一百歲了，這在公元一世紀當時猶太男性平均壽命只有 29 歲的年代，是很不可能的。因此又有人說這是某一個約翰長老所寫的，但是實際上是那一個

約翰也沒有人知道。 近代的研究者因此幾乎一致認為，這個作者不可能是使徒約翰[43]。

我們因此可以知道：上面這些在〈約翰福音〉之外、基督教認為有耶穌是神這種意思的書信，連作者都不知道是誰。 這些不知道誰寫的書信，不過就是早期基督徒之間的通信，後來被教會當作傳教用的文宣，也都只不過是一家之言，怎麼能作為是耶穌成了神的證據？

從科學的觀點來看，無論〈約翰福音〉中，耶穌怎麼說自己是神。 一個人號稱自己是神，當然並不等於他真的就是神。 要證明一個人成了神，需要的證據太多了，歷史上號稱自己是神的人何曾有任何一個能證明自己真的是神？耶穌不但沒有能證明自己是神，而且還被釘死在十字架上，這離開作為神的標準也實在太遠了。

主張耶穌是神的基督教人士會說，《新約》中許多人，像是彼得和保羅，都說耶穌是神聖的，好像這樣說就證明耶穌是神了。 這種邏輯是根本不能成立的。 難道有些人說某人是神，這個人就真的是神嗎？ 如果這樣就可以成為神的話，那歷史上成神的人也太多了。

〈約翰福音〉這種把耶穌認作是神的主張，導致後來基督教內部有關耶穌神性和人性的爭論，成了游斯丁（Justin Martyr，約 100–約 165）、德爾圖良（Tertullian，約 160–約 220）、奧利金（Origen，約 285–約 354）這些神學家討論的重點，也成了 4 世紀阿里烏（Arius，約 250–336）和亞大納西（Athanasius，約 293–373）兩派爭辯的中心。 羅馬帝國的皇帝為了內部的協

調，不得不進行政治干預，用開會投票的方式來決定耶穌的屬性 [44]。 這包括君士坦丁一世（Constantine I，約 272－337，306－337 在位）在公元 325 年召開的尼西亞（Nicaea）會議； 馬西安（Marcian，約 392－457，450－457 在位）在 451 年召開的卡爾西頓（Chalcedon）會議； 以及查士丁尼一世（Justinian I，483－565，527－565 在位）在 553 年召開的君士坦丁堡會議。 基督教現在的主流教派，包括東正教、天主教、耶穌教認為耶穌又是神又是人的說法，就是這些會議的結果。 這種教義因而根本談不上是什麼啟示的主張。 這個爭議所引發的鬥爭甚至一直持續到現在，基督教內部的一性論教派對於耶穌的屬性到今天仍然與主流派有不同的主張 [45]。

　　福音書所講的耶穌都不是真的耶穌形象，而是神學化了的傳教文宣。〈約翰福音〉更是最為神學化的。 從以上的討論看來，耶穌根本就不是神子，也沒有成為神。 他只是因為傳道、反抗羅馬帝國和猶太當權者而被處死了。 說耶穌成了神，只是四福音書中〈約翰福音〉的主張。 然而這個最沒有事實根據的〈約翰福音〉，卻因為把耶穌捧得最高，反而變成了後世基督教教義中最重要的信仰基礎 [46]。 這樣的發展真是令人為之嘆息。

　　〈約翰福音〉關於耶穌神性的說法，經過會議投票變成了基督教的信仰 [47]。 基督教把這個不知道誰寫的、神話色彩最重、也最沒有歷史根據的〈約翰福音〉當成了最為神聖的福音書，還把這個邏輯不通、前後矛盾的「道成肉身」主張當成了教義真理，說來也真是基督教的悲哀了。

注釋

1. H. Shanks, ed. *The Search for Jesus*, Modern scholarship looks at the Gospels, 1994, p.135

2. 梁工，《聖經指南》，遼寧人民出版社，1993年，p.682

3. B. L. Mack, *Who Wrote the New Testament?* HarperSanFrancisco, 1989, p.5

4. (1) Bart Ehrman, *How Jesus Became God*, Harper One, 2014, p.86

　(2) Robert Funk, Roy Hoover, andthe Jesus Seminar, *The Five Gospels-the search for the authentic words of Jesus*, Polebridge Press, 1993, p.183

5. Michael F. Bird and James G. Crossley, *How Did Christianity Begin?* Henderson Publishers, 2008, p.83

6. 李雅明，《歷史上真實的耶穌》，五南圖書，2017年，p.145起

7. Hershel Shanks, editor, *The search for Jesus, modern scholarship looks at the gospels of Biblical Archeology Review and Bible Review,* Biblical Archeology Society, 1994, p.12 and p.85

8. Bart Ehrman, *How Jesus Became God,* Harper One, 2014, p.271

9. Bart D. Ehrman, *Did Jesus Exist?,* Harper One, 2012, p.183

10. 李雅明，《歷史上真實的耶穌》，五南圖書，2017年，p.15-19頁

11. (1) Reza Aslan, *Zealot-the life and time of Jesus of Nazareth*, Random House, 2013, p.23

　(2) 英文維基，Simon of Peraea, National Geographic, 2012

12. (1) Reza Aslan, *Zealot-the life and time of Jesus of Nazareth*, Random House, 2013, p.23

　(2) Jean-Pierre Isbouts, *In the footsteps of Jesus,* National Geographic, 2012, p.77

　(3)英文維基Athronges項下，說他在阿奇勞統治時起事被殺

13. Reza Aslan, *Zealot-the life and time of Jesus of Nazareth*, Random House, 2013, p.49

14. (1) Reza Aslan, *Zealot-the life and time of Jesus of Nazareth*, Random House, 2013, p.49-50

　(2) Bart D. Ehrman, *Jesus-Apocalyptic Prophet of the New Millennium*, Oxford University Press, 1999, p.117

15. Bernard Brandon Scott, editor, *Finding the Historical Jesus*, Polebridge Press, 2008, p.51

16.〈馬太福音〉16:20「當下，耶穌囑咐門徒，不可對人說他是基督。」

17. Bart D. Ehrman, *Jesus-Apocalyptic Prophet of the New Millennium*, Oxford University Press, 1999, p.216

18. Ben Witherington, *The Jesus Quest-the third search for the Jew of Nazareth,* InterVarsity Press, 1997, p.102

19. Charlotte Allen, *The Human Christ-the search for the historical Jesus*, The Free Press, 1998, p.155

20. 如〈約翰福音〉5.18「所以猶太人越發想要殺他；因他不但犯了安息日，並且稱上帝為他的父，將自己和上帝當作平等」和10.33「猶太人回答說，我們不視為善事拿石頭打你，是為你說僭妄的話；又為你是個人，反將自己當作上帝」

21. Ernest Renan, *The Life of Jesus,* Random House, New York, 1955, p.239

22. Hershel Shanks, editor, Stephen Patterson, Marcus Borg, J. D. Crossan, *The Search for Jesus-modern scholarship looks at the gospels,* Biblical Archaeology Society, 1994, p.12

23. Albert Schweitzer, T*he Quest of the Historical Jesus*, Macmillan, 1968, p.125-127

24. Hershel Shanks, editor, Stephen Patterson, Marcus Borg, J. D. Crossan, *The Search for Jesus-modern scholarship looks at the gospels*, Biblical Archaeology Society, 1994, p.85

25. David L. Edwards, *Christianity-the first two thousand years*, Orbis Books, 1997, p.21

26. R. W. Funk, R. W. Hoover and the Jesus Seminar, *The Five Gospels-the search for the authentic words of Jesus*, Macmillan Publishing Co., 1993, p.20

27. Hershel Shanks, editor, Stephen Patterson, Marcus Borg, J. D. Crossan, *The Search for Jesus-modern scholarship looks at the gospels,* Biblical Archaeology Society, 1994, p.12

28. (1) Ernest Renan, *The Life of Jesus*, Peter Eckler Publishing Co., 1917, 44頁

    (2) Charlotte Allen, *The Human Christ-the search for the historical Jesus*, The Free Press, 1998, p.257，包維爾（Walter Bauer）覺得保羅也有一些〈約翰福音〉中的諾斯替派色彩

    (3) Raymond E. Brown, Joseph Fitzmyer, Roland Murphy, editors, *The Jerome Biblical Commentary,* Prentice-Hall, 1968, 15頁

    (4) 英文維基：Gospel of John中間的一段Gnostic elements

29. R. W. Funk, R. W. Hoover and the Jesus Seminar, *The Five Gospels-the search for the authentic words of Jesus*, Macmillan Publishing Co., 1993, p.10

30. R. W. Funk, R. W. Hoover and the Jesus Seminar, *The Five Gospels-the search for the authentic words of Jesus*, Macmillan Publishing Co., 1993, p.33

31. Raymond Martin, *The Elusive Messiah-a philosophical overview of the quest of the historical Jesus,* Westview, 2000, p.19

32. (1) David L. Edwards, *Christianity-the first two thousand years*, Orbis Books, 1997, p.21

    (2) Michael F. Bird and James G. Crossley, *How Did Christianity Begin?* Henderson Publishers, 2008, p.149

33. Stephen L. Harris, *Understanding the Bible*, McGraw-Hill, 2007, p.357

34. 李雅明，《歷史上真實的耶穌》，五南圖書，2017年，151頁起

35. Bart D. Ehrman, *Misquoting Jesus*, HarperSanFrancisco, 2005, 161頁

36. Bart D. Ehrman, *Misquoting Jesus*, HarperSanFrancisco, 2005, 61頁

37. 李雅明，《歷史上真實的耶穌》，五南圖書，2017年，152頁

38. 〈約翰一書〉沒有署名，〈約翰二書〉、〈約翰三書〉署名「長老」，見Stephen Harris, *The New Testament*, McGraw-Hill, 2002, p.388

39. Stephen Harris, *The New Testament*, McGraw-Hill, 2002, p.38

40. 李雅明，《歷史上真實的耶穌》，五南圖書，2017年，93頁

41. Robert W. Funk, *Honest to Jesus*, HarperSanFrancisco, 1996, p.38

42. Stephen Harris, *The New Testament*, McGraw-Hill, 2002, p.396

43. 李雅明，《歷史上真實的耶穌》，五南圖書，2017年，93頁

44. Geza Vermes, *Christian Beginnings-From Nazareth to Nicaea*, Yale University Press, 2012, p.130-133

45. 一直到現在，仍有五個教會，就是埃及科普特教會、敘利亞教會、伊索匹亞教會、南印度教會、和亞美尼亞教會仍然維持耶穌一性論的主張，見本書「三位一體的問題」一章

46. Bernard Brandon Scott, editor, *Finding the Historical Jesus-rules of evidence*, Polebridge Press, 2008, p.56

47. Stephen L. Harris, *Understanding the Bible,* McGraw-Hill, 2007, p.422起

⸍ 第九章 ⸍
耶穌的言行

　　作為基督教的教主，耶穌的言行究竟如何？

　　耶穌是公元一世紀初，在地中海沿岸一個猶太人地區的鄉下人，他沒有受過正式的教育，他平常說的語言是亞蘭語（Aramaic），亞蘭語是中東的一種閃族語言，最早有紀錄是在公元前 900 年。耶穌與其門徒都是說亞蘭語。現在在敘利亞、土耳其、伊拉克、伊朗信基督教的亞述人後裔（Assyrian Christians）中，還有說亞蘭語的。《新舊約》中也有少量的經文是用亞蘭語寫的。不過，亞蘭語在當時幾乎已經變成一種文盲者的語言，不像希臘語，屬於比較知識性的語言[1]。

　　耶穌是一個木匠，或者是一個木匠的兒子，他究竟識不識字，《新約》中沒有明白的說。不過，他引用過一些《舊約》的話，所以他應該有一定的知識水準。看他所行的奇蹟，大多是為人趕鬼，為人治病。當時，人們以為生病是有鬼附身。所以，耶穌為人趕鬼的次數很多。甚至有人說，耶穌可能是一個魔術師。這種趕鬼的事情，在今天二十一世紀，聽起來好像天方夜譚，但是《新約》中大多數耶穌所行的所謂神蹟，都是在

趕鬼，迷信的成分很重。 基督教與猶太教一樣，都號稱是一神教。 在一神教中，很難解釋這些鬼是從那裏來的。 在《新約》中也提到撒但，為什麼會有一個能與耶和華對抗的撒但，這在基督教的教義中，實在也是很難自圓其說的。

耶穌所處的社會，是公元一世紀。 人們的科學知識水準當然不高。 耶穌的門徒，就以十二門徒來說，大多數是一些漁夫和鄉下人。 在《新約》中，耶穌所說的話，和他所宣揚的教義，在今天看起來，大多數與現代社會幾乎是完全脫節了。

比如說，在〈馬可福音〉七章三十三節，說耶穌吐唾沫在一個耳聾舌結人的舌頭上，這人說話就清楚了。 又如，在〈馬可福音〉八章廿三節，說耶穌吐唾沫在一個瞎子的眼睛上，瞎子就可以看見了。 我想，現代人大概都不會相信這種治病的方式。 即使耶穌是神的兒子，似乎也沒有必要用這樣吐唾沫的方式來治病。 這是因為福音書作者心目中的讀者，都是知識水準不高的人，所以才會用這樣的寫法。

又比如，耶穌在討論到休妻這個問題的時候，在〈馬可福音〉10：11 說：「凡休妻另娶的，就是犯姦淫，辜負了他的妻子； 妻子若離棄丈夫另嫁，也是犯姦淫了」。〈馬太福音〉5：32 中也說：「凡休妻的，若不是為淫亂的緣故，就是叫他做淫婦了； 人若娶這被休的婦人，也是犯姦淫了。」在〈馬太福音〉19：3 中，提到法利賽人問休妻這個問題，耶穌也做了類似的回答。 耶穌對於離婚的觀念，仍然是妻子屬於丈夫財產時代的觀念。 在耶穌的時代，這是一點都不奇怪的。 但是，到了今天二十一世紀，大概沒有什麼人會覺得兩個人難以相處要離婚，就

是犯姦淫了。 這是耶穌的言論已經脫離時代的另一個例子。

　　耶穌常常提到外邦人。 在大多數情況下，都是負面的意義。 與一般人想像的相反，耶穌對於向猶太人以外的外邦人傳教，常常表示不贊成。 像是在〈馬太福音〉10：5，說：「外邦人的路，你們不要走； 撒馬利亞人的城，你們不要進。」又如，在〈馬太福音〉10：23：「以色列的城邑，你們還沒有走遍，人子就到了」。 最不堪的一次，是在〈馬太福音〉15：22，說有一個迦南婦人，女兒被鬼附得甚苦，來求耶穌趕鬼。 耶穌首先是一言不答。 然後說：「我奉差遣，不過是到以色列家迷失的羊那裡去。」又接著說：「不好拿兒女的餅，丟給狗吃。」在此，耶穌把外邦人比喻做狗，態度真是惡劣已極。

　　耶穌也對門徒說，他對猶太人和對其他外邦人是不同的。〈馬可福音〉4：11-12：「耶穌對他們說： 神國的奧秘，只叫你們知道，若是對外人講，凡事就用比喻。 叫他們看是看見，卻不曉得，聽是聽見，卻不明白，恐怕他們回轉過來，就得赦免。」這些故事都表明，耶穌對於其他民族的態度，遠不是現在基督教會所說的那樣「神愛世人」的。

　　在〈馬可福音〉11：12 和〈馬太福音〉21：18 都有耶穌咒詛無花果樹的事。 耶穌有一天餓了，看見有一棵無花果樹，希望在樹上找著果子吃，但是到了樹下，找不著什麼，因為不是收無花果的時候。 耶穌就對樹說：「從今以後，永沒有人吃你的果子。」結果當門徒問他為什麼這麼做的時候，〈馬太福音〉21：21-22 解釋說：「耶穌回答說，我實在告訴你們，你們若有信心，不疑惑，不但能行無花果樹上所行的事，就是對這座山

說，你挪開此地，投在海裏，也必成就。 你們禱告，無論求什麼，只要信，就必得著。」這實在不是一個很好的示範。 不是收無花果的時候，無花果樹上，當然沒有果子。 難道因為自己餓了，找不到東西吃，就咒詛無花果樹嗎？而且後來說什麼：「你們禱告，無論求什麼，只要信，就必得著。」把相信基督教完全變成一件功利的事情，宗教的境界就更低了。

　　另外一件很重要的，也很有爭議的事情，就是耶穌到了耶路撒冷的神殿以後，在〈馬可福音〉11：15 和〈馬太福音〉21：12 都講到進了殿以後，耶穌的動作。〈馬可〉11：15 說：「耶穌進入聖殿，趕出殿裏做買賣的人，推倒兌換銀錢之人的桌子，和賣鴿子之人的凳子。」〈馬太〉21：12 說：「耶穌進了上帝的殿，趕出殿裏一切做買賣的人，推倒兌換銀錢之人的桌子，和賣鴿子之人的凳子。」〈路加福音〉19：45 說：「耶穌進了殿，趕出裡頭做買賣的人，對他們說，經上說；『我的殿，必做禱告的殿。』你們倒使他成為賊窩了。」

　　當時的中東，是一個使用很多種不同錢幣的地區，兌換銀錢是完全正常的。 依照當時的猶太風俗，在神殿要以鴿子作為獻祭的祭品。 因此，在神殿附近賣鴿子，跟我們現在在廟裡賣香紙是一樣的意思，只是比較血腥一點[2]。 一個進入聖殿的人，把人家的桌子凳子都打翻了，阻撓人家作規矩的生意，實在是很暴烈、很不正常的行為。 雖然福音書的作者，在這裏盡量想表現出耶穌對於神殿恭敬的態度，但是，所表現出來的耶穌形象，即使在現在的社會裏也是不能接受的。

　　因此，《新約》中描述的耶穌言行，有許多都已經引不起

現代人的共鳴了。甚至，與現代的行為規範不合。比如趕鬼治病，說離婚就是淫亂等。耶穌的言行中，比較能夠經等起時間考驗，值得做進一步討論的，也許是他有關道德的教義。但是，也正是在這裏，我們發覺有重大的問題。在本章和下一章「耶穌的家庭價值觀念」中，我們都會討論耶穌有關道德的論述。

研究基督教的學者馮克（Robert Funk，1926–2005）在他的著作《誠實面對耶穌》（*Honest to Jesus*）一書中，說：耶穌講話的習慣，有下面幾個特點。第一，他避免說實際上真正主張什麼（avoid practical advice）；第二，他拒絕把事情說明白（refuse to be explicit），第三，避免說真的贊成什麼（avoid endorsements）[3]。我們在《新約》福音書中可以看到，每當人家問他一個問題的時候，他往往是舉別的例子來當作回答，回答的也往往模稜兩可，極少給人家一個真正實在的答案。

比如說，在〈馬可福音〉12：14-17 和〈馬太福音〉22：17-22 中，法利賽人問他，納稅給該撒（Caesar）可不可以？耶穌知道這是一個陷阱，於是回答說：「該撒的物當歸給該撒，上帝的物當歸給上帝。」這等於沒有回答，或者答非所問。

又比如說，法利賽人問他，耶穌的門徒，有人吃飯不洗手，是否沒有遵守猶太人古代的規定。耶穌對法利賽人提出的問題，講了一大堆說他們假冒偽善之類的話，就是沒有回答他們是不是違反了猶太人的規定[4]。

耶穌被捕後，被押到羅馬總督彼拉多的地方，彼拉多問他，你是猶太人的王麼。耶穌的回答是：「你說的是」（You

have said so.)[5]。 羅馬總督所關心的是猶太地區的穩定，怕有動亂。 如果有人自稱是猶太人的王，這對羅馬的統治，當然是一種威脅。 在這種情形下，誰都知道，這是一個性命交關的問題。 耶穌的回答仍然是模稜兩可，也不說是，也不說不是，只是說「你說的是」。 當然了，其實這些都只不過是福音書作者們編出來的故事。 因為，依照〈馬可福音〉14：50 的描述，當耶穌被捕的時候，門徒都離開他逃走了。 在彼拉多審判耶穌的時候，根本沒有其他門徒在場，所有的對話，都是福音書的作者想像出來的。 他們既不能說是，也不能說不是，於是只好寫了這麼一個模稜兩可的回答。

〈馬可福音〉10：35 記述說，門徒們要爭位置，特別是雅各和約翰要爭位，雅各和約翰，要坐在耶穌的左右邊，耶穌的回答也是模稜兩可。 在〈馬太福音〉20：20，也提到他們的母親，也就是《新約》上所說的西庇太兒子的母親，同他兩個兒子雅各和約翰，來求耶穌，要他的兩個兒子，一個坐在耶穌的右邊，一個坐在耶穌的左邊。 耶穌也只是回答說，坐在他的左右，不是他可以賜的，仍然迴避確定的回答，模稜兩可。

耶穌對於門徒的態度，常常很粗暴，甚至對於對他非常忠心的彼得，耶穌的態度往往也是沒有什麼道理的粗暴。 在〈馬可福音〉8：33 中，因為彼得不想讓他被殺而勸他，「耶穌轉過來，看著門徒，就責備彼得說，撒但！ 退我後邊去罷！ 因為你不體貼上帝的意思，只體貼人的意思」。 在〈馬太福音〉16：23，也記載說耶穌很兇的罵彼得說：「撒但，退我後邊去吧，你是絆我腳的。」 即使彼得不明白耶穌的意思，也沒有必要這樣對待

一個這麼忠心對他的門徒。 在〈約翰福音〉21：22：「耶穌對他（彼得）說，我若要他等到我來的時候，與你何干？你跟從我罷！」態度也很不好。

有的學者認為〈約翰福音〉的作者，在寫這種話的時候，是想故意貶低彼得的地位。 但是，無論原因如何，耶穌在福音書中，對待門徒彼得的態度，表現出來的實在不像是一個開創宗教聖者所應有的行為。

在福音書中最為基督教大力宣傳的，大概就是所謂耶穌的「登山寶訓」和「愛仇敵」的論述了。 基督教所謂「登山寶訓」，指的是〈馬太福音〉第五至七章，耶穌的一些教誨[6]。 有點奇怪的是，這個故事只有在〈馬太福音〉中有。

在「登山寶訓」中，大多數所講的道德訓誡，反映了兩千年前中東地區，一個古代社會的道德標準，其實並沒有什麼特出的地方。 我們在前面已經提到過，有些現在已經過時了，像是耶穌有關離婚的論述，還是妻子屬於丈夫財產時的社會道德。還有一些比喻，實在也沒有講對，像是在〈馬太福音〉6：26「你們看那天上的飛鳥，也不種，也不收，也不積蓄在倉裏，你們的天父尚且養活他； 你們不比飛鳥貴重得多麼？」這是沒有仔細觀察鳥類行為所說的話。 現在動物學告訴我們的，當然不一樣，所有動物無時無刻的都在為生存而奮鬥，鳥類自然也不例外。

在「登山寶訓」中，也幾度提到外邦人，都沒有好話。 像是〈馬太福音〉6：7 說：「你們禱告，不可像外邦人，用許多重複話，他們以為話多了必蒙垂聽。」在〈馬太福音〉6：32 說

「這都是外邦人所求的；你們需用的這一切東西，你們的天父是知道的。」

「愛仇敵」的論述見於〈馬太福音〉5：38-48，說：「你們聽見有話說，『以眼還眼，以牙還牙』。只是我告訴你們，不要與惡人作對，有人打你的右臉，連左臉也轉過來由他打。有人想要告你，要拿你的裏衣，連外衣也由他拿去。有人強逼你走一里路，你就同他走二里。有求你的，就給他。有向你借貸的，不可推辭。你們聽見有話說，『當愛你的鄰舍，恨你的仇敵』。只是我告訴你們，要愛你們的仇敵，為那逼迫你們的禱告。這樣就可以作你們天父的兒子。因為他叫日頭照好人，也照歹人，降雨給義人，也給不義的人。你們若單愛那愛你們的人，有甚麼賞賜呢。就是稅吏不也是這樣行麼。你們若單請你兄弟的安，比人有甚麼長處呢？就是外邦人不也是這樣行麼？所以你們要完全，像你們的天父完全一樣。」

這大概是基督教引以為傲的「登山寶訓」中最知名的一段了。再看〈路加福音〉6：27-32「只是我要告訴你們這聽道的人，你們的仇敵要愛他，恨你們的要待他好。咒詛你們的要為他祝福，凌辱你們的要為他禱告。有人打你這邊的臉，連那邊的臉也由他打。有人奪你的外衣，連裏衣也由他拿去。凡求你的，就給他。有人奪你的東西去，不用再要回來。你們願意人怎麼待你們，你們也要怎樣待人。你們若單愛那愛你們的人，有甚麼可酬謝的呢。就是罪人也愛那愛他們的人。」

這樣「愛仇敵」的道德標準是否正確，已經有許多人討論過。這種「不要與惡人作對，有人打你的右臉，連左臉也轉過

來由他打」的，所謂「愛仇敵」的道德是真正好的嗎？是可能的嗎？是值得提倡的嗎？十九世紀的德國哲學家尼采（Friedrich Nietzsche，1844－1900）就認為如果真的實行的話，這將是一種奴隸式的道德，是不值得提倡的。有些史家認為這是羅馬帝國時代，一種下層社會聽天由命的想法。因此從理論上來說，耶穌這種不分善惡，只顧退讓的道德，是不正確的。從實際上來說，這種奴隸式的道德，也是根本不可能實行的。因此，光只是口頭說說，就變成了只說不做的虛偽道德。我們只要看一看在基督教二千年的歷史中，有沒有任何基督教國家或者任何基督教的教會真正奉行過這種倫理道德，就可以知道了。

在這個議題上，孔子對這個問題所說的「以直報怨，以德報德」、「以德報怨，何以報德？」實在是至理名言。耶穌的講法，從好的方面說，是標準過高，實際上無法做到。從壞的方面說，就只能造成一片虛偽。在〈馬太福音〉5：39，耶穌所說的「不要與惡人作對」（Do not resist one who is evil.）尤其是沒有勇氣，幾乎接近到怯弱鄉愿的程度了。後來基督教會為了刻意討好羅馬當局，在第二次和第三次的猶太人反抗羅馬帝國的戰爭中都袖手旁觀，也表現了早期基督教會面對強權退避的態度。

除此以外，〈馬太福音〉的「登山寶訓」還夾雜了許多鬼神的色彩。像〈馬太福音〉7：21-23所說的：「凡稱呼我主啊，主啊的人，不能都進天國，惟獨遵行我天父旨意的人，才能進去。當那日必有許多人對我說，主啊，主啊，我們不是奉你的名傳道，奉你的名趕鬼，奉你的名行許多異能麼。我就明明的告訴他們說，我從來不認識你們，你們這些作惡的人，離開我

去罷。」

在耶穌有關道德的談話中，大概只有「你們願意人怎麼待你們，你們也要怎樣待人」（And as you wish that men would do for you, do so to them），屬於比較值得尊敬的倫理觀[7]。 這與孔子所說的「己所不欲，勿施於人」基本上是同樣的意思。不過，這句話在《舊約》中已經出現過，並不是耶穌首先提出來的主張。 如〈利未記〉19：18「不可報仇，也不可埋怨你本國的子民。 卻要愛人如己（You must love your neighbor as yourself.），我是耶和華」。 在《舊約》次經〈托比傳〉（Tobit）4：15 也已經說過類似的話：「凡你憎恨的事不要對別人做」（Do to no one what you would not want done to you.）[8]。

耶穌有時候講話也有《舊約》裏的那種暴戾之氣，有時候講話又往往誇大。 比如說在〈路加福音〉19：26-27，他說：「主人說，我告訴你們，凡有的，還要加給他，沒有的，連他所有的，也要奪過來。 至於我那些仇敵不要我作他們王的，把他們拉來，在我面前殺了罷。」在〈路加福音〉中，這是耶穌緊接著要去耶路撒冷之前所說的話，如果這是確實的話，那麼猶太當局自然會認為這是大逆不道的。 又如： 在〈約翰福音〉2：19：「耶穌回答說，你們拆毀這殿，我三日內要再建立起來。」

信仰基督教的朋友們，認為耶穌為了愛世人，甘願被釘在十字架上，來為世人贖罪，表現了最高的人格。 但是，人有原罪，本來就是一種讓人無法接受的論述，是基督教自己製造出來的說法，對於我們中國人來說，尤其無法接受。 因為在中國人的傳統思想中，我們都認為人性本來是善良的，人類也根

本沒有什麼原罪可言，當然也就沒有什麼需要贖罪的事。「原罪」的說法，甚至還不是猶太教原來的教義。《舊約》中雖然有亞當與夏娃吃禁果犯罪的故事，認為他們會將這種罪遺傳給後代，從而使罪成為人類共有的特性，但是強調這種說法，後來成為基督教的原罪論，還是基督教自己後來發展出來的。原罪論變成了基督教的教義，基督教神學家奧古斯丁（Augustine of Hippo，354－430）扮演了重要的角色[9]。所以，人本來就不應該有什麼「原罪」，因此也就沒有所謂為世人贖罪的道理，所以根本就沒有什麼耶穌為世人贖罪而死的事情，耶穌自然也就沒有什麼愛世人的崇高人格可言。

我們從歷史事實可以知道，耶穌之所以被處死，是因為他的主張與猶太當權者不合，也威脅到羅馬帝國對猶太地區統治的穩定，因此被猶太和羅馬當局聯合起來處死。這樣的歷史事實非常清楚，也很合理。為世人贖罪云云，都是福音書的作者為了替耶穌被處死找理由而編出來的故事，在歷史上是完全沒有根據的。

耶穌在道德方面，最成問題的莫過於他有關家庭道德的談話。我們將在下一章「耶穌的家庭道德觀念」專闢一章討論。

總而言之，耶穌在《新約》中所表現出來的行為規範，在分析之後，大部分都是屬於古代時期，文明還不昌盛的時候的行為，現在大多都已經過時了。耶穌趕鬼、為人治病、顯示神蹟等事，迷信的成分過重。對於一個現代的高級宗教來說，這些並不是什麼資產。耶穌的道德教訓，有些與其他文明社會的道德相去不遠，卻也沒有什麼特出之處。而另外一些道德論述，

則有姑息養奸之嫌，被許多評論者認為是奴隸式的道德，像是
〈馬太福音〉6：39：「不要與惡人作對；有人打你的右臉，連左
臉也轉過來由他打」之類。

　　研究羅馬史的著名英國歷史學家吉朋（Edward Gibbon，
1737－1794）就認為基督教所提倡的軟弱道德標準，是羅馬帝國
滅亡的主要原因之一。綜合來說，因為耶穌是基督教的教主，
而基督教在歷史上的影響很大，耶穌因此的確是影響歷史發展的
重要人物之一。但是，在世界歷史上的聖哲賢人當中，他所傳
的教義和他所顯示出來的行為和道德標準，問題很多，實在不
能算是一位特出的聖賢。

注釋

1. 見*The World Book Encyclopedia*, World Book Inc. 1985年，Aramaic條
2. M. I. Dimont, *Jews, God and History*, Mentor Books, 1962年初版，1994年印，140頁
3. R. W. Funk, *Honest to Jesus*, HarperSanFrancisco, 1996年，158頁
4. 見〈馬可福音〉7：2 和〈馬太福音〉15：1
5. 見〈馬可福音〉15：2，〈馬太福音〉27：11
6. 見王志遠主編，樂峰，文庸著，《基督教知識百問》，佛光出版社，民國80年初版，86頁
7. 見〈路加福音〉6：31。也見〈馬太福音〉7：12：「所以無論何事，你們願意人怎麼待你們，你們也要怎樣待人」
8. (1) 見耶路撒冷本《新舊約》，528頁。中文的翻譯見天主教出版的《牧靈聖經》，900頁。基督新教不把〈托比傳〉列在《新舊約》中
　 (2) 可參考馬丁M. Martin, *The Case Against Christianity*, Temple University Press, 1991年，164頁
　 (3) 還可參考R. J. Miller, *The Complete Gospels*, Polebridge Press, 1992年
9. 任繼愈主編，《宗教大辭典》，上海辭書出版社，1998年，39頁與1099頁。又見：《新約》〈羅馬書〉5.12「這就如罪是從一人入了世界，死又是從罪來的，於是死就臨到眾人，因為眾人都犯了罪。」

第十章
耶穌的家庭道德觀念

在今天的世界上，基督教是信徒人數最多的宗教，基督教所宣稱的道德標準，占了很重要的地位。在中國社會，基督教徒雖然還不能算是很多，但是影響也開始出現。因此，討論基督教的道德是很重要的。

我們在上一章提到，耶穌有關家庭道德的觀念，特別需要檢討。因為正史上有關耶穌的記載很少，在討論耶穌家庭道德觀念的時候，我們只能拿四福音書的記載來討論。這樣做當然是有缺點的，因為四福音書是早期基督教會的宣傳文字，不是歷史。但是除此以外也沒有什麼別的辦法，因為否則的話，就只有一片空白了。我們會盡可能的參考近代學者對於歷史上耶穌真實面貌所作的研究，不過，因為耶穌在世的時候，只是一個普通的猶太人，這樣的研究困難程度很大。

在前面一章「耶穌的言行」中，我們已經討論過耶穌在《新約》中所表現出來的一般道德觀念。在耶穌的道德觀念中，最有問題的，莫過於他對於家庭道德的論述。因為中國的傳統道德是以忠孝為基本標準，因此，這對於我們中國人有著

特別的意義。

通觀四部福音書，耶穌有關家庭道德的言行是非常有問題的。下面我們將逐一討論這些部分。首先，就是：

1. 耶穌對於父母親的態度

在〈路加福音〉中寫到，耶穌十二歲時候去耶路撒冷過逾越節。過了節後，他的父母以為他回去了，後來到處找不到他，讓他的父母很著急，回到耶路撒冷來找他，結果他留在耶路撒冷的神殿裏。〈路加福音〉2：49 這樣說：「他父母看見就很希奇，他母親對他說，我兒，為什麼向我們這樣行呢？看哪！你父親和我傷心來找你。耶穌說，為什麼找我呢？豈不知我應當以我父的事為念麼？他所說的這話，他們不明白。」這樣不以父母的掛念為意，即使耶穌留意宗教事故，似乎也沒有必要對急著找他的父母這樣說話。

到耶穌成人後，〈馬可福音〉3：31-35 記載說：「當下耶穌的母親，和弟兄，來站在外邊，打發人去叫他。有許多人在耶穌周圍坐著；他們就告訴他說，看哪！你母親，和你弟兄，在外邊找你。耶穌回答說，誰是我的母親？誰是我的弟兄？就四面觀看那周圍坐著的人，說，看哪！我的母親，我的弟兄！凡遵行上帝旨意的人，就是我的弟兄姊妹和母親了。」

〈馬太〉和〈路加〉福音是根據〈馬可福音〉而寫的，在〈馬太福音〉12：46-50，也有類似的記載：「耶穌還對眾人說話的時候，不料，他母親和他弟兄站在外邊，要與他說話。有人告訴他說，看哪！你母親和你弟兄站在外邊，要與你說話，他

卻回答那人說，誰是我的母親？誰是我的兄弟？就伸手指著門徒說，看哪！我的母親，我的弟兄。凡遵守我天父旨意的人，就是我的弟兄姊妹和母親了。」

〈路加福音〉在 8：19-21 的記載也類似：「耶穌的母親和他弟兄來了，因為人多，不得到他跟前。有人告訴他說，你母親，和你弟兄，站在外邊，要見你。耶穌回答說，聽了上帝之道而遵行的人，就是我的母親，我的弟兄了。」

〈路加福音〉11：27-28：「耶穌正說這話的時候，眾人中間，有一個女人大聲說，懷你胎的和乳養你的有福了！耶穌說，是，卻還不如聽上帝之道而遵守的人有福。」

這些記載顯示，耶穌只是把他的父母親看成與其他人一樣，不願意表現出與他父母親和兄弟們的親情。這在中國人看來，是非常怪異的。

基督教還有一些沒有列入《新約》正典的所謂外傳，其中有一個叫做〈多馬童年福音〉（Infancy Gospel of Thomas），記錄了一些耶穌從五歲到十二歲、童年時期的故事。福音書的作者想必是要顯示耶穌的神奇大能，有些故事固然說耶穌救了人，但是也有些故事顯示童年的耶穌行為乖戾、自以為是，所做的一些事情既無理又可怕。

當中有一段說：耶穌小時候，有人不小心撞了他的肩，耶穌咒他死，他就死了。當約瑟指責他的時候，耶穌警告他說：「我不是你生的，別煩我！」（I am not thine. Vex me not！）[1]。

另外有一件事說，有一個學者安那斯（Annas）的兒子，把耶穌收集的水吸走了，耶穌看到後非常生氣，跟他說：「混蛋，

你這個不敬的傻瓜！池子裏的水對你有害處嗎？從現在開始，你會像樹一樣枯乾掉，永遠也不會有樹葉、樹根，也不會結果子。」馬上這個小孩就完全枯乾萎縮掉了[2]。

　　還有一次，約瑟把耶穌送到一個老師的地方，希望他能識字。老師跟約瑟說：「我會先教他希臘文，然後再教他希伯來文。」這個老師寫出字母，然後教了他好一陣子，但耶穌沒有反應。然後耶穌說：「如果你真是一個老師，而且你很知道這些字母，告訴我 alpha 這個字母什麼意思，然後我會告訴你 beta 這個字母是什麼意思。」。這個老師生氣了，打了他頭一下。耶穌也生氣了、咒詛他，這個老師馬上就失去意識，倒在地上死了。耶穌回到家，約瑟很心煩，告訴耶穌的母親說：「不要讓他再出去了，因為誰惹了他就會死掉。」[3]

　　另外，有兩次耶穌與母親馬利亞有關的記載，分別是：

　　〈約翰福音〉2：3-4「酒用盡了，耶穌的母親對他說，他們沒有酒了。耶穌說，女人！我與你有什麼相干？我的時候還沒有到。」

　　〈約翰福音〉19：26：「耶穌見母親和他所愛的門徒站在旁邊，就對他母親說，『女人，看你的兒子！』」

　　在這兩處地方，耶穌對母親的稱呼，在英文中其實都是「女人（woman）」或者說「婦人」。基督教在現在的中文本裏，故意把「女人」翻譯成「母親」，以降低這句話的嚴重性，讓耶穌對母親說的話沒有那麼刺耳。其實，這是毫無根據的。對自己的母親說，跟自己有什麼相干，這種話真是不孝已極。

　　我們在上面幾個記錄中，都可以看到，耶穌對於父母親，尤其是對於母親的態度，實在非常有問題。以中國人講求孝道的標準來看，這些話都已經接近不孝的程度。

　　2. 一個更為嚴重的問題是耶穌要親人在家庭裏互相鬥爭。在福音書中，這樣的話出現過好多次。

　　〈馬太福音〉10：34-38：「你們不要想我來，是叫地上太平，我來，並不是叫地上太平，乃是叫地上動刀兵。因為我來，是叫人與父親生疏，女兒與母親生疏，媳婦與婆婆生疏，人的仇敵，就是自己家裡的人。愛父母過於愛我的，不配作我的門徒，愛兒女過於愛我的，不配作我的門徒。不背著他的十字架跟從我的，也不配作我的門徒。」

　　這是什麼話？要人家愛他超過愛自己的父母親，本來就已經夠奇怪的了。還要人在家中互相鬥爭，不知道這根據的是什麼道理。而且，中文《新約》翻譯的「生疏」這個詞，在英文裏其實是 against，應該翻譯成「作對」或「對抗」。基督教會在中文本裏故意翻譯成「生疏」，以降低這句話的嚴重性。

　　類似的話也出現在〈路加福音〉12：51-53：「你們以為我來，是叫地上太平麼？我告訴你們，不是，乃是叫人分爭：從今以後，一家五個人將要分爭，三個人和兩個人相爭，兩個人和三個人相爭。父親和兒子相爭，兒子和父親相爭，母親和女兒相爭，女兒和母親相爭，婆婆和媳婦相爭，媳婦和婆婆相爭。」

　　與此相近的話，在〈馬可福音〉中也有。〈馬可福音〉13：12

說：「弟兄要把弟兄，父親要把兒子，送到死地。兒女要起來與父母為敵，害死他們。」

〈馬太福音〉10：21：「弟兄要把弟兄，父親要把兒子，送到死地。兒女要與父母為敵，害死他們。」

耶穌這種破壞家庭倫理的話是令人吃驚的。無論基督教如何曲為解釋，這樣明顯違反家庭倫理道德的話，是無法令人接受的。這也是基督教與中國傳統倫理無法相容的最大原因之一。

3. 耶穌為了要傳道，急於要人放棄家庭和親人，也放棄一些人們應盡的責任。這樣的話在福音書中，多次出現。如：

〈馬可福音〉10：29-30：「耶穌說，我實在告訴你們，人為我和福音，撇下房屋，或是弟兄，姊妹，父母，兒女，田地。沒有不在今世得百倍的，就是房屋，弟兄，姊妹，母親，兒女，田地，並且要受逼迫，在來世必得永生。」

〈馬太福音〉8：21-22：「又有一個門徒對耶穌說，主啊！容我先回去埋葬我的父親。耶穌說，任憑死人埋葬他們的死人，你跟從我罷。」

〈路加福音〉9：59-62：「又對一個人說，跟從我來！那人說，主！容我先回去埋葬我的父親。耶穌說，任憑死人埋葬他們的死人；你只管去傳揚上帝國的道。又有一人說，主！我要跟從你。但容我先去辭別我家裏的人。耶穌說，手扶著犂向後看的，不配進上帝的國。」

〈路加福音〉18：29-30：「耶穌說，我實在告訴你們，人為上帝的國，撇下房屋，或是妻子，弟兄，父母，兒女，沒有在

今世不得百倍，在來世不得永生的。」

〈馬太福音〉23：9-10：「也不要稱地上的人為父；因為只有一位是你們的父，就是天上的父。 也不要受師尊的稱呼；因為只有一位是你們的師尊，就是基督。」

這些破壞家庭倫理的話實在非常嚴重。 幾乎是叫人只要跟著他，什麼人倫道德都可以不要。 什麼叫做「任憑死人埋葬他們的死人」？ 死人難道會埋葬死人嗎？ 這真是無稽之談。 耶穌為了要人跟隨他，講的話簡直已經到了不可理喻的程度。

耶穌要人不顧家庭倫理的話，最嚴重的莫過於，在〈路加福音〉14：25-26 的一段：「有極多的人和耶穌同行；他轉過來對他們說，『人到我這裡來，若不恨自己的父母，妻子，兒女，弟兄，姊妹，和自己的性命，就不能作我的門徒。』」現在基督教會在中文本的《新約》中，把「恨」字自行改做「愛我勝過愛」，以歪曲這句話的原意，降低它的嚴重性。 其實，這樣改是毫無根據的。 在英文本的《新舊約全書》中，無論是詹姆士王欽定本（King James Version），修訂標準本（Revised Standard Version），耶路撒冷本（The Jerusalem Bible）等英文版本，這個字都是寫做 hate。

1945 年才發現的〈多馬福音〉（Gospel of Thomas），共有一百一十四條耶穌講的話，其中第五十五條就是：「耶穌說： 任何人不恨父親與母親，就不能做我的門徒，任何人不恨兄弟與姐妹、並且像我一樣的扛著十字架，就不能得到我的稱許。」[4]，其中用的也是「恨」字[5]。 在原始的希臘文本中，這個字用的是 miseo，也是「恨」的意思。 而且所用的字，與《新約》中其

他的「恨」字，用的是同一個字。 韓謝爾（Darrel Henschell）在他所寫的《完美的鏡子？有關聖經完整的問題》（*The Perfect Mirror？The Question of Bible Perfection*）一書中說：「這個『恨』字在所有主要的翻譯本中都是保留了的……而且，這個翻譯成『恨』字的希臘字與〈約翰福音〉3：20、7：7、15：18 和〈約翰一書〉3：13 等節，所用的『恨』字是完全同樣的一個字」[6]。

耶穌這句話說： 若不恨自己的父母，妻子，兒女，弟兄，姊妹，和自己的性命，就不能作他的門徒。 這是一件非常嚴重的事。

依照耶穌所說的話來看，他的意思顯然是想顛覆這個社會的家庭基礎，才好讓人們可以去跟隨他和他的教會，這實在是一種嚴重顛覆社會道德的主張。 中國的傳統以忠孝為本，耶穌這樣的講法，與中國的傳統固有道德完全不合。 事實上，這跟世界上任何社會的道德標準都不合。

為了公平起見，我們應該說，在《新約》中也有幾處地方，耶穌提到要孝順父母。 在〈馬太福音〉15：4：「上帝說，當孝敬父母； 又說，咒罵父母的，必治死他」。〈馬太福音〉19：19：「當孝敬父母，又當愛人如己。」〈馬可福音〉7：10：「摩西說：『當孝敬父母』，又說：『咒罵父母的，必治死他』」。 所以，從好的一方面說，耶穌對與孝道，究竟也講了一些與一般社會道德比較一致的話。 但是，反過來說，他也的確講了一些非常有違固有道德的話，這是很難輕易抹煞得掉的。作為一個聖賢，總不能一下子這樣說，一下子那樣說。 所以，

從輕的一方面來講，耶穌對於家庭道德的講法，是不協調的，是互相矛盾的。 從重的一方面來說，這些話，簡直就是大逆不道。

4. 耶穌的親人在他死前大多是不信任他的。 他的家鄉鄰人，對他也沒有什麼好感，這實在是一件奇怪的事。 在中國，如果本鄉子弟有成就，常常會成為本地人的驕傲，而不會像耶穌這樣，反而得不到家鄉人的信任。 這樣的記載多次在福音書中出現。

〈馬可福音〉3：21：「耶穌的親屬聽見，就出來要拉住他，因為他們說他癲狂了。」這裏的「親屬」一字，在英文詹姆士王本（King James Version）和修訂標準本（Revised Standard Version）的版本中是 friends，而在耶路撒冷版本中是 relatives。所以，有些耶穌的家屬認為他可能是癲狂（out of his mind）了。

〈馬可福音〉6：1-6：「耶穌離開那裏，來到自己的家鄉；門徒跟從他。 到了安息日，他在會堂裏教訓人； 眾人聽見，就甚稀奇，說，這人從那裏有這些事呢？所賜給他的是甚麼智慧？他手所做的是何等的異能呢？這不是那木匠麼？不是馬利亞的兒子，雅各、約西、猶大、西門的長兄麼？他妹妹們不也是在我們這裏麼？他們就厭棄他。 耶穌對他們說，大凡先知，除了本地親屬本家之外，沒有不被人尊敬的。 耶穌就在那裏不得行什麼異能，不過按手在幾個病人身上，治好他們。 他也詫異他們不信。」

〈馬太福音〉13：53-58：「耶穌說完了這些比喻，就離開那

裏，來到自己的家鄉，在會堂裏教訓人，甚至他們都希奇，說，這人從那裏有這等智慧，和異能呢？這不是木匠的兒子麼？他母親不是叫馬利亞麼？他弟兄們不是叫雅各，約西（有古卷作約瑟），西門，猶大麼？他妹妹們不是都在我們這裏麼？這人從那裏有這一切的事呢？他們就厭棄他（厭棄他，原文作因他跌倒）耶穌對他們說，大凡先知，除了本地本家之外，沒有不被人尊敬的。耶穌因為他們不信，就在那裏不多行異能了。」

更嚴重的，〈路加福音〉甚至說耶穌的鄉人曾經想要殺掉他。〈路加福音〉4：16-30：

「耶穌來到拿撒勒，就是他長大的地方，在安息日，照他平常的規矩，進了會堂，站起來要念聖經。有人把先知以賽亞的書交給他，他就打開，找到一處寫著說：『主的靈在我身上，因為他用膏膏我，叫我傳福音給貧窮的人，差遣我報告被擄的得釋放，瞎眼的得看見，叫那受壓制的得自由，報告神悅納人的禧年。』於是把書捲起來，交還執事，就坐下，會堂裡的人都定睛看他。

耶穌對他們說：今天這經應驗在你們耳中了。眾人都稱讚他，並稀奇他口中所出的恩言，又說：這不是約瑟的兒子麼。耶穌對他們說：你們必引這俗語向我說：醫生，你醫治自己罷，我們聽見你在迦百農所行的事，也當行在你自己家鄉裡。又說：我實在告訴你們，沒有先知在自己家鄉被人悅納的。我對你們說實話，當以利亞的時候，天閉塞了三年零六個月，遍地有大饑荒，那時，以色列中有許多寡婦。以利亞並沒有奉差往他們一個人那裡去，只奉差往西頓的撒勒法，一個寡婦那裡

去。 先知以利沙的時候，以色列中有許多長大痲瘋的，但內中除了敘利亞國的乃縵，沒有一個得潔淨的。 會堂裡的人聽見這話，都怒氣滿胸。 就起來攆他出城，他們的城造在山上，他們帶他到山崖，要把他推下去。 他卻從他們中間直行，過去了。」耶穌說自己的鄉人都得不到先知的祝福，氣得他們要把他殺掉。

〈約翰福音〉4：44：「因為耶穌自己做過見證說，先知在本地是沒有人尊敬的。」

〈約翰福音〉7：5：「因為連他的弟兄說這話，是因為不信他」。 這句話中文《新約》翻譯的很不通順，英文是：For even his brothers did not believe in him. 應該翻譯作「連他的弟弟們也都不相信他。」因為耶穌在家裏兄弟姐妹中是年齡最大的。 也可能是基督教會故意把這句話翻譯得好像沒有那麼嚴重。

5. 耶穌講的話，也常常有《舊約》裏的那種暴戾之氣，有時候講話又會誇大。 比如說：

〈路加福音〉19：26-27：「主人說，我告訴你們，凡有的，還要加給他，沒有的，連他所有的，也要奪過來。 至於我那些仇敵不要我作他們王的，把他們拉來，在我面前殺了罷。」

〈馬可福音〉4：25：「因為有的，還要給他；沒有的，連他所有的也要奪去」。

〈馬太福音〉13：12：「凡有的，還要加給他，叫他有餘； 凡沒有的，連他所有的，也要奪去」[7]。

〈約翰福音〉2：19-20：「耶穌回答說，你們拆毀這殿，我三

日內要再建立起來。 猶太人便說，這殿是四十六年纔造成的，你三日內就再建立起來嗎？」

如果一個人經常講這樣誇大的話，其他人當然會厭惡他的。

6. 耶穌對他的門徒，講話常常極為粗暴。 即使是對他最為忠心耿耿的彼得，也常受到耶穌的訓斥。 如：

〈馬可福音〉8：33：「耶穌轉過來，看著門徒，就責備彼得說，撒但！ 退我後邊去罷！」

〈馬太福音〉16：23，也記載說耶穌很兇的罵彼得說：「耶穌轉過來，對彼得說，撒但，退我後邊去吧，你是絆我腳的。」

〈約翰福音〉21：22 也說他很兇的罵彼得：「耶穌對他說，我若要他等到我來的時候，與你何干？ 你跟從我罷。」

7. 最後，耶穌在臨死的時候所說的話，好像根本不明白他為什麼要上十字架。 這與基督教現在傳教，說耶穌是為了要替世人贖罪，而死在十字架上的說法完全不合。

〈馬可福音〉15：34：「申初的時候，耶穌大聲喊著說，以羅伊！ 以羅伊！ 拉馬撒巴各大尼； 繙出來，就是我的上帝！ 我的上帝！ 為什麼離棄我？」

〈馬太福音〉27：46：「約在申初，耶穌大聲喊著說，以利！ 以利！ 拉馬撒巴各大尼？ 就是說，我的上帝！ 我的上帝！ 為什麼離棄我？」

這兩種福音書，最早出的〈馬可福音〉和其次的〈馬太福音〉，講法都是一樣的。

　　到了較晚的〈路加福音〉，講法就變了。〈路加福音〉23：46 說：「耶穌大聲喊著說，父啊！我將我的靈魂交在你手裏（Father, into thy hands I commit my spirit!）；說了這話，氣就斷了」。除此以外，基督教會在傳教的時候，還會常常引用〈路加福音〉中的另一句話，當作耶穌死前所說的話，就是在〈路加福音〉23：34：「當下耶穌說，父阿！赦免他們；因為他們所做的，他們不曉得。」

　　我們在前面已經討論過，這句話在古代的版本中大多是沒有的[8]。換句話說，這句話很可能是後來教會人士加進去的。而且，這句話在〈路加福音〉中，也是耶穌在被釘十字架時說的，並不是他臨死之前說的。

　　在最晚出的〈約翰福音〉中，耶穌的講法又變了。〈約翰福音〉19：30：「耶穌嚐了那醋，就說，成了；便低下頭，將靈魂交付上帝了」。基督教會把這句話的中文，也故意譯錯。英文本是：When Jesus had received the vinegar, he said, " It is finished"; and he bowed his head and gave up his spirit. 這中間並沒有「交付上帝」之類的字句。

　　我們可以看出來，時間越晚出的福音書，把耶穌臨死之前所講的話，說得越神聖，說得越像是傳教士要他講的話。其實，耶穌被處死時，他的門徒早都已經四散逃走了，哪裡還能聽到他講的話？這些都是福音書的作者編出來的，所以矛盾百出。

　　其實，這些話都是《新約》的作者從《舊約》上抄出來的，〈馬可福音〉和〈馬太福音〉所說的「我的上帝！我的上帝！為什麼離棄我？」是從《舊約》〈詩篇〉（Psalm）22：1 抄來的。

而〈路加〉所說的「我將我的靈魂交在你手裏」，是從《舊約》〈詩篇〉31：5 抄來的，文字幾乎完全一樣[9]。我們在「《新約》是誰寫的？」一章中已經討論過了。

　　從以上所引的耶穌有關家庭道德的講話看來，耶穌對於家庭道德的觀念非常有問題。他對於家庭價值和親人關係的講話，完全不符合一般正常社會的道德標準，與中國的傳統道德更有著根本的差異。

注釋

1. (1) J. L. Sheler, *Is the Bible True?* HarperSanFrancisco, 1989年，202頁
　　(2)〈多馬童年福音〉第4章、第5章
2.〈多馬童年福音〉，3:1-3
3.〈多馬童年福音〉，14:1-5
4. 這一段的英文是：Jesus said, "Whoever does not hate father and mother cannot be my disciple, and whoever does not hate brothers and sisters, and carry the cross as I do, will not be worthy of me." 見Robert J. Miller, editor, *The Complete Gospels*, Polebridge Press, p.314
5. 見R. W. Funk, R. W. Hoover and the Jesus Seminar, *The Five Gospels-the search for the authentic words of Jesus*, Macmillan Publishing Co., 1993年，504頁，〈多馬福音〉第55條
6. 見D. E. Krueger, *What is atheism? —a short introduction*, Prometheus Books, 1998，第45頁
7. 依照R. J. Miller, *The Complete Gospels*, Polebridge Press, 1992年。類似的句子可以在〈馬可福音〉4:25看到：「因為有的，還要給他；沒有的，連他所有的也要奪去」，在〈馬太〉13:12、〈多馬福音〉41章也可見到。不過，這些只類似〈路加〉19:26-27中的前一句，〈路加福音〉中有後面一句19:27「至於我那些仇敵不要我作他們王的，把他們拉來，在我面前殺了罷。」只有在〈路加福音〉中有
8. 見《新舊約全書》修訂標準本（Revised Standard Version），1967年印，250頁的註腳。也見J. MacArthur, *The MacArthur Study Bible*, Thomas Nelson Bibles, 1997年，1564頁的說明
9. 見：T. Callahan, *The Secret Origins of the Bible*, Millennium Press，2002年，362頁

第十一章

馬利亞

　　耶穌的母親馬利亞（Mary，希臘文為 Maria）在《新約》中的角色並不多。 她是加利利（Galilee）的拿撒勒（Nazareth）人。〈路加福音〉1：5 說施洗約翰的母親以利沙伯（Elizabeth）是亞倫的後人，因此是利未人，馬利亞是她的親戚，因此也非常可能是利未人。 福音書說馬利亞已經許配給木匠約瑟，尚未過門，由聖靈感孕而生耶穌。〈約翰福音〉說耶穌死的時候，把她托付給耶穌「所愛的門徒」，但是並沒有說這個耶穌「所愛的門徒」是誰，後來有人說是使徒約翰[1]。 據說，後來約翰把她接到以弗所（Ephesus）定居，在那裡逝世。

　　公元 4 世紀以後，教會中盛行祈求聖徒代禱之風，馬利亞的地位日益提高，甚至被尊為「上帝之母」，成為信徒最親切、最有效的代禱者，對她的崇拜甚至超過了耶穌。 天主教和東正教對聖母馬利亞特別崇拜，新教則較弱[2]。 天主教、東正教把馬利亞尊稱為「童貞聖母」，並相信她死後，靈魂和身體重新結合升入天堂[3]。

　　《新約》中的記載，除了有關耶穌出生的故事以外，與馬利

亞有關的大致還有下面這些：

（1）〈馬可福音〉3：31-35

「當下耶穌的母親，和弟兄，來站在外邊，打發人去叫他。有許多人在耶穌周圍坐著；他們就告訴他說，看哪！你母親，和你弟兄，在外邊找你。耶穌回答說，誰是我的母親？誰是我的弟兄？就四面觀看那周圍坐著的人，說，看哪！我的母親，我的弟兄！凡遵行上帝旨意的人，就是我的弟兄姊妹和母親了。」

（2）〈馬太福音〉12：46-50

「耶穌還對眾人說話的時候，不料，他母親和他弟兄站在外邊，要與他說話。有人告訴他說，看哪！你母親和你弟兄站在外邊，要與你說話，他卻回答那人說，誰是我的母親？誰是我的兄弟？凡遵守我天父旨意的人，就是我的弟兄姊妹和母親了。」

（3）〈馬太福音〉13：53-58

「耶穌說完了這些比喻，就離開那裏，來到自己的家鄉，在會堂裏教訓人，甚至他們都希奇，說，這人從那裏有這等智慧，和異能呢？這不是木匠的兒子麼？他母親不是叫馬利亞麼？他弟兄們不是叫雅各，約西（有古卷作約瑟），西門，猶大麼？他妹妹們不是都在這裏麼？這人從那裏有這一切的事呢？他們就厭棄他（厭棄他，原文作因他跌倒）。耶穌對他們說，大凡先知，除了本地本家之外，沒有不被人尊敬的。耶穌因為他們不信，就在那裏不多行異能了。」

（4）〈路加福音〉2：48-49

「他父母看見就很希奇，他母親對他說，我兒，為什麼向我們這樣行呢？看哪！你父親和我傷心來找你。耶穌說，為什麼找我呢？豈不知我應當以我父的事為念麼？他所說的這話，他們不明白。」

（5）〈路加福音〉8：19-21

「耶穌的母親和他弟兄來了，因為人多，不得到他跟前。有人告訴他說，你母親，和你弟兄，站在外邊，要見你。耶穌回答說，聽了上帝之道而遵行的人，就是我的母親，我的弟兄了。」

（6）〈路加福音〉11：27-28

「耶穌正說這話的時候，眾人中間，有一個女人大聲說，懷你胎的和乳養你的有福了！耶穌說，是，卻還不如聽上帝之道而遵守的人有福。」

（7）〈約翰福音〉2：3-4

「酒用盡了，耶穌的母親對他說，他們沒有酒了。耶穌說，女人！我與你有什麼相干？我的時候還沒有到。」

我們在前面已經提到過，耶穌在這裏對他的母親講話極不禮貌，英文譯本中，耶穌對他母親說的話是：O woman, what have you to do with me？My hour has not yet come. 教會的中文譯本故意把「女人」或「婦人」譯為「母親」，以降低這句話的嚴重性。

（8）〈約翰福音〉19：25-26

《新約》中另一處耶穌稱他母親為「女人」，是在他被釘在十字架上的時候。〈約翰福音〉19：25-26說：「站在耶穌十字

架旁邊的，有他母親，與他母親的姊妹，並革羅罷的妻子馬利亞，和抹大拉的馬利亞。耶穌見母親和他所愛的那門徒站在旁邊，就對他母親說：女人！看你的兒子！」。基督教會的和合本，也故意把「女人」翻譯為「母親」。不過，以上兩處都加了註，說「原文作婦人」。既然原文作「婦人」或「女人」，為什麼不老實的翻譯，而要改作「母親」？顯然因為耶穌這樣對母親說話，實在是太不禮貌了。

（9）〈馬可福音〉3:21

「耶穌的親屬聽見，就出來要拉住他，因為他們說他癲狂了。」

這裏「親屬」一字，英文詹姆士王欽定本（King James version）和修訂標準本（Revised Standard Version）用的是friends，而耶路撒冷版本（Jerusalem）用的是relatives。如果是「親屬」，不知道這個親屬，是否也包括他的母親馬利亞在內。

我們在前面「耶穌的家庭道德觀念」一章中，已經討論過，耶穌對於家庭價值的論述，是非常有問題的，他對於家庭的倫理價值，破壞的話多，贊成的話少。從上面這幾個與馬利亞有關的例子看，耶穌對他的母親不但講話極不禮貌，而且對他與他母親的關係，評價也很低。他覺得他母親跟他的關係，與他跟其他人的關係，並沒有甚麼兩樣。這在中國人的倫理道德觀念看來，是非常奇怪的，也是非常不孝的。

蘭克海內曼教授在《丟掉幼稚東西》一書中也說[4]，耶穌與他母親的關係並不好，與他家中其他人的關係也不好。在〈馬可福音〉6:4：「耶穌對他們說，大凡先知，除了本地親屬本家

以外，沒有不被人尊敬的。」在〈約翰福音〉7：5 有一句說：
「因為連他的弟兄說這話，是因為不信他」。這句話中文翻譯
的很不通順，英文是：For even his brothers did not believe in him.
應該翻譯作「連他的弟弟們也都不相信他。」因為耶穌在家裏兄
弟姐妹中是年齡最大的。

有關馬利亞的記載，除了《新約》以外，在《新約》外
傳中，以及在猶太人的經典塔木德（*Talmud*）裏，也有一些記
載，不過都是一些貶抑的話。在塔木德中，有一個關於潘得拉
（ben Pandera）的故事，說耶穌是馬利亞和羅馬傭兵潘得拉的私
生子。「潘得拉與約瑟那個淫亂的妻子馬利亞，在馬利亞有月經
的時候懷孕，生了一個兒子。」（"who begot a child with Joseph's
adulterous wife, Mary, during her menstrual period."）。潘得拉這個
名字可能是由希臘文「處女」這個字 parthenos 而來的[5]。

早期的基督教教士奧利金（Origen，約 185－約 254）記錄了
公元二世紀羅馬學者賽爾索（Celsus）類似的反基督教的話[6]，
賽爾索說：「讓我們回到一些歸之於猶太人所說的話，說耶穌的
母親因為犯了通姦的罪，跟一個名叫潘得拉的士兵生了一個孩
子，被跟她訂了婚的木匠趕了出去。」[7]。

基督教會在歷史上的發展，與馬利亞的身分問題有著密
切的關係。君士坦丁堡（Constantinople）的大主教聶斯脫利
（Nestorius，約 380－451）認為基督的神性和人性，有著不同
的本質，馬利亞因而最多只能說是「基督之母」（Mother of
Christ），而不能說是「上帝之母」（Mother of God），強調上帝
之道的永恆。因為他反對將馬利亞神化，被斥為「上帝之母的

敵人」，在公元 431 年的以弗所（Ephesus）公會議上，被譴責
為異端。 公元 435 年被革職流放到上埃及，死於 451 年。 他的
追隨者形成聶斯脫利派。 受到迫害的聶斯脫利派向東轉移，先
後在敘利亞、美索不達米亞、伊朗、中國等地傳播。 在唐代傳
入中國，稱為景教。 到今天，在伊拉克、伊朗、敘利亞、印度
等地還有少數教徒留存[8]。

耶穌死後，早期的基督教會中分為兩派，一派是猶太地區
的基督徒，以耶穌的弟弟雅各（James）為首，另一派以保羅
為首，而彼得則處在兩者之間。 這個激烈反對保羅的猶太基督
派，叫做伊便尼派（Ebionites），他們不支持處女生子的說法，
後來與其他的基督教派都不合[9]。 如果我們知道這個教派的領導
人是耶穌的弟弟，那麼他們不支持處女生子的說法是很自然的。
公元 70 年在猶太反抗羅馬的戰爭中，耶路撒冷被毀，這個教派
也就式微了。 後來融入了諾斯替派（Gnosticism）[10]。

馬利亞在神學上具有的重要意義，主要是因為神學爭論所
致。 在基督教的發展中，馬利亞逐漸有了一個女性的神格，雖
然教會本來並沒有支持這樣的講法。 這與過去社會中，母子神
的形式很像。 早期的一些教士主張：「只要崇拜聖父，聖子與
聖靈，但是不要有一個人崇拜馬利亞」（Let the Father, the Son
and the Holy Spirit be worshipped, but let no one worship Mary.）。
不過，馬利亞的崇拜還是持續了下去。 公元 431 年的以弗所
（Ephesus）會議，決定可以崇拜馬利亞。 在基督教的形象表
現上，馬利亞只許有處女和母親兩種形象，老婦形象則不得出
現，我們如果去看羅馬聖彼得大教堂中的「聖母憐子」（Pieta）

雕像，耶穌死的時候，已經有三十多歲，而雕塑的馬利亞看起來，還像少女一樣。 甚至到了後來，在西方基督教社會，老婦成了女巫的形象，這都是基督教會對於女性歧視的表現[11]。

對於耶穌的屬性，在基督教教史上，有非常多的爭議。 有些人不承認耶穌是真正的人，也有些人不承認耶穌有完全的神性，這些爭論歷史上發生過許多次。 說耶穌的母親是人，就是對前面不承認耶穌是真正的人說法的一種駁斥。 而對後面一種說法，公元 431 年以弗所會議確認馬利亞為「上帝之母」，成為東方教會對馬利亞崇拜的根據。

公元 6 世紀的基督教信徒普遍相信馬利亞一直都是童貞女[12]。 14 世紀初，鄧斯·司各脫（Johannes Duns Scotus，約 1265－1308）[13] 提出「先贖論」，論證聖母本人無原罪始胎的教義，1854 年被教宗庇護九世（Pius IX，1792－1878，1846－1878 在位）正式宣佈為正統教義。 信徒們承認馬利亞參與了耶穌救贖罪人的聖工，因此也就以她為每一信徒屬靈的母親。 信徒們還相信馬利亞死後肉體升天並在天堂為信徒代禱，成為神人之間的「女中保」（Mediatrice）。 1950 年，教宗庇護十二世（Pius XII，1876－1958，1939－1958 在位）把馬利亞死後，肉身升天定為天主教的正式教義[14]。

與此相反的是，1517 年馬丁·路德（Martin Luther，1483－1546）的宗教革命，主張以「《聖經》」的權威，來對抗教宗的權威，強調因信稱義，宣稱人們能直接讀「《聖經》」而獲得神啟，提倡簡化禮儀，和建立民族教會。 新教認為對於馬利亞和聖徒的崇拜，是一種偶像崇拜，而且降低了對耶穌的崇敬。 一

個人應該純粹從「《聖經》」上去建立與神的關係，而不應該經
由像耶穌、馬利亞、聖徒等人性化了的圖像來建立與神的關係。
新教對馬利亞的尊崇程度，因而較天主教相差甚多 [15]。

　　由於馬利亞的身分問題，究竟她只是耶穌這個人的母親，所
謂「基督之母」（Mother of Christ），還是「上帝之母」（Mother
of God），引起了基督教早期教派之間極大的衝突，也造成了
現在的東正教、天主教、新教各個派系之間非常大的差異。 其
實，馬利亞的身分問題，只不過是耶穌本身的身分究竟是什麼
這個問題的附屬問題。 也跟基督教所謂「三位一體」的問題息
息相關。「三位一體」是基督教教義種種矛盾的具體表現。 我
們會在第十二章專門討論。

注釋

1. 〈約翰福音〉19:26
2. 《基督教辭典》，北京語言學院出版社，1994年，329頁
3. 任繼愈主編，《宗教大辭典》，上海辭書出版社，1998年，503頁
4. 海內曼Uta Ranke-Heinemann, *Putting Away Childish Things*, HarperSanFrancisco, 1994年，第50頁
5. 可見(1) M. Martin, *The Case Against Christianity*, Temple University Press, 1991年，110頁。(2) M. F. Wilkins and F. P. Moreland, eds. *Jesus Under Fire*, Zondervan Publishing House, 1995年，214頁
6. M. F. Wilkins and F. P. Moreland, eds. *Jesus Under Fire*, Zondervan Publishing House, 1995年，214頁
7. 這一段的英文是：" Let us return, however, to the words put into the mouth of the Jew, where the mother of Jesus is described as having been turned out by the carpenter who was betrothed to her, as she had been convicted of adultery and had a child by a certain soldier named Panthera."
   引自 *Contra Celsum* 1.32; Chadwick, Origen, 31; cf. R.J. Hoffmann, *Celsus on the True Doctrine* (New York: Oxford University Press, 1987), 57頁
8. 可見(1)海內曼Uta Ranke-Heinemann, *Putting Away Childish Things*, HarperSanFrancisco, 1994年，157頁。(2) 任繼愈主編，《宗教大辭典》，上

海辭書出版社，1998年，574頁。(3)《基督教辭典》，北京語言學院出版社，1994年

9. 海內曼Uta Ranke-Heinemann, *Putting Away Childish Things*, HarperSanFrancisco, 1994年，169頁

10. 見《基督教辭典》，北京語言學院出版社，1994年，585頁

11. H. Ellerbe, *The Dark Side of Christian History*, Morningstar Books, 1995年，24頁起

12. 參考《基督教辭典》，北京語言書院出版社，1994年，329頁

13. 任繼愈主編，《宗教大辭典》，上海辭書出版社，1998年，177頁

14. 參考《基督教辭典》，北京語言研究出版社，1994年，329頁

15. H. Ellerbe, *The Dark Side of Christian History*, Morningstar Books, 1995年，98頁

第十二章
基督教是一個「愛的宗教」嗎？

　　基督教最常做的宣傳之一就是「神愛世人」。說基督教的神耶和華如何愛世人，耶穌如何為愛世人而死之類。耶和華真的愛世人嗎？基督教真的是一個「愛的宗教」嗎？

　　讓我們來看看《新舊約》中是怎麼說的。《舊約》，特別是《舊約》中的摩西五書，是猶太教和基督教的重要經典。讓我們看看《舊約》中記述的這些事例：

　　1.〈創世記〉中說，耶和華不讓亞當和夏娃吃伊甸園當中分別善惡的樹上的果子，而夏娃在蛇的誘惑下，吃了果子，還給她丈夫亞當吃了。於是耶和華大怒，不但把他們趕出園子去，而且還懲罰他們的子孫，使他們世世代代都有原罪。〈創世記〉3：22-23 節：「耶和華上帝說，那人已經與我們相似，能知道善惡，現在恐怕他伸手又摘生命樹的果子吃，就永遠活著，耶和華上帝便打發他出伊甸園去，耕種他所自出之土。」

　　為了夏娃偷吃一個果子，不但罰了亞當夏娃，而且要罰他們的永世子孫。而這個果子吃了是可以分別善惡的。為什麼耶和華不讓人們可以分辨善惡呢？在這個故事中，我們可以看到，

耶和華為了怕人類知道善惡，就不准他們吃分別善惡樹上的果子，而且在吃了一個果子後，就懲罰他們和他們的子孫。耶和華不是萬能的嗎？為什麼要用這種方法來懲罰他自己創造出來的生命呢？萬能的上帝沒有更好的辦法了嗎？這是神對世人應有的慈愛態度嗎？耶和華的氣度這麼狹窄，怎麼能稱得上是「神愛世人」呢？

在這個故事中，耶和華說話的時候，都是說「我們」，這是猶太教遺留下來早期多神教的痕跡，因為猶太人的祖先也是信仰多神教的。這樣的例子在《舊約》中還有許多處。〈創世記〉第一章第廿六節也寫著：「上帝說，我們要照著我們的形像，按著我們的樣式造人。」用的也同樣是複數。所以，如果基督教要強調一神教，這些都是無法解釋的。

2. 除了亞當和夏娃的故事以外，《舊約》中上古最有名的故事就是大洪水和挪亞（Noah）方舟了[1]。〈創世記〉第六章第五至七節說：「耶和華見人在地上罪惡很大，終日所思想的盡都是惡，耶和華就後悔造人在地上，心中憂傷。耶和華說，我要將所造的人、和走獸、並昆蟲，以及空中的飛鳥，都從地上除滅、因為我造他們後悔了。」

上帝不是萬能的嗎？做了事情還要後悔的嗎？不論如何，耶和華於是降下了四十晝夜的大雨，除了挪亞一家八口和他們所帶的動物以外，把所有世界上的生命全都消滅了。

〈創世記〉第七章第廿一至廿三節說：「凡在地上有血肉的動物、就是飛鳥、牲畜、走獸、和爬在地上的昆蟲，以及所有的人都死了。凡在旱地上，鼻孔有氣息的生靈都死了。凡地上各

類的活物，連人帶牲畜，昆蟲，以及空中的飛鳥，都從地上除滅了。只留下挪亞和那些與他同在方舟裏的。」

如果真有這回事的話，這將是多麼殘酷的一場浩劫！耶和華不是愛世人的嗎？作為一個萬能的神祇，他難道沒有其他的辦法，非要把所有的生物全都殺死，來滿足他所說的要懲罰「人在地上罪惡很大」這件事嗎？究竟人在地上犯了什麼樣的大罪，一定要這麼處死呢？其他的動物，又犯了什麼錯呢？難道這些人和動物，不都是他自己創造出來的嗎？耶和華既然是萬能的，把這些人變好不就成了嗎？為什麼一定要把所有的人和動物都殺死呢？這是「神愛世人」的表現嗎？

3.〈創世記〉第十一章第六節：「耶和華說，看哪，他們成為一樣的人民，都是一樣的言語，如今既作起這事來，以後他們所要作的事，就沒有不成就的了。我們下去，在那裏變亂他們的口音，使他們的言語，彼此不通。」

只是為了不讓他自己創造出來的人類，可以互相溝通，竟然要故意把他們的語言弄亂。這是什麼樣的態度？從〈創世記〉這句話，我們就可以看出來，耶和華是一個多麼小氣嫉妒的神祇。耶和華以這種態度對付人類，這叫做「神愛世人」嗎？另外，在這裏，「我們」用的是複數，這是《舊約》中顯示早期多神教的證據，前面已經提到過了。

4. 為了沒有說明的所謂罪惡，耶和華毀滅了所多瑪（Sodom）和蛾摩拉（Gomorrah）兩個城所有的人。〈創世記〉第十九章第廿四至廿六節說：「當時耶和華將硫磺與火，從天上耶和華那裏，降與所多瑪和蛾摩拉，把那些城，和全平原，並城裏所有

的居民，連地上生長的，都毀滅了。 羅得的妻子在後邊回頭一看，就變成了一根鹽柱。」如果真有這種事的話，這可能是上古知識未開的時代，在火山地震之類的天災以後，猶太人對於天災的解釋[2]。 但是，《舊約》中的故事，代表了以色列人觀念中耶和華對人的態度，耶和華毀滅整個城市，完全把人類當做芻狗的態度，連公正對待都談不上，離「神愛世人」實在太遠了。

5.〈創世記〉廿二章講了一個令人毛骨悚然的故事。 耶和華為了要試驗以色列人的先祖亞伯拉罕（Abraham）對他是否忠誠，叫他把他老年好不容易得來的嫡子以撒（Isaac）獻為燔祭，也就是叫他把自己的兒子殺掉來祭神。 亞伯拉罕都已經把以撒綑綁好了，正要準備動手的時候，耶和華才告訴他，因為現在知道他是敬畏上帝的了，所以沒有叫他真的把以撒殺掉。在這個故事中，叫他殺人祭神已經夠殘忍的了，還叫他殺自己的兒子，只差最後沒有叫他真做而已。 有這樣殘忍的神祇嗎？非要人把自己的兒子獻祭，才叫做對神忠誠嗎？要人這麼樣做的神，算是「神愛世人」的嗎？

6.〈出埃及記〉是《舊約》的第二卷。 記載摩西帶領猶太人離開埃及的故事。 摩西這個人到現在，除了《舊約》的記載以外，在正史上找不到任何證據，考古學上也完全找不到有關他的一絲一毫證據。 因此，實際上摩西帶領以色列人離開埃及，只是猶太早期的民族歷史神話故事，摩西也只是猶太歷史中傳說的人物。 我們暫且不論摩西這個人在歷史上的真實程度，我們在此只討論《舊約》中耶和華對於以色列和埃及這兩個民族的態度。 下面我們舉《舊約》中的幾個例子來看：

〈出埃及記〉3：7-8：「耶和華說，我的百姓在埃及所受的困苦，我實在看見了。……我下來是要救他們脫離埃及人的手，領他們出了那地。」

〈出埃及記〉3：16-17：「你去招聚以色列的長老，對他們說，耶和華你們祖宗的上帝，就是亞伯拉罕的上帝，以撒的上帝，雅各的上帝，向我顯現，說：我實在眷顧了你們，我也看見埃及人怎樣待你們。我也說，要將你們從埃及的困苦中領出來……」

〈出埃及記〉4：21-23：「耶和華對摩西說，你回到埃及的時候要留意，將我指示你的一切奇事，行在法老面前，但我要使他的心剛硬，他必不容百姓去。你要對法老說，耶和華這樣說，以色列是我的兒子，我的長子，我對你說過，容我的兒子去好事奉我，你還是不肯容他去，看哪，我要殺你的長子。」

耶和華要他的子民離開埃及，而埃及法老王不准，於是耶和華降了各種災難在埃及人身上。

〈出埃及記〉9：4-6：「耶和華要分別以色列的牲畜和埃及的牲畜，凡屬以色列的、一樣都不死。……第二天，耶和華就行這事，埃及的牲畜幾乎都死了，只是以色列人的牲畜一個都沒有死。」

〈出埃及記〉12：27-29：「你們就說，這是獻給耶和華逾越節的祭。當以色列人在埃及的時候，他擊殺埃及人，越過以色列人的房屋，救了我們各家。……到了半夜，耶和華把埃及地所有的長子，就是從坐寶座的法老，直到被擄囚在監裏之人的長子，以及一切頭生的牲畜，盡都殺了。」

〈出埃及記〉14：27-30：「……埃及人避水逃跑的時候，耶和華把他們推翻在海中，水就回流，……那些跟著以色列人下海的全軍，連一個也沒有剩下。……當日耶和華這樣拯救以色列人脫離埃及人的手，以色列人看見埃及人的死屍都在海邊了。」

夠了，我想我們舉的例子已經夠多了。在這裏，毫無疑問的，《舊約》中的耶和華是以色列人的民族神。他只照顧以色列人的利益，對於以色列人以外的其他民族，就視如草芥了。以色列人能占全人類的百分之幾？做為以色列人的民族神，能稱得上是「神愛世人」嗎？首先，我們中國人就絕對不是以色列人，因為我們是炎黃的子孫，不是亞伯拉罕的子孫。我們的國土，沒有被大洪水整個淹沒過。我們的文化，一直是持續不斷的。在耶和華的眼中，大概連以色列人鄰居的埃及人都不如。還談得上「神愛世人」嗎？

7. 摩西是耶和華親選的以色列先知，但是，耶和華一度連摩西都想要殺。〈出埃及記〉4：24-26 說：「摩西在路上住宿的地方，耶和華遇見他，想要殺他。西坡拉（按：西坡拉是摩西的妻子）就拿一塊火石，割下他兒子的陽皮，丟在摩西腳前，說，你真是我的血郎了。這樣耶和華纔放了他。西坡拉說，你因割禮就是血郎了。」[3]。

這個故事之荒謬，只有古代那種文明還沒有開發的社會才有。連自己親選的先知，都可以隨時變臉要殺掉他。這是「神愛世人」的態度嗎？

8. 在〈出埃及記〉19：21-22：「耶和華對摩西說，你下去囑咐百姓，不可闖過來到我面前觀看，恐怕他們有多人死亡。又

叫親近我的祭司自潔，恐怕我忽然出來擊殺他們。」耶和華要擊殺百姓，不過是因為不想讓他們過來看。 如果是一個愛世人的神祇，對於人類要親近他，應該高興還來不及，怎麼會「忽然出來擊殺」呢？ 這是對自己子民的態度嗎？ 這是「神愛世人」嗎？

9.〈出埃及記〉三十二章，說因為以色列的人民鑄了一個金牛犢，向他獻祭。 耶和華大怒，結果在〈出埃及記〉32：27-28：「他（摩西）對他們說，耶和華以色列的上帝這麼說，你們各人把刀跨在腰間，在營中往來，從這門到那門，各人殺他的弟兄，與同伴，並鄰舍。 利未的子孫照摩西的話行了，那一天百姓中被殺的約有三千。」

為了鑄一個金牛犢，耶和華要摩西殺自己的同胞三千。 這是「神愛世人」嗎？

10. 在〈民數記〉第 20 章，提到以色列人沒有水喝了。〈民數記〉20：7-12：「耶和華曉喻摩西說，你拿著杖去，和你的哥哥亞倫招聚會眾，在他們眼前吩咐磐石發出水來，水就從磐石流出給會眾，和他們的牲畜喝。……摩西舉手，用杖擊打磐石兩下，就有許多水流出來，會眾和他們的牲畜都喝了。 耶和華對摩西、亞倫說，因為你們不信我，不在以色列人眼前尊我為聖，所以你們必不得領這會眾進我所賜給他們的地去。」

這擊石出水，是耶和華交辦的事，居然又惹怒了耶和華，讓摩西後來不得進入迦南。 這樣的神祇，真是太無理小氣了，也算得上是「神愛世人」嗎？ 我們在前面討論過，實際上在這個故事的背後，有號稱摩西後人的祭司和號稱亞倫後人的祭司，

這兩派之間鬥爭的因素在。因此，編了這個故事來貶抑摩西[4]，這是後話。不過也可以看出來，這些故事所表現出來的耶和華，實在不是什麼「神愛世人」的神祇。

11. 摩西把以色列人領出埃及，摩西的繼承人約書亞，把以色列人帶到迦南地。〈出埃及記〉23：20-23 說：「看哪、我差遣使者在你面前，在路上保護你，領你到我所準備的地方去。……我的使者要在你前面行，把你領到亞摩利人（Amorities）、赫人（Hittites）、比利洗人（Perizzites）、迦南人（Canaanites）、希未人（Hivites）、耶布斯人（Jebusites）那裏去，我必將他們剪除。」

耶和華是以色列人的民族神，這就更清楚了。為了要把土地給以色列人，可以把原來住在那裏的其他民族一概剪除。這是「神愛世人」嗎？有這樣愛世人的上帝嗎？

進入迦南以後，以色列人大肆屠殺，把原來住在迦南的人民趕盡殺絕。我們來看情形如何：

〈申命記〉2：32-34：「那時西宏（Sihon）（按：西宏為希實本（Heshbon）的王）和他的眾民，出來攻擊我們，在雅雜（Jahaz）與我們交戰。耶和華我們的上帝，將他交給我們，我們就把他和他的兒子，並他的眾民都擊殺了。我們奪了他的一切城邑，將有人煙的各城，連女人帶孩子，盡都毀滅，沒有留下一個。」這樣殘暴的以色列民族神，有什麼資格談「愛的宗教」？

〈申命記〉3：3-7：「於是耶和華我們的上帝，也將巴珊王噩（Og king of Bashan），和他的眾民，都交在我們手中，我們殺

了他們，沒有留下一個。 那時我們奪了他所有的城，共有六十座，沒有一座不被我們所奪。……把有人煙的各城，連女人帶孩子，盡都毀滅。 惟有一切牲畜，和城中的財物，都取為自己的掠物。」

〈申命記〉7：1-10：「耶和華你上帝領你進入要得為業之地，從你面前趕出許多國民，就是赫人、革迦撒人、亞摩利人、迦南人、比利洗人、希未人、耶布斯人，共七國的民，都比你強大。 耶和華你上帝將他們交給你擊殺，那時你要把他們滅絕淨盡，不可與他們立約，也不可憐恤他們。……因為你歸耶和華你上帝為聖潔的民，耶和華你上帝從地上的萬民中揀選你，特作自己的子民。 耶和華專愛你們，揀選你們……所以你要知道耶和華你的上帝，他是上帝，是信實的上帝，向愛他守他誡命的人，守約施慈愛，直到千代。 向恨他的人，當面報應他們，將他們滅絕。 凡恨他的人，必報應他們，決不遲延。」

〈申命記〉20：13-18：「耶和華你的上帝，把城交付你手，你就要用刀殺盡這城中的男丁。 惟有婦女、孩子、牲畜，和城中一切的財物，你可以取為自己的掠物。……但這些國民的城，耶和華你上帝既賜你為業，其中凡有氣息的，一個不可存留。 只要照耶和華你上帝所吩咐的，將這赫人、亞摩利人、迦南人、比利洗人、希未人、耶布斯人，都滅絕淨盡。 免得他們教導你們學習一切可憎惡的事，就是他們向自己神所行的，以致你們得罪耶和華你們的上帝。」

〈約書亞記〉6：21「又將城中（按：指耶利哥城）所有的，不拘男女，老少，牛羊，和驢，同用刀殺盡」

〈約書亞記〉8：22-26：「……於是以色列人擊殺他們，沒有留下一個，也沒有一個逃脫的。……以色列人在田間和曠野殺盡所追趕一切艾城（Ai）的居民。艾城人倒在刀下，直到滅盡。以色列眾人就回到艾城，用刀殺了城中的人。當日殺斃的人，連男帶女，共有一萬二千，就是艾城所有的人。約書亞沒有收回手裏所伸出來的短鎗，直到把艾城的一切居民，盡行殺滅。」

〈約書亞記〉10：28：「當日約書亞奪了瑪基大（Makkedah），用刀擊殺城中的人和王，將其中一切人口盡行殺滅，沒有留下一個。」

〈約書亞記〉11：11：「以色列人用刀擊殺城中的人口，將他們盡行殺滅。凡有氣息的沒有留下一個。」

〈約書亞記〉11：20：「因為耶和華的意思，是要使他們心裏剛硬，來與以色列人爭戰，好叫他們盡被殺滅，不蒙憐憫，正如耶和華所吩咐摩西的。」

從這些引句，看得是再清楚也不過的了。《舊約》是以色列人以神話的形式，所記載的歷史。耶和華是以色列人的民族神，也是一個殘忍、嗜殺、小氣、而又偏狹的神祇。《舊約》所代表的，是三、四千年以前古代社會人們的心態。當時，各個民族為了爭奪土地和資源，互相之間的砍殺攻伐，的確是很殘忍的。這在古代歷史中，其實也很常見。但是，到了今天的社會，早已不足為法。在《舊約》中所呈現出來的耶和華面貌，是不值得效法的，耶和華絕不是什麼「神愛世人」的神祇。他所關心的，只是他所選擇的子民以色列人，其他民族對他而

言，根本是視為芻狗的。 即使是以色列人，也是動輒得咎，常常不知道為了什麼小事，就惹得耶和華大發脾氣要殺人。 這樣的行為能叫做「神愛世人」嗎？

《舊約》中的耶和華是一個性情殘暴、氣度狹小的以色列民族神這個事實，在古代就已經為人所了解。 基督教早期教派之一的馬西昂派（Marcionism）就很明確的認為《舊約》的神是邪惡的，要讓《新約》中的神與他脫離關係，這個教派雖然在後來被基督教判為異端，但是這種想法在公元二世紀就有了。

有人說，即使《舊約》中的神是一個殘暴的神，《新約》中的神，應該不一樣了吧。 可是，我們要知道，耶穌在世時，他所遵從的經典就是《舊約》，他所領導的團體是猶太教的一個教派，與猶太教是完全相同的。 耶穌只是與猶太人的當權派不合，耶穌當時所批評的，不是猶太教的教義，而是對於當時占著猶太社會領導地位的撒都該人（Sadducees）和法利賽人（Pharisees）不滿 [5]。

耶穌信仰的與原來猶太教的教義並沒有差別。 不但如此，耶穌還非常強調猶太的經典，在〈馬太福音〉5：17-18，他說：「莫想我來要廢掉律法和先知，我來不是要廢掉，乃是要成全。 我實在告訴你們，就是到天地都廢去了，律法的一點一劃也不能廢去，都要成全。」其實，這句話中的「成全」，中文翻譯的不是很正確，在英文中，第一個「成全」是 fulfill，第二個「成全」是 accomplish，都是很強烈贊同的意思。 所以耶穌是完全認同《舊約》的。 這個殘忍狹隘的耶和華就是耶穌所說的上帝，也就是今天基督教的上帝，兩者根本沒有分別。

　　耶穌在《新約》中，當然也發表了一些他自己的言論。《舊約》中的耶和華談不上所謂「神愛世人」。那麼，《新約》中的耶穌如何呢？

　　前面已經討論過，耶穌的生平在歷史上記載的很少，如果要討論真正歷史上的耶穌，那麼這恐怕是一片空白，所以我們只能暫且把四福音書當作耶穌生平的記載來討論。這當然是有問題的，因為四福音書是早期基督教會的宣傳文字，不是歷史。不過，因為資料短缺的緣故，也沒有其他的辦法。這一點我們在討論的時候需要注意。

　　首先，耶穌也跟《舊約》作者一樣，把耶和華當作是以色列人的民族神。因此，耶穌對於在外邦人中間傳教，並沒有什麼興趣。〈馬太福音〉10：5-6 說：「耶穌差這十二個人去，吩咐他們說，外邦人的路，你們不要走。撒馬利亞人的城，你們不要進，寧可往以色列家迷失的羊那裏去。」

　　在〈馬太〉15：24：「耶穌說，我奉差遣，不過是到以色列家迷失的羊那裏去。」在〈馬太〉10：23：「我實在告訴你們，以色列的城邑，你們還沒有走遍，人子就到了。」因此，耶穌並沒有到猶太人以外去傳教的想法[6]。最嚴重的例子，是〈馬可福音〉7：26-27：「這婦人是希利尼人，屬敘利非尼基族，他求耶穌趕出那鬼，離開他的女兒。耶穌對他說，讓兒女們先吃飽；不好拿兒女的餅丟給狗吃」，這句話也記錄在〈馬太福音〉15：25：「那婦人來拜他，說，主啊！幫助我。他回答說，不好拿兒女的餅，丟給狗吃。」耶穌竟然把外邦人比喻作狗。他對於猶太人以外其他民族的態度，可想而知。所以，耶穌在

民族問題上，仍然與《舊約》的態度是一樣的，也就是把耶和華當作是以色列人的民族神。 到外邦人中間去傳教，是後來保羅的想法，其實與耶穌無關。

　　《新約》中耶穌最主要的表現，就是為人趕鬼治病，或者顯露一些神蹟，像是五餅二魚可以餵飽多少人之類[7]，迷信的成分太重。 在二十一世紀的今天，實在已經不能引起人們的共鳴。《新約》中的耶穌，如果還能留下什麼的話，那應該是他在倫理方面的論述。 但是，我們在前面的第八章和第九章已經討論過耶穌的言行，和耶穌有關家庭倫理道德的論述了。 耶穌有關倫理的論述，在好的地方與世界歷史上其他的聖賢接近，而在其他方面，則遠不如其他的聖人哲士，如孔子。 他的言行還沒有脫離神權時代的陰影，實在是不足取的。

　　因此，從上面的敘述我們可以知道：《舊約》裏的耶和華實在是一個既殘忍、又偏狹的以色列人的民族神。 耶和華所代表的，是數千年前人類還沒有開化的野蠻時代，人們意識中的神，而絕不是什麼「神愛世人」的神祇。《新約》中的耶穌，雖然有些講話表現出一些進步，但是，一方面他所說的經典，仍然是同樣的猶太人的經典，他所說的上帝耶和華，仍然是《舊約》中同一個耶和華。 所以，《新約》中所尊崇的上帝，也不是一個「神愛世人」的上帝。 基督教因而不可能是一個以「愛」為基礎的宗教。 事實上，基督教其實是一個以「恐懼」為中心的宗教，利用人們怕死的心理，用下地獄來恐嚇人類。耶穌所宣揚的道德標準，一方面有過度對邪惡屈服退讓的傾向，代表著一種奴隸式的道德。 而在另一方面，實際上這種退讓的

道德又是根本無法實行的，也從來沒有任何基督教國家實行過，徒然製造了虛偽。

基督教會在歷史上，對任何其他宗教，都進行迫害。在基督教的歷史上，因為教義的不同，對內對外所進行的鬥爭，層出不窮。當西方國家變得強盛起來以後，對外進行帝國主義侵略，基督教成了帝國主義者的先鋒，迫害世界上其他地區的人民，更作了不知道多少造孽的事。這些我們會在後面第十四章「歷史上的基督教」一章中討論。

總之，《舊約》和《新約》所代表的，並不是甚麼「神愛世人」的宗教。所謂基督教是「愛的宗教」之類的講法，是完全經不起考驗的。

注釋

1. 〈創世記〉第6-10章
2. W. Keller, *The Bible as History*, Bantam Books, 1980年，79頁
3. 這一段的英文是：
   And it came to pass by the way in the inn, that the Lord met him, and sought to kill him. Then Zipporah took a sharp stone, and cut off the foreskin of her son, and cast it at his feet, and said, Surely a bloody husband art thou to me. So he let him go: then she said, A bloody husband thou art, because of the circumcision. 這是詹姆士王（King James Version）版本的文字
   On the journey, when Moses had halted for the night, Yahweh came to meet him and tried to kill him. At once Zipporah, taking up a flint, cut off her son's foreskin and with it she touched the genitals of Moses. " Truly, you are a bridegroom of blood to me!"she said. And Yahweh let him live. It was then that she said, " bridegroom of blood,"on account of the circumcision. 這是Jerusalem 版本《新舊約全書》的文字
4. Richard E. Friedman, *Who Wrote the Bible?* Harper & Row Publishers, 1987年，198頁
5. 見〈馬太福音〉16:1
6. 見海內曼Uta Ranke-Heinemann, *Putting Away Childish Things*,

HarperSanFrancisco, 1994年，215頁
7. 見〈馬可福音〉6:35，〈馬太福音〉14:15，〈路加福音〉9:12，和〈約翰福音〉6:1

第十三章
三位一體的問題

　　基督教從形成開始，內部就一直不斷發生爭議。 最早的時候，是以耶穌弟弟雅各為代表的、猶太地區的基督徒一派，和以保羅為代表的向外邦人傳教的一派之間的爭論，而彼得則處在兩者之間[1]。 二世紀初，基督教內部又形成一些派別，各派在教義、法規等問題上觀點不同，由此造成多次爭論和衝突。 其中，影響較大的有諾斯替派（Gnosticism）、伊便尼派（Ebionism）、孟他努派（Montanism）、馬西昂派（Marcionism）等[2]。

　　到了 2 世紀下半葉起，爭論的焦點指向「三位一體」（Trinity）的問題。

　　所謂「三位一體」是宣稱上帝只有一個，但是包括聖父（Father）、聖子（Son）、聖靈（Holy Ghost）三個位格（persons）。 三者雖各有特定位分，卻同具一個本體（substance）。 基督教為什麼要用這樣強詞奪理的教義，來解釋這三者的關係呢？ 這個問題的來源是因為： 如果耶穌是耶和華的兒子，由馬利亞感受聖靈而生，他曾經真正在世為人，受苦

受難並於死後復活升天。那麼耶穌又是神，又是人，這當中有沒有矛盾？而且，如果耶和華是神，耶穌也是神，那麼基督教還是不是一神教？這與《舊約》中一再強調的，以色列人只能有一個神的觀念，是不是有衝突[3]？基督教要人們對聖父、聖子和聖靈有信仰，又要說這三者是特定獨立的，是不一樣的，那麼豈不是有了三個神？為了想解脫這種困難，基督教的早期教士們於是提出了這個「三位一體」的說法。

生於北非迦太基的德爾圖良（Tertullian，約160-約220）和生於埃及亞歷山大的奧利金（Origen，約185-約254）是首先提出這種說法的人。但是，他們當初在提出這種說法的時候，還是認為聖父、聖子、聖靈雖然是同質的，但是三位的關係並不是完全平等，而是分級從屬的。像奧利金就說，子由父所生而不是被造，但低於父。聖靈也與前二者同質，序居第三而低於前二者。奧利金的論點在他死後，尤其是從4世紀以後，多次受到抨擊。到了6世紀以後，等到基督教會堅持三者都是同性同體的時候，奧利金的學說也被教會譴責為異端了[4]。

為了從這種困境解脫，也為了保持一神論的原則，有人認為，耶穌本是凡人，否認耶穌是三位一體占第二位的聖子，認為耶穌只是一個人，但是卻超過一般的人，他在受洗的時候，被上帝認作嗣子。這種稱為嗣子論（Adoptionism）的主張[5]，否認耶穌的神性。與此相反的，有些人提出幻影論（Docetism），認為耶穌是以幻影將自己展示給人的神。這種觀點肯定了耶穌是神，但是，卻否定了他是真正的人[6]。這兩種主張，後來都被定為異端。

　　生於利比亞，3 世紀初的撒伯里烏（Sabellius，2 至 3 世紀）反對三位一體論，主張上帝只有一位，聖父、聖子、聖靈只是同一位上帝的三種不同顯現。 猶如一個人具有靈、魂、體三個方面。 贊成他的主張的人成為撒伯里烏派，後來受到羅馬主教的譴責，也被稱為異端[7]。

　　公元 318 年，利比亞教區主教阿里烏（Arius，約 250－336）對「三位一體」提出了自己的解釋，他認為基督既是上帝的兒子，他就是「受造物」，不能說他既是受造物，又是造物主，也不能說他既是兒子又是父親，所以聖子應該低於聖父，不能與聖父同體、同性。 但他是最完善的「首生的」受造物。阿里烏還認為，上帝是獨一的神。 不能說基督也是神，不然就變成了多神論，所以他雖然也承認基督具有神、人二性，但他卻只強調基督的「人性」。 對於聖靈他就更不強調了。 阿里烏的主張得到許多東方教會中神職人員的支持。

　　公元 321 年，亞歷山大城的大主教亞歷山大（Alexander of Alexandria，313－328 在位）召開宗教會議，把阿里烏派神父革職，稱他們為「異端」。 著名學者，也是該撒利亞（Caesarea）主教的尤西比烏（Eusebius，約 260－約 340）支持阿里烏派。兩派互相攻擊，各地教會都捲入了這場長期爭論。

　　因為這場爭論不利於羅馬皇帝君士坦丁（Constantine，約272－337，306－337 在位）的統治意圖，因此君士坦丁於公元325 年，在距離君士坦丁堡不遠的尼西亞城（Nicaea）召開全帝國範圍的宗教會議，也就是第一次公會議。 會議秉承君士坦丁的旨意，在神學爭論中，反對阿里烏派，起草了「尼西亞信

經」（Nicene Creed），企圖統一思想，平息爭端。

其實，當時參加會議的主教中，以阿里烏派占多數。 但是，君士坦丁下令強迫阿里烏派接受「信經」，拒絕者立即逮捕，因而強行通過了「信經」。 不過，對聖靈卻只點到一句，未加任何說明。 原來的「尼西亞信經」現在已經不存，現在的「尼西亞信經」是公元381年君士坦丁堡宗教會議修訂的，全文如下：

「我們信獨一上帝，全能的父，創造有形無形萬物的主。 我們信獨一主耶穌基督，上帝的兒子，為父所生，是獨生的，即由父的本質所生的。 從神出來的神，從光出來的光，從真神出來的真神，受生而非被造，與父同質，天上、地上的萬物都藉著他而受造的。 他為拯救我們世人而降臨，成了肉身的人、受難，第三日復活，升天，將來必再降臨，審判活人死人，（我們）也信聖靈。」[8]。

當時反對阿里烏派論點的主要代表人物是亞大納西（Athanasius，約293－373）。 他在公元328年繼任亞歷山大城的主教。 他認為聖子由聖父所生，而非被聖父所創造，聖父與聖子同性、同體。 這兩派的爭論非常激烈，由於羅馬皇帝時而偏袒這一派，時而偏袒另一派，亞大納西也被流放了五次。 尼西亞公會議判定阿里烏為異端，在表面上達成了統一，但是這種統一卻是以世俗政權的干預為代價的。

後來阿里烏派與亞大納西派的鬥爭一直不停、互有勝負。主要就是看當時的當權者，羅馬帝國的皇帝比較支持那一派。一直到了公元381年，羅馬皇帝狄奧多西一世（Theodosius I，

347-395，379-395 在位）在君士坦丁堡召開第二次公會議，重申了「尼西亞信經」，又加上了「聖靈與聖父、聖子同樣具有神性」的提法，從而把聖靈提高到與聖父、聖子完全同等的地位，確立了「三位一體」的教義。會議譴責阿里烏派為異端，把他們驅逐出帝國。

在反駁阿里烏派的過程中，北非教會的主教阿波利拿里（Apollinaris，約 310-390）提出，人是由靈、魂、體三部分組成的，基督具有和常人一樣的魂和體，但其心靈卻是神性的，所以，基督是完全的神。這種觀點企圖強調基督的神性，並說明耶穌基督神性和人性的關係。但是它否認耶穌具有人性的心靈，因而實際上否認耶穌是完全的人。因此，這是一種與阿里烏派相反的觀點。在 381 年君士坦丁堡召開的第二次公會議上也受到譴責，被貶為異端[9]。

由「三位一體」的爭論引出的另一個問題，就是耶穌的人性問題以及由此產生的馬利亞是否為「上帝之母」的爭議。公元 428 年，安提阿（Antioch）的聶斯脫利（Nestorius，約 380-451）成為君士坦丁堡大主教，他主張二性二位說。否認基督的神性與人性結合為一個本體，認為其神性本體附在人性本性上，因此不同意把馬利亞稱為「上帝之母」，最多可稱為「基督之母」。他的論點遭到亞歷山大主教西利爾（Cyril，約 376-444）的反對，雙方爭論不休。公元 431 年，東羅馬帝國皇帝狄奧多西二世（Theodosius II，401-450，408-450 在位）在以弗所（Ephesus）召開第三次公會議，雙方大吵大鬧，狄奧多西二世無奈，只好把聶斯脫利和西利爾兩個人都免了職。聶斯脫利

後來被流放，他的追隨者拒絕屈服，向東逃逸，形成聶斯脫利派，並且在唐朝的時候，傳入中國，稱為景教。

在聶斯脫利的二性二位說受到譴責之後，接近西利爾派的君士坦丁堡隱修院院長優提克斯（Eutyches，378－454）主張一性論（Monophysitism）。 優提克斯認為基督的人性已為神性所吞沒，故基督只有一性，即神性。 這種說法是與聶斯脫利派相反的另一端。 到了451年羅馬皇帝馬西安（Marcian，約396－457，450－457在位）在卡爾西頓（Chalcedon）召開的第四次公會議上，一性論也受到譴責。 但是，這激起了一性論派的激烈反抗，後來更引發暴動。 到了公元553年，羅馬皇帝查士丁尼一世（Justinian I，483－565，527－565在位）召開第五次公會議，也就是第二次君士坦丁堡公會議，認為基督一性論是異端。 但是，一性論派還是拒絕屈服，與正統派教會分裂，一直到現在，仍有五個教會，就是埃及科普特教會、敘利亞教會、伊索匹亞教會、南印度教會、和亞美尼亞教會仍然維持一性論的主張[10]。 當初把聶斯脫利貶成異端的西利爾（Cyril）如果還活著，他也會是屬於這種一性論派的異端。

羅馬帝國的東、西方教會在文化傳統上很不相同，東部教會是希臘文化傳統，西部教會是拉丁文化傳統，由此形成了在神學、教義、禮儀、習俗等方面的差異。 雙方經常利用神學分歧，指責對方為異端，藉以確立自己的正統地位，奪取教會領導權。 在「三位一體」問題上，尼西亞信經對於聖靈提的很少。 今本的尼西亞信經絕大部分定型於4世紀末，是在君士坦丁公會議修訂之後的版本[11]。

在修訂的尼西亞信經中，也只說到要相信聖靈「是主，是賜生命的」。 東部教會強調聖靈是「由父出來」的。 5、6 世紀間，西部教會在聖靈「由父出來」的文句中增入了「和子」一詞，變成了「聖靈由父和子出來」，多了「和子」的詞句。東部教會認為這是對正統信仰的竄改。 8 至 11 世紀間，幾經爭辯，終於形成東西文本之間永久性的差異[12]。 公元 1054 年，以羅馬教宗為首的西方教會，和以君士坦丁堡大主教為首的東方教會正式分裂。 而有關「和子」詞句的差異，也變成東西方教會一直到今天永久性的分歧[13]。

羅馬帝國時期，基督教會有關「三位一體」的爭論，最後都是由政治力量的干預來解決。 由於東羅馬皇帝狄奧多西二世（Theodosius II，401－450，408－450 在位）、馬西安（Marcian，約 396－457，450－457 在位）和查士丁尼一世（483－565，527－565 在位）站在了後來所謂正統派（Catholics）的一邊，使得他們得到了最後的勝利。 正統派的論點認為： 聖父與聖子是平等的、是同質的、但又不是同一個。近代英國哲學家羅素（Bertrand Russell，1872－1970）在他的《西方哲學史》中說，各種基督教教義的講法，左也變成了異端，右也變成了異端，按照正統教會的講法，可以允許的空間幾乎像線條一樣的細[14]。

「三位一體」的爭論到此還遠遠沒有結束。 到了 16、17 世紀，在宗教改革運動中，又有反對三位一體的聲音。 生於義大利的萊利奧・索齊尼（Lelio Sozzini，1525－1562）反對三位一體，他的主張流行於波蘭、匈牙利和荷蘭等地。 17 世紀以

後，也出現於英國、美國，稱為一位論派（Unitarians）[15]。現在基督教中也有些其他派別，像是耶和華見證會（Jehovah's Witnesses），就不接受「三位一體」。

我們現在看這些爭論，可能會覺得，為了這麼一個本來就自相矛盾的命題，爭論了一千多年，是不是有點自找麻煩？可是，對於當時的人來說，這可是一件生死存亡、性命交關的事。爭辯成功，可以是一方的大主教，爭辯失敗，就要變成異端，遭到流放，甚至被處死的命運。

「三位一體」這樣的講法，其實本來就是矛盾的。說聖父、聖子和聖靈三者雖各有特定位格（persons），卻完全同具一個本體（substance）。說聖父「生」聖子，而非「造出」聖子；聖父與聖子相愛而又共發聖靈。「三位」之間互有嚴格實在的區別、不可混淆；但又是同性、同體的、彼此間無大小尊卑之別而同為一個上帝。像這樣的講法，根本就是在玩弄文字遊戲，再怎麼講，也是說不通的。其實不過就是製造些名詞，來強作解釋罷了。一就是一，三就是三，三個不同的東西，怎麼又能夠同時等同於一？基督教自己也知道這是講不通的。所以，各派教會都視此條教義為「奧秘的啟示」，無法用理論說明，只能憑信仰接受。其實說白了，所謂「無法用理論說明，只能憑信仰接受」，就是明明知道講不通，還是要人盲目相信罷了[16]。

首先提出「三位一體」這種論點的德爾圖良，甚至為他自己信仰的不合理而高興，他說：「神的兒子死了，這之所以可信，就是因為它是荒謬的。他被埋葬以後，又復活了，這之所以是確定的，正因為它是不可能的。」[17] 其實，德爾圖良高興

的太早了。 矛盾就是矛盾，再怎麼解釋還是矛盾。 18、19世紀以前的人，也許因為宗教勢力太大而不敢說，但是，到了二十一世紀的今天，德爾圖良這樣的講法只不過徒留笑柄罷了。 許多基督徒在被問到這些矛盾的時候，都說這是信仰的問題。 好像這麼說，這些問題就可以自行解決了似的。 殊不知，邏輯上的矛盾，就是矛盾。 無論發明什麼名詞來強辯，還是矛盾。

其實無論在《舊約》、《新約》中，原來都沒有三位一體的說法。 這完全是早期的基督教士發明出來的。 如果神真的有三個位格，那麼在那麼長的時間裏，在那麼長的篇幅中，《舊約》怎麼連一句話也沒有說到什麼「三位一體」？ 在《新約》中，其實也沒有明白主張「三位一體」的話，基督教後來勉強用下面這幾句，來指證說有「三位一體」這回事：

1.〈馬太福音〉28：18-20：「耶穌進前來，對他們說，天上地下所有的權柄，都賜給我了。 所以你們要去，使萬民作我的門徒，奉父子聖靈的名，給他們施洗； 凡我所吩咐你們的，都教訓他們遵守； 我就常與你們同在，直到世界的末了。」

2.〈哥林多後書〉13：14：「願主耶穌基督的恩惠，上帝的慈愛，聖靈的感動，常與你們眾人同在」

3. 除此以外，〈約翰一書〉5：7-8：「並且有聖靈作見證，因為聖靈就是真理。 作見證的原來有三，就是聖靈，水，與血。 這三樣也都歸於一。」

4.〈提摩太前書〉3：16：「大哉，敬虔的奧秘，無人不以為然。 就是上帝在肉身顯現，被聖靈稱義，被天使看見，被傳於外邦，被世人信服，被接在榮耀裏。」

　　後面兩節在過去也被當作是支持三位一體的證據，但是，這都是因為當時的「《聖經》」翻譯本，故意翻譯成有這種意思的關係，其實與三位一體一點關係也沒有。我們在後面討論牛頓宗教思想的一章中，還會進一步討論。

　　即使在前面的這兩節，也只是提到父子聖靈而已，與三者都是同質同體、各都平等、具有自己的位格等，根本扯不上關係。歸根到底，就是因為基督教會，又要信耶穌是神，又要信《舊約》原來的神耶和華，又要堅持是一神教，所以不得不編出來的故事而已。在這當中，為了不要太顯眼，又扯上一個聖靈，如此而已。誰又能清楚定義「聖靈」是什麼？在鴉片戰爭之後，基督教又傳到中國來的時候，許多中國教徒都對「三位一體」的教義有疑問。這些西洋來的傳教士，雖然他們自己也會私下為此討論，但是對於中國信徒，卻是一副神聖的姿態，絕對不允許懷疑「三位一體」的教義。好像這是多麼神聖崇高似的。好在，這些屈辱的日子都已經過去了，基督教「三位一體」的問題，總也應該可以公開討論了吧。

注釋

1. Uta Ranke-Heinemann, *Putting Away Childish Things*, HarperSanFrancisco, 1994，173頁
2. 羅竹風主編，《宗教通史簡編》，華東師範大學出版社，1990年，321頁
3. 見(1)〈出埃及記〉20:3，十誡的第一條就是「除了我以外，你不可有別的神」。(2)〈申命記〉，6:4「以色列阿，你要聽，耶和華我們上帝是獨一的主」
4. 任繼愈主編，《宗教大辭典》，上海辭書出版社，1998年，40頁
5. 任繼愈主編，《宗教大辭典》，上海辭書出版社，1998年，346頁
6. (1)任繼愈主編，《宗教大辭典》，上海辭書出版社，1998年，327頁
   (2)K. Crim, editor, *The Perennial Dictionary of World Religions*,

HarperSanFrancisco, 1981年，227頁

7. 任繼愈主編，《宗教大辭典》，上海辭書出版社，1998年，639頁

8. (1) 唐逸主編，《基督教史》，中國社會科學出版社，1993年，60-61頁

　(2) 穆爾（George F. Moore），《基督教簡史》（*History of Religions*, part 2:Christianity），郭舜平、鄭德超、項星耀、林紀燾譯，商務印書館，北京，1996年，85頁

9. 羅竹風主編，《宗教通史簡編》，華東師範大學出版社，1990年，331頁起

10. John MacManners, ed. *The Oxford History of Christianity*, Oxford University Press, 1993年，147頁

11. 現在英文本的尼西亞信經中關於聖靈的句子為：And I believe in the Holy Ghost, The Lord, and Giver of Life, Who proceedeth from the Father and the Son; Who with the Father and the Son together is worshipped and glorified; Who spake by the prophets: 見K. Crim, ed., *The Perennial Dictionary of World Religions*, HarperSanFrancisco, 1981，536頁

12. 《宗教大辭典》，上海辭書出版社，1998年，571頁

13. (1) 唐逸主編，《基督教史》，中國社會科學出版社，1993年，90頁

　(2) 羅竹風主編，《宗教通史簡編》，華東師範大學出版社，1990年，347頁

14. 羅素（Bertrand Russell），*A History of Western Philosophy*, Simon and Schuster, 1945年，333頁

15. 任繼愈主編，《宗教大辭典》，上海辭書出版社，1998年，957頁

16. 《基督教辭典》，北京語言學院出版社，1994年，408頁

17. 見W. Durant, *Caesar and Christ-The story of civilization III*, Simon and Schuster, 1944年，613頁。這句話的英文是：God's son died: it is believable precisely because it is absurd. He was buried and rose again: it is certain because it is impossible.

第十四章
基督教怎麼變成羅馬帝國的國教？

　　基督教是現在世界上信徒人數最多的宗教。 根據 2005 年紐約時報出版的世界年鑑，全世界基督徒一共有二十億六千九百多萬人，其中，天主教十億九千兩百多萬，基督新教三億六千四百多萬，東正教兩億一千七百多萬，英國國教七千九百多萬，其他獨立派系四億零六百多萬，約占全世界人口的 33%，基督教徒的數字的確頗為龐大[1]。

　　但是，這個數字其實是不準確的，因為在這些數字中，幾乎把所有歐美國家的人口都包括在內，都把他們算做是基督教徒。 但是實際上，有許多人只是名義上的基督徒，他們平常很少上教堂，在成年以後，幾乎只有在婚喪喜慶的時候，才參加教會的活動。 他們所以還願意參加一些宗教儀式，只不過是當作一種社交活動，或者是作為一種他們祖先族裔的象徵。 近年來，歐洲國家人民對教會的支持率下降的很快，有一個統計數字說，在某些歐洲國家，有規律上教堂的人數只占總人口的百分之二。 因此，把幾乎所有歐美國家的人口都算做是基督徒，無疑是估計過高了。

基督教人口的快速擴張，是地理大發現以後，最近這幾百年的事。在 1492 年，哥倫布發現新大陸的一年，全世界的人口當中，基督徒少於 20%，而這些基督教人口，有超過百分之九十是在歐洲 [2]。也就是說，直到公元 1500 年左右，基督教還是侷促在歐洲一隅的地區性宗教。當時，基督教傳佈的範圍，比佛教和伊斯蘭教都要小。

隨著西方國家海權的興起，開始進行帝國主義侵略，在世界各地建立殖民地。基督教會在這場帝國主義的擴張中，扮演了一個重要的角色。不但在世界各地，建立了許多新的基督教國家，同時，還摧毀了當地人民的民族信仰，強迫當地的人民改信基督教。從 1492 年起到現在，不過五個多世紀，基督教就成為全世界人數最多，分佈最廣的宗教了。

我們分析起來，基督教之所以在今天變成了世界上最大的宗教，主要的原因有兩個。一個是基督教變成了羅馬帝國的國教。另一個就是西方國家在十六世紀以後的強勢地位和殖民侵略。基督教是在公元 392 年，正式變成了羅馬帝國的國教。當西羅馬帝國被入侵的蠻族滅亡之後，這些入侵蠻族的文化很低，基督教會就成為歐洲唯一有組織的精神力量。於是這些蠻族建立起來的國家，一個個都逐漸被基督教會轉化，基督教也成為他們的國教，而他們自己的民族信仰卻不見了。

從耶穌在大約公元 30 年左右被處死，到公元 325 年，羅馬皇帝君士坦丁（Constantine，約 272－337，306－337 在位）召開尼西亞（Nicaea）會議，是一個重要的轉化時期 [3]。在基督教變成國教之前，羅馬帝國對於各種宗教其實是很寬容的，只

要在皇帝像前祭拜向羅馬表示效忠就可以了。 只有猶太教和基督教拒絕這樣做。 基督教會覺得這樣做是讓宗教的地位低於國家，對於皇帝的崇拜是一種多神和偶像崇拜的表示。 在羅馬皇帝尼祿（Nero，公元 37－68，54－68 在位）之前，兩邊還可以共存，法律允許猶太人例外，基督教因為起初與猶太教混在一起，也享有同樣的特權[4]。

我們在前面已經從羅馬史家塔西陀（Tacitus，56－117）的記載可以看到，羅馬人對於基督教原來是很鄙視的。 塔西陀（Tacitus）在他的《編年史》（*Annals*）第十五章第四十四節中記道：「這個宗派的創始者，基督，在提比留斯（Tiberius）皇帝的時候，被巡撫本丟·彼拉多（Pontius Pilate）判處死刑，這個教派當時遏制下去了，可是這個可惡的迷信不但在原來出現這種邪惡的地方猶地亞（Judea），而且在羅馬，又爆發了出來，在那裏所有可怕和可恥的事都在湧現和成長。」他對於基督教的觀感是非常負面的。

這樣反對基督教的記載很多，但是後來大多被基督教會銷毀了。 其中，公元 177 年到 180 年間，羅馬皇帝奧利留（Marcus Aurelius，公元 121－180，161－180 在位）的時代，羅馬哲學家賽爾索（Celsus）在他的《論真道》（*True Doctrine*）一書中攻擊基督教[5]。 他也特別提到基督徒竄改福音書的事[6]。 賽爾索（Celsus）在書中說，有些基督徒「為了贏得跟批評他們的人的爭辯，他們竄改原來福音書的文字三、四次，甚至更多次」（altered the original text of the Gospels three or four times, or even more, with the intention of thus being able to destroy the arguments of their critics.）。

　　賽爾索（Celsus）是公元二世紀的人，也是羅馬的哲學家[7]，他信奉古羅馬的多神教，在 177-180 年間，寫了《論真道》四卷，反對基督教。他指出：基督教源自猶太教，而猶太人卻反對它；在許多其他宗教中都有類似耶穌復活的傳說；基督教是秘密的非法社團，不忠於羅馬帝國，威脅著帝國的安全；呼籲基督徒服從帝國政策，信仰羅馬神祇。他並且指出基督教內部存在的種種矛盾：在各派之間，早期同當代，耶穌與使徒所說的不一致，基督教的經典各卷也經過多次修改而無法確定真偽等。賽爾索的原著已佚，大部分的引語和轉述見於基督教士奧利金（Origen，約 185-約 254）的《駁賽爾索》一書[8]。關於耶穌是處女所生的故事，賽爾索寫道：

　　「多麼荒唐的事！顯然基督徒是利用了達那厄（Danae）和麥尼彼（Melanippe）或者奧杰（Auge）和安梯沃彼（Antiope）的神話，來編造耶穌由童貞女所生的故事……總之，那些古老的希臘神話認為帕爾休斯（Perseus）、阿姆菲翁（Amphion）、阿伊克斯（Aeacus）和彌諾斯（Minos）係神所生，這些神話故事是這些人為了人類利益所做的神奇業績的最好證據─這些神話故事的可信度並不比你的追隨者們的故事來得低。你的言辭和行為究竟成就了什麼業績，可以跟昔日那些英雄比美呢？」[9]

　　他又說基督教都是在下層社會流傳，是下層人的宗教：

　　「然而，首先，我必須討論耶穌，那個所謂的救世主的問題，他在不久前曾講授過一些新的教義，而且被認為是上帝的兒子。我將努力說明，這個救世主欺騙了許多人，誘使他們去

接受一種對人類福祉來說是有害的信仰形式。 由於這種宗教的根源在於低下的階層中，因此它得以繼續在平民中傳播：不但如此，甚至還可以說，它之所以得以傳播的原因，就在於其低俗的性質和信眾的沒有文化。 雖然有一些比較溫和的、明事理的以及有理智的人傾向於用隱喻的方式來解釋基督教的信仰，但是它仍在以原來那種純粹的低俗形式在無知者中繁榮興旺。」[10]。

我們現在只能從奧利金（Origen）的《駁賽爾索》（*Against Celsus*）這本書來部分了解賽爾索的《論真道》（*True Doctrine*）了，他覺得他的文明是與舊的羅馬信仰連在一起的，他覺得基督教是他維護信仰的最大敵人。 賽爾索攻擊基督教經典的可信度、雅威的性格、耶穌神蹟的真實性、耶穌的死與他的神性的不合等。 他說：

「假設說神像一個廚子一樣，會帶著火來，把所有的人類都燒死，不只是把當時活著的人燒死，還要把那些老早就已經死了的，還要把他們從地裏面升起來，又有了跟原來一樣的血肉身軀，再被燒死，而只有基督徒才會留下來，這真是愚蠢。 沒錯，這都是一些賤蟲的信仰。……只有那些頭腦簡單的、莫名其妙的、沒有知覺的、像是奴隸、女人、還有小孩，只有這些人，基督徒才能勸去信教，就是那些只會披羊毛的、那些粗笨的工人、那些最沒有受過教育的人、以及那些平民、只有那些罪犯，……或者那些老天爺都不會要的笨蛋才會相信。」[11]。

賽爾索對於基督教的傳播很吃驚，基督教徒敵視不信基督教的人，對於服兵役，對於國家也都敵視，如果羅馬帝國的居民都信這樣一種宗教的話，帝國怎麼能夠抵擋野蠻民族？但是，

他的呼籲沒有能夠得到重視，而在基督教變成羅馬帝國的國教以後，他的書也被銷毀了，如果不是奧利金寫書來反駁他的話，甚至後人也不會知道他的主張[12]。

《羅馬帝國興亡史》（*History of the Decline and Fall of the Roman Empire*）的作者，英國史學家吉朋（Edward Gibbon，1737－1794）認為，基督教的興盛是羅馬帝國滅亡的原因。他說：基督教摧毀了舊的信仰，而羅馬帝國的道德性質和穩定是基於這種舊信仰的。基督教對古典的文化宣戰。基督的勝利造成了羅馬帝國的滅亡。

近代史學家杜蘭（William J. Durant，1885－1981）在討論吉朋這一論點的時候說：

「這位最偉大的歷史學家認為基督教是羅馬衰敗的主要原因。他和贊成他的人都說，因為這個宗教摧毀了舊的信仰，而這個舊信仰卻是在精神方面給羅馬帝國提供了道德標準，給羅馬帝國提供了國家穩定的。這個宗教對古典的文化宣戰──對於科學、哲學、文學和藝術宣戰。它把一種讓人虛弱的東方神秘主義，帶到羅馬講究實際而堅忍的思維中來；它把人們的思想從現世轉移到為世紀末日而做準備，把人們引誘到只會經由禁欲和祈禱來尋求個人解救，卻不會為國家奉獻而得到大家共同的解救。它破壞了帝國團結，而這種團結是軍人出身的羅馬皇帝努力維持的；它讓它的信徒對於為國家任職，和在軍中服役，都沒有了意願；它鼓勵一種和平、不抵抗的道德，而帝國的存在卻需要戰鬥的意志。基督的勝利變成了羅馬的死亡。」[13]。

吉朋的歷史見解，雖然不是所有的史學家都同意，但是近代

史學家杜蘭（William J. Durant，1885-1981）認為吉朋的說法有一定的道理。 不過，他以為基督教的成長是羅馬帝國衰敗的結果而可能不是它的原因 14。 歷史學家容或有不同的看法，但是，基督教的興起與羅馬帝國衰敗之間的關係，卻是發人深省的。

羅馬帝國對於各種宗教，原來是相當自由放任的。 但是，由於幾個原因，使得羅馬帝國政府開始對基督教加以限制。 第一，基督教徒不向羅馬神廟獻祭，而羅馬皇帝是羅馬神廟的最高祭司，因此被認為是蔑視羅馬政府。 第二，基督教會是一個非常「封閉」的團體，儼然是一個國中之國，引起羅馬政府的警惕。 第三，所謂「聖餐」被懷疑是吃人的血肉。 第四，基督教團體的集體生活被懷疑是搞不道德的活動。

有的紀錄說公元 64 年羅馬城大火，羅馬皇帝尼祿（Nero，公元 37-68，54-68 在位）歸咎於基督教徒，開始迫害基督教。 在羅馬殺戮基督徒，甚至燃燒他們的身體當作蠟燭。 這次鎮壓主要是在羅馬城，其他各省也受到波及。 基督教的活動因而轉入地下。 過去把這當作是羅馬帝國第一次公開的迫害基督教 15。

但是這個說法，近年來受到學者們的質疑。 他們認為羅馬皇帝尼祿由於羅馬大火而迫害基督徒的可信度成疑。 因為公元 64 年的羅馬火災，其實範圍並不很廣，也不是尼祿自己縱火的。 說尼祿借這個機會來迫害基督徒，只見於塔西陀（Tacitus，56-117）的記載，而塔西陀對於尼祿是有意見的。 因此，這件事很可能只是塔西陀到了公元二世紀初，把羅馬大火和迫害基督徒兩件事連在一起的結果。 羅馬帝國的宗教政策其實是很寬容的，各地雖然偶而會有迫害基督徒的事情，但多

屬當地政府和人民對於基督徒有某種程度的反感所造成，不是羅馬帝國政府的政策，也不是全國性的事件，甚至往往也不是只針對基督教 [16]。

從一世紀末到二世紀中，羅馬帝國政府對於基督教，基本上採取了容忍、懷柔的政策，這加快了基督教與猶太教的分離。從公元 180 年到三世紀中葉的 70 年間，除去公元 202 年到 211年，以及 235 年到 238 年共 12 年中，曾對基督教一度鎮壓外，羅馬政府對基督教還是採取懷柔加限制的政策。到了三世紀中葉，基督教會的發展，引起羅馬皇帝戴修斯（Decius，約 201－251，249－251 在位）的警惕，開始對基督教進行鎮壓。公元 250 年到 260 年間，羅馬政府對基督教的鎮壓時斷時續。公元 260 年，羅馬皇帝加里安努（Gallienus，約 218－268，260－268 在位），在登位後宣布基督教為合法宗教，准許基督教自由活動。此後的四十年稱為「長期和平時期」，教會的勢力大為發展。到了公元 284 年，戴克里先（Diocletian，約 244－311，284－305 在位）繼任為羅馬皇帝，他起先繼續對基督教的懷柔政策，但是羅馬政府內部出現了分歧的意見。到了公元 303年，戴克里先發動了鎮壓。這次的鎮壓持續了兩年。一直到公元 305 年，戴克里先退位才結束。

從第四世紀起，羅馬帝國對基督教的政策發生了重大的轉變。羅馬皇帝先後發佈敕令，宣布承認基督教為合法宗教，進而支持和利用基督教。公元 311 年，羅馬皇帝加勒里烏（Galerius，約 258－311，305－311 在位）發佈敕令，允許基督教徒信仰自由。這被稱為「寬容敕令」。

　　公元四世紀初，羅馬帝國的軍人為了爭奪權力，發生內戰。君士坦丁（Constantine，約 272-337，306-337 在位）與馬先提阿斯（Maxentius，約 276-312，306-312 在位）作戰之前，說他在天上看到一個十字架，第二天早上，他又夢到一個聲音告訴他要在兵士的盾上劃字，讓他在此役中獲勝。

　　君士坦丁後來成為西羅馬的皇帝。公元 313 年，他與東羅馬帝國皇帝李錫尼（Licinius，約 265-325，308-324 在位）達成協議，發佈米蘭敕令（Edict of Milan），結束對基督教的迫害。公元 324 年，他擊敗李錫尼成為羅馬帝國唯一的皇帝。不過，君士坦丁對基督教的作法，主要是政治上的，他對於教義並不關心，基督教對他是一個方法、手段而不是目的。當時，在羅馬和東部都有許多基督徒，這些地區是在他對手的控制之下，因此他支持基督教，對他來說無異於增加了許多軍隊。

　　君士坦丁死於公元 337 年。在君士坦丁死後，他的三個兒子君士坦丁二世（Constantine II，316-340，337-340 在位），君士坦提烏（Constantius II，317-361，337-361 在位），和君士坦斯（Constans I，約 323-350，337-350 在位）分別繼承了帝國的一部分。其中，君士坦提烏（Constantius II）一直繼續到 361 年。到了那個時候，由君士坦丁的姪子朱利安（Julian，331-363，361-363 在位）繼任羅馬皇帝，他想要再度取締基督教，但是他在位時間很短，取締基督教也沒有什麼效果。

　　到了公元 375 年，羅馬皇帝革拉先（Gratian，359-383，375-383 在位），宣布羅馬皇帝不再擔任羅馬神廟的最高祭司，並且禁止人民向神廟獻祭。公元 380 年，皇帝狄奧多西一世

（Theodosius I，約 346-395，379-395 在位）下令，除基督教
外，禁止其他各種教派活動。 公元 391、392 年，狄奧多西一世
連續下令，關閉一切異教的神廟。 基督教因而正式成為羅馬帝
國的國教 [17]。 基督教現在開始反過來，要迫害其他的宗教了 [18]。

　　史學家吉朋（Edward Gibbon，1737-1794）對於基督教最終
變成羅馬帝國的國教，列舉了五個可能的理由 [19]：

　　1. 基督教具有從猶太教傳來的，那種沒有彈性也不容忍的特
性。 但是，至少不像猶太教那麼狹窄

　　2. 對於來世有一套講法

　　3. 早期教會號稱擁有神秘的能力

　　4. 基督徒有比較清純而嚴格的道德

　　5. 比起其他宗教，基督教的團體比較團結而有紀律

　　羅素（Bertrand Russell，1872-1970）認為基督教有一本經
書也是一個重要的理由，因為《舊約》有久遠的歷史，有從頭
到現在的解釋。 對於現代人來說，《舊約》的歷史是個神話，
但是對於古代人來說，可就不然了，他們是會相信的。 另外有
些學者認為，由於基督教在下層社會發展的很快，士兵中有很
多人是基督徒。 這對於像君士坦丁這樣的當權者，會有重大的
影響。 後來由於教徒人數逐漸增多，基督教會也開始有反擊的
能力了。

　　早期的基督教的確有相當的優點，才能在羅馬帝國中傳播
開來，而且能夠經得起迫害。 不論原因是什麼，基督教的人口
越來越多，終於使君士坦丁以及後來的羅馬皇帝，不得不從鎮
壓，變成容忍，後來更由於利用基督教，而變得不得不以基督

教為國教了。

注釋

1. 另外，根據1995年美國政府出版的統計摘要，基督教徒約有19億2千7百萬，佔世界人口的百分之33.7。在基督教徒當中，又可以細分為：天主教有9億6千8百萬人，基督新教有3億9千5百萬人，東正教徒有2億1千7百萬人，英國國教教徒有7千萬人。其他的各種基督教派人數還有2億7千5百萬人

2. David Chidester, *Christianity- A Global History*, HarperSanFrancisco, 2000年, 537頁

3. 見(1) R. W. Funk, *Honest to Jesus*, HarperSanFrancisco, 1996年，31頁。(2) W. Durant, *Caesar and Christ-The story of civilization III*, Simon and Schuster, 1944年，646頁

4. W. Durant, *Caesar and Christ-The story of civilization III*, Simon and Schuster, 1944年，646頁

5. 見J. D. Crossan, *Jesus, a revolutionary biography*, HarperSanFrancisco, 1994年，27頁

6. 見Graham Stanton, *The Gospel Truth? New light on Jesus and the Gospels*, Trinity Press, 1995年，第35頁

7. 見(1) W. Durant, *Caesar and Christ-The story of civilization III*, Simon and Schuster, 1944年，606頁。(2) G. Stanton, *The Gospel Truth?* Trinity Press, 1995年，第35頁。(3) J. D. Crossan, *Jesus, a revolutionary biography*, HarperSanFrancisco, 1994年，27頁

8. 參考任繼愈主編，《宗教大辭典》，上海辭書出版社，1998年，646頁

9. 中文翻譯見《耶穌傳》，John Crossan著，高師寧、段琦的譯本，第39頁，此處做了修改。這一段的英文見：J. D. Crossan, *Jesus, a revolutionary biography*, HarperSanFrancisco, 1994年，27頁：

   What absurdity! Clearly the Christians have used the myths of the Danae and the Melanippe, or of the Auge and the Antiope in fabricating the story of Jesus' virgin birth....After all, the old myths of the Greeks that attribute a divine birth to Perseus, Amphion, Aeacus and Minos are equally good evidence of their wondrous works on behalf of mankind-and are certainly no less lacking in plausibility than the stories of your followers. What have you done by word or deed that is quite so wonderful as those heroes of old?

10. 中文翻譯見《耶穌傳》，高師寧、段琦的譯文，第40頁，筆者稍有修改。按：這一段的英文見：J. D. Crossan, *Jesus, a revolutionary biography*, HarperSanFrancisco, 1994年，27頁：

    First, however, I must deal with the matter of Jesus, the so-called savior, who not long ago taught new doctrines and was thought to be a son of God. This savior, I shall attempt to show, deceived many and caused them to accept a form of belief harmful to the well-being of mankind. Taking its root in the lower classes, the religion continues to spread among the vulgar: nay, one can even say it spreads because of its vulgarity and the illiteracy of its adherents. And while there are a few moderate, reasonable, and intelligent people who are inclined to interpret its beliefs allegorically, yet it thrives in its purer form among the ignorant.

11. 這一段的英文是：It is silly to suppose that when God, like a cook, brings the fire, the rest of mankind will be roasted, and only the Christians will remain- not merely the living ones, but those who died long ago, rising from the earth with the identical flesh they had before. Really, it is the hope of the worms!..... It is only the simpletons, the ignoble, the senseless-slaves and women and children-whom Christians can persuade-wool-dressers, and cobblers and fullers, the most uneducated and common men, whoever is a sinner.....or a godforsaken fool.

12. 見W. Durant, *Caesar and Christ-The story of civilization III*, Simon and Schuster, 1944年，606頁

13. 這一段的英文是：The greatest of historians held that Christianity was the chief cause of Rome's fall. For this religion, he and his followers argued, had destroyed the old faith that had given moral character to the Roman soul and stability of the Roman state. It had declared war upon the classic culture-upon science, philosophy, literature, and art. It had brought an enfeebling Oriental mysticism into the realistic stoicism of Roman life; it had turned men's thoughts from the tasks of this world to an enervating preparation for some cosmic catastrophe, and had lured them into seeking individual salvation through asceticism and prayer, rather than collective salvation through devotion to the state. It had disrupted the unity of the Empire while soldier emperors were struggling to preserve it; it had discouraged its adherents from holding office, or rendering military service; it had preached an ethic of nonresistance and peace when the survival of the Empire had demanded a will to war. Christ's victory had been Rome's death.

14. W. Durant, *Caesar and Christ-The story of civilization III*, Simon and Schuster, 1944年，667頁

15. 唐逸主編，《基督教史》，中國社會科學出版社，1995，55頁

16. 英文維基，Anti-Christian policies in the Roman Empire

17. 見唐逸主編，《基督教史》，中國社會科學出版社，1993年，59頁。又按：當時羅馬帝國，往往東西部同時有兩位號稱為奧古斯都（Augustus）的皇帝在位，因此在位年代有重複

18. 以上羅馬帝國政府與早期基督教的關係，見(1)唐逸主編，《基督教史》，中國社會科學出版社，1993年，54頁-59頁。(2)W. L. Langer主編，*An Encyclopedia of World History*, 1972年

19. B. Russell, *A History of Western Philosophy*, Simon and Schuster, 1945年，330頁起

第十五章
歷史上的基督教

　　基督教現在是世界上信徒人數最多的宗教。基督教自然有一些令人稱道的地方。比如，有些教徒的確有犧牲奉獻的精神。像是德雷莎修女（Mother Teresa，1910－1997），在印度為最窮苦的人們服務，數十年如一日。這種精神的確是很值得令人欽佩的。但是，這種情形畢竟是少數人的特例。而且，她的作為近來也受到一些人的批評，認為她表裏有些不一[1]。如果我們探討一下，在基督教兩千年的歷史上，究竟是為人們帶來的幸福多呢，還是帶來的災難多？這就不是一個容易回答的問題。

　　我們在前面，已經討論過，從基督教的經典和教義來看，實在談不上是一個「神愛世人」的宗教。《舊約》中充滿了暴戾之氣。耶和華也是一個殘酷、小氣而又偏私的以色列人民族神。《新約》中暴戾之氣比較少，但是，耶穌所倡導的道德，和他在《新約》福音書中所表現出來的言行，有些實在不足為法。尤其是他對於家庭價值的論斷，與一般正常社會的家庭倫理，出入甚大。與我們中國人崇尚孝道的傳統道德更是相去甚遠。

　　基督教有所謂「最後審判」（Last Judgment）的教義，也叫

做「末日審判」，這是基督教末世論的基本神學觀念。認為現實世界將會最後終結，那時上帝將審判一切活人和死人，蒙救者升天堂享永福，受罰者下地獄受永刑。魔鬼也將被丟入「火湖」中受永罰。《舊約》中稱之為「耶和華的日子」。《新約》繼承並發展了這種觀念，稱世界末日基督將再次降臨審判世界[2]。從《舊約》和《新約》的這種講法，我們就可以知道，基督教對於神的觀念，不是基於「愛」，而是基於「恐懼」[3]。基於對死亡的恐懼、和對於死後被審判的恐懼。因此，基督教的教義，盡量描繪地獄的可怕，恐嚇人們如果不信基督教，就會下地獄等等。

因為基督教已經有兩千年的歷史，基督教一旦建立了自己的權威地位，就用這種權威地位來控制一切。有一句話說的好：當基督教是少數的時候，它會向你要求自由，因為這是你的原則；但是一旦當它變成多數以後，它就不會給你自由，因為這不是它的原則。下面我們分別討論一些歷史事實，以便瞭解基督教帶給人類的一些苦難遭遇。

（1）教會中的異端

我們在前面，已經提到過，在二世紀的時候，一個基督教派的領導人馬西昂（Marcion，約 110－約 160）就已經了解到《舊約》中的上帝不是一個仁慈的神祇。馬西昂原來是一個富有的船主，後來信了基督教。但是，他認為《舊約》中的上帝，與《新約》中的上帝，有著本質上的差別，不是同一位神。前者只是「公義的上帝」，只能以「律法」來約束人，而

不能救人。 後者則是「善良的上帝」，因而愛憐人，並以人的
形象來到人間，是為了把人的靈魂從前者的管轄下拯救出來。
後者高於前者[4]。 其實，他是認為《舊約》中的神有暴戾之氣。
他不願意承認《舊約》中的神。 馬西昂派被當時的基督教會認
為是異端。

（2）羅馬帝國的國教

公元 4 世紀初，羅馬皇帝君士坦丁（Constantine，約 272－
337，306－337 在位）開始轉信基督教。 公元 380 年，羅馬皇帝
狄奧多西一世（Theodosius I，約 346－395，379－395 在位）把
基督教變成羅馬帝國唯一的國教。 公元 388 年，所有公開討論
宗教都成為非法，基督教反過來迫害其他的宗教了。 到了 435
年，所有其他宗教的信徒都要處死，只有猶太教是例外。 但是
猶太教徒被隔離，基督徒與猶太教徒的通婚要當成通姦罪來處
理，女人是要被處死的[5]。

自從基督教變成羅馬帝國的國教以後，所有其他的宗教都
受到迫害而消亡。 希臘人的主神原來是宙斯（Zeus），希臘的宗
教和神話也有著悠久的歷史，但是，在基督教變成國教以後，
希臘人自己的宗教就沒有了。 羅馬人也是一樣，羅馬人原來的
主神是丘必特（Jupiter）。 在基督教變成國教以後，這些也都變
成異端了。 後來入侵羅馬帝國的蠻族，原來也都有他們自己的
傳統民族信仰，但是這些在基督教變成國教，統攝一切的情況
下，在歷史上都被消滅了。

（3）基督教會對於古文化的影響

　　當西羅馬帝國滅亡以後，由入侵蠻族建立了新的國家，由於他們的文化程度低，一個個最後都改信了基督教。 基督教的權威至高無上，所有與基督教教義不合的主張都是異端，都是死罪。 當教會變成了權威的時候，科技都消失了。 在希臘時代，本來天文學已經很進步，可是黑暗的中世紀時代開始後，一直要到 16 世紀的哥白尼（Nicolaus Copernicus，1473－1543），才能再回復當年的水準。

　　當加利略（Galileo Galilei，1564－1642）要提倡日心說的時候，他受到異端審判，被判處終身監禁。 羅馬教廷一直要到 1992 年，教宗若望保祿二世（John Paul II，1920－2005，1978－2005 在位）才代表教會承認當初的判決是錯誤的，時間已經過去三百五十九年了。 但是教廷的人員，仍然不承認這是教廷方面的道歉[6]。 歷史也變成為教會服務，歷史學者布爾斯丁（Daniel Boorstin，1914－2004）說：「歷史變成了神學的註腳」（History became a footnote to orthodoxy.）[7]。

　　基督教會對於教育的影響也是一樣。 他們把跟教會不合的書都燒掉了。 公元 391 年，基督徒燒了在埃及亞歷山大城最大的圖書館，造成人類文化史上的浩劫。 為了清除異教的影響，教會也關閉了古老的學院。 公元 529 年，查士丁尼一世（Justinian I，483－565，527－565 在位）關閉了已經存在近千年，柏拉圖在雅典創立的學院。 中世紀人民沒有什麼機會受教育，只有教士可以學習。 哲羅姆（Jerome，約 342 至 347－420）是基督教四世紀的教士，也是拉丁文本《新舊約》的翻譯

者。 他很高興古典作者都被人忘掉了。 在基督教燒了許多年的書以後，一個希臘教士克里索斯妥姆（John Chrysostom，347－407）很驕傲的說：「古代世界的這些古哲學和古文學，所有的痕跡都從世界上消失了。」（Every trace of the old philosophy and literature of the ancient world has vanished from the face of the earth.）[8]。

所有與基督教義不合的藝術都被禁止。 古羅馬的大理石塑像被打碎做成石灰（lime）。 基督教會有名的教宗格列高利一世（Gregory the Great，約 540－604，590－604 在位）對此最為熱衷。

在中世紀，這些古代的文化大多都處在一種冬眠的狀態，甚至連典籍都沒有了。 一直到公元 1453 年，土耳其人攻陷君士坦丁堡，許多拜占廷帝國的學者到西歐避難，才把這些古典學術又帶進西歐。 這些都是中世紀，基督教唯我獨尊，排斥一切的結果。

（4）基督教會與政治權力的結合

基督教會聚集了許多財富。 教會同時也和政治權力結合。教會與世俗勢力結合的表現就是神聖羅馬帝國。 基督教的羅馬教宗李奧三世（Leo III，750－816，795－816 在位）在公元 800 年給查理曼大帝（Charlemagne，約 742－814，771－814 在位）加冕[9]。 後來，基督教會也在 962 年給神聖羅馬帝國皇帝奧托一世（Otto I，912－973，936－973 在位）加冕[10]。 德意志的君王，從公元 962 年到 1806 年，一直都用神聖羅馬帝國皇帝的

稱號。

　　教會用「發現」古代信件的方法，來表現凌駕於世俗政權之上的權力。 其中有一封信就是所謂「君士坦丁的贈與」（Donation of Constantine），號稱是君士坦丁給教宗西爾維斯特（Sylvester I，?-335，314-335 在位）[11] 寫的信，信中說：「我們給舉世的教宗，西爾維斯特，羅馬城以及所有義大利的省分、地區和城市，加上西部區域……」。 到了 16 世紀，這些信證明都是偽造的 [12]。

　　基督教教會變得很富有，12 世紀時，教會禁止教士結婚，以防止財產外流，因為教會有許多財產。 1326 年，教宗下令不准說耶穌和使徒沒有財產，否則就是異端。 有人為了要建立與神的直接關係，把《新舊約》翻譯成一般人可以了解的文字，這也被教會認為是異端，擁有這樣的《新舊約》是死罪 [13]。

（5）十字軍戰爭

　　1095 年，教宗烏爾班二世（Urban II，約 1035-1099，1088-1099 在位）號召十字軍去收復聖地。 十字軍東侵一共有八次，時間長達近兩百年（1096-1291）。 第一次東侵（1096-1099）分四路進軍，最後占領耶路撒冷，大肆劫掠，屠殺回教徒和猶太教徒七萬人，建立了耶路撒冷拉丁王國。

　　第二次（1147-1149）為響應耶路撒冷國王求援，要奪回被土耳其軍收復的埃德薩（Edessa），但遭到失敗。

　　第三次（1189-1192）企圖奪回已被埃及蘇丹薩拉丁（Saladin，約 1137 / 1138-1193，1171-1193 在位）攻克的耶路

撒冷，因薩拉丁頑強抵抗，未能取勝。

　　第四次（1202－1204）由教宗英諾森三世（Innocent III，1160－1216，1198－1216 在位）發動，起初為進攻埃及，後來在威尼斯的慫恿下，矛頭轉向威尼斯的商業勁敵，同樣信奉基督教的拜占庭帝國，最後攻陷君士坦丁堡，焚掠一週之久，在巴爾幹建立了拉丁帝國以取代拜占庭，不過，後來拜占庭在公元1261 年復國。

　　第五次（1217－1221）、第六次（1228－1229）和第七次（1248－1254）都以埃及為進攻目標；第八次（1270）進攻突尼斯，最後四次東侵都以失敗告終。歷次東侵所占的據點後來不斷喪失。

　　到了 1291 年，十字軍所占的最後一個據點阿克城（Acre）陷落。十字軍東侵最後徹底失敗 [14]。但是，這場大戰，持續近兩百年，造成信仰基督教和伊斯蘭教民族之間無數的傷亡和巨大的仇恨，一直到今天都沒有消除。

（6）異端審判所（Inquisition）

　　公元 1231 年教宗格列高利九世（Gregory IX，?－1241，1227－1241 在位）[15] 建立了異端審判所，獨立於主教之外，只對教宗負責。這個法庭把「確認有罪之前，都是無罪的」（innocent until proven guilty）的原則換成了「確認無罪之前，都是有罪的」（guilty until proven innocent）。在這種法庭，連申辯的機會都沒有。被定罪的人要沒收全部財產，其子女如果不願意指證父母，則沒有繼承權。審判者大多由多明我會

（Dominican Order）和方濟各會（Franciscan Order）的神父擔任。 判死刑者用火刑處死，因為說火刑可以不必流血。 而最殘忍的是酷刑室（torture chamber）的設立。 從 1252 年教宗英諾森四世（Innocent IV，約 1195－1254，1243－1254 在位）起，開始對犯人用酷刑，一直到 1917 年才停止。 異端審判一直延續到 1834 年都還有 [16]。

（7）女巫

1320 年，教宗約翰二十二世（John XXII，約 1244－1334，1316－1334 在位），允許用異端裁判來審判巫術。 1484 年，教宗英諾森八世（Innocent VIII，1432－1492，1484－1492 在位）授權有系統的迫害女巫。 如果不信有女巫就成了異端。 被人告發為女巫後，先是問話，其次就是驗身。 檢驗的方法是把女人的衣服脫光，看有沒有什麼印記。 如果沒有，還可以用針刺眼睛，如果有地方不感光，也可以當作證據。 其他審判異端的酷刑也都可以用。 除非在受刑的時候死掉，否則要被燒死。 因為處死的地方是街頭，因此常用木頭作的箝口具（gags）把舌頭枷住，或者把舌頭割掉以免她講話 [17]。

最常被指為女巫的是一些老婦。 接生婆也是可能的目標。因為基督教以為產後，母子都要離開教會，必須要再重新加入。 如果生兒子，要等四十天，生女兒則要等八十天。 如果產婦在這期間死了，就不能有宗教葬禮。 要問在審判女巫中到底死了多少人，現在已經沒有辦法查了。 有一個烏茲堡（Wurtzburg）的主教曾經驕傲的說，在五年之內他找到了一千

九百個女巫。 另一個路德教士，說他判了兩萬人的刑。 有一個紀錄說，有兩個村子的女人除了兩個以外，都不見了。 迫害女巫的主要年代是從公元 1450 年到 1750 年，但是一直到 1928年，都還有審判女巫的事例。 甚至到了 1976 年和 1981 年，仍然不時有一些說是女巫的事情傳出 [18]。

（8）宗教戰爭

　　宗教戰爭是一種最可怕的戰爭，因為作戰的雙方，都認為自己是站在正義的一方，因此，殺戮起來最為殘酷。 我們已經看到，從 1096 年到 1291 年，將近兩百年間的十字軍戰爭就是一種為了標榜宗教目的而發動的戰爭。

　　西羅馬帝國在公元 476 年滅亡以後，羅馬教宗在西部教會的地位日益提高，東部君士坦丁大主教在東羅馬皇帝的支持下，與羅馬教會對持，最後導致了 1054 年東西教會的分裂。 形成了羅馬天主教與希臘正教的區分。

　　馬丁・路德（Martin Luther，1483－1546）在 1517 年為了抗議天主教會的腐敗，引發了宗教改革（Reformation），在歐洲西部的基督教又引起了一次分裂。 結果形成了脫離羅馬天主教的基督新教。 而在基督新教中，又分為許多不同的派別。 由於教派的不同，歐洲在此後的數百年中，發生了非常多的，因為宗教因素而引起的戰爭，比如說 1618 至 1648 年間的三十年戰爭，就是其中比較顯著的一個。

　　我們中國人，在孔子儒家哲學的影響之下，是世界上宗教意識最為淡薄的一個民族，特別是中國的知識分子，歷來都是

敬鬼神而遠之。 因此，中國歷史上，可以說沒有發生過什麼主要因為宗教因素而引發的戰爭。 如果說有，就是 1850 年到 1864 年的太平天國戰爭。 而這正好是在基督教傳到中國的影響下所發生的一場內戰。 宗教戰爭對於人民的福祉影響甚大。 這是基督教在歷史上最為惡劣的影響之一。

（9）對於學術的迫害

　　基督教自從成為羅馬帝國的國教以後，就開始對持不同意見的學者進行迫害。 中世紀的歐洲，基督教的勢力籠罩一切。 任何人只要提出與基督教教義不同的主張，都是可以處死的罪名。 對於學術的迫害，自然更不在話下。 我們在此僅舉出幾個比較知名的例子。

　　埃及亞歷山大城的圖書館，是托勒密王朝從公元前 3 世紀以來所建立的皇家圖書館，也是當時世界上最大的圖書館。 但是，由於基督教會要消除一切異端，因此公元 391 年由羅馬皇帝狄奧多西一世（Theodosius I，約 346–395，379–395 在位）下令，由亞歷山大的總主教狄奧菲勒斯（Theophilus of Alexandria，384–412 在職）執行，把圖書館燒掉了。 這是人類文化史上的浩劫。 我們在前面已經提到過了。

　　希帕夏（Hypatia，約公元 370–415）是埃及亞歷山大城一位女學者，她是一位哲學家、數學家和教師。 她的父親提翁（Theon of Alexandria，約 335–約 405）是亞歷山大圖書館的最後一位主持學者（fellow）。 公元 415 年，希帕夏被基督徒暴徒以非常殘酷的手段殺害，其罪名就是研究異教知識。

　　生於西班牙的塞爾維特（Michael Servetus，1511－1553）是醫生，也是一個神學家。 他在 1531 年出版了《論三位一體的錯誤》（*De trinitatis erroribus*，英文譯名 *On the Errors of the Trinity*）一書，反對教會的三位一體主張。 他深入研究了解剖學，發現血液在肺中的小循環。 1553 年，他出版了《論基督教的復原》（*Christianismi restitutio*）一書，在這本討論神學的書中，他也寫下了他有關人體結構和功能的研究結果，說明了血液小循環的機制。

　　他的宗教觀點為當時控制了日內瓦的神學家加爾文（Jean Calvin，1509－1564）視為異端。 1553 年 4 月，他被居住地的法國異端裁判所拘捕，判處死刑。 他逃離法國，但是在經過日內瓦的時候，又被拘捕。 1553 年 10 月 27 日，被加爾文的日內瓦政府綁在火柱上燒死。 他的著作《論基督教的復原》也都被焚，只有三本逃過這個厄運流傳了下來。

　　布魯諾（Giordano Bruno，1548－1600）是意大利人，原來是一個修道士，由於他接受了哥白尼的日心說，被革除了教籍。 1576 年，不得不逃出修道院，離開意大利，過著流亡的生活。 他曾經出版了約二十本書，其中在 1584 年，他出版了《論無限宇宙及世界》一書（*De l'Infinito, Universo et Mondi*，英文譯名是 *On the Infinite Universe and Worlds*），在書中他提出了宇宙無限的想法。

　　在布魯諾的宇宙中，太陽不再是中心，這對於教會的說法是直接的挑戰。 1592 年，教會收買了布魯諾的一個朋友，把他騙回意大利。 在經過長達八年的囚禁後，他始終不肯屈服。 他

在被判死型的法庭上，對法官們說：「你們在對我做這項判決時的恐懼，可能會比我接受這個判決的恐懼還要多（Perhaps you, my judges, pronounce this sentence against me with greater fear than I receive it.）」。 1600 年 2 月 17 日，布魯諾終於被燒死在羅馬的百花廣場（Campo Dei Fiori）[19]。

另外一個被殺的學者是瓦尼尼（Lucilio Vanini，1585－1619）。 他是意大利人，是一個哲學家、醫生，也是一個自由思想家。 他認為世界是根據自然定律來運行的。 他還提出生物演化的想法，認為人和猿猴可能有共同的祖先。 跟布魯諾一樣，他也批評經院哲學。 他被懷疑是無神論者，1618 年被捕，經過冗長的審判，他被判處死刑，1619 年 2 月 9 日，他先是被割掉舌頭，然後綁在柱子上勒死，屍體也被燒成灰。

（10）對世界各地人民的強迫改信

公元 1492 年，哥倫布發現新大陸，歐洲國家海權強盛以後，到世界各地建立殖民地。 基督教會強迫美洲印第安人改信基督教，大量的奴役和迫害印第安人，即使讓印第安人絕種也不在意。 比如說，原來在秘魯印加帝國的印第安人，當初人口有一千兩百萬，由於西班牙人和基督教會的迫害，也因為西班牙人帶來的病菌，過了不多久之後，秘魯的印第安人的人口竟然銳減到只剩六十萬。

到了 1570 年，美洲也有異端審判了。 美洲印第安人如果不願意信基督教，就會像異端一樣的被燒死。 1493 年教宗訓示，只要南美洲的印第安人不信教，就可以對他們宣戰。 教會支持

奴隸制，用〈利未記〉25：44-46當作是支持奴隸制的根據。 這一段是：「至於你的奴僕、婢女，可以從你四圍的國中買。 並且那寄居在你們中間的外人，和他們的家屬，在你們地上所生的，你們也可以從其中買人，他們要作你們的產業。 你們要將他們遺留給你們的子孫為產業，要永遠從他們中間揀出奴僕，只是你們的弟兄以色列人，你們不可嚴嚴的轄管。」

保羅也說過奴隸要服從的話。 因此，對於美洲的奴隸制，教會也是贊成的。 不過，要把他們變成基督徒。 因為這樣他們就會變得更為溫馴和服從。

葡萄牙人在遠東，毀壞神塔，消滅原來的風俗。 1614年日本的德川家康（Tokugawa Ieyasu，1543－1616）譴責傳教士說：「他們想推翻政府，讓他們自己變成這塊土地上的主人」[20]。 中國的情況也是一樣，康熙與雍正皇帝把天主教逐出中國，除了禮儀問題以外，對於外國勢力的入侵，也有很高的自覺。 雍正帝曾對傳教士說：「……你們想把中國人變成教徒，這是你們道理所要求的。 但我們會變成什麼樣子，我們豈不很快成為你們君王的順民嗎？教友只認識你們，一旦邊境有事，百姓惟爾等之命是從。 現在雖然不必顧慮及此，但等到萬千戰艦來我海岸之時，則禍患就大了。」[21]。

我們在前面提到，在基督教徒中的確出現過一些具有犧牲奉獻精神的人，德雷莎修女就是其中一個。 在中西交往的初期，西方傳教士也的確為中國人介紹了一些西方的物質文明和學術，為當時相當封閉的中國，增添了新的風氣。 但是，這些都是當時特殊歷史環境下的產物。 而他們的目的，還是為了傳教。 如

果我們回顧一下基督教在歷史上所產生的作用時，我們就會發現，基督教在歷史上製造過太多不可原諒的錯誤，為人類製造了許多不必要的災難。 尤其是基督教迷信的教義和禁錮人心的作法，與人類的進步是不相協調的。 近年來，在比較先進的歐洲國家，基督教徒在人口中的比例不斷的下降。 美國基督徒的比例原來在歐美開發國家中是最高的，但是近十數年來也以每年大約百分之一的速度在迅速下降[22]。 就是這種覺醒情形的一種反映。

注釋

1. Christopher Hitchens於1995年出版了一本書：*The Missionary Position-Mother Teresa in Theory and Practice*。在書中，作者批評德雷莎修女，說她不但把給印度窮人的捐款轉作了別的用途，到其他國家去蓋天主教的修道院，而且鼓勵一種認命的、屈服於苦難的宗教思想。報導中還說德雷莎修女給印度病人的醫療相當原始，可是在她自己生病的時候，卻跑到先進國家去接受非常昂貴的治療

2. 見《基督教辭典》，北京語言學院出版社，1994年，667頁

3. H. Ellerbe, *The Dark Side of Christian History*, Morningstar Books, 1995年，第5頁也持同樣看法

4. 見任繼愈主編，《宗教大辭典》，上海辭書出版社，1998年，509頁

5. H. Ellerbe, *The Dark Side of Christian History*, Morningstar Books，1995年，29頁

6. 見(1)James Reston, Jr. *Galileo-a life*, HarperCollins Publishers, 1994年，283頁。(2)另外可參考H. Ellerbe, *The Dark Side of Christian History*, Morningstar Books，1995年，42頁

7. 見H. Ellerbe, *The Dark Side of Christian History*, Morningstar Books，1995年，45頁。按：D. Boorstin是美國歷史學者，在1975-1987年間曾任國會圖書館館長（librarian of Congress）

8. H. Ellerbe, *The Dark Side of Christian History*, Morningstar Books，1995年，第48頁。 按：克里索斯妥姆是基督教在敘利亞和君士坦丁堡的主教

9. 查理曼的生卒見*The World Book Encyclopedia*, World Book Inc.1985年。在位年代，見W. L. Langer, *An Encyclopedia of World History*, Houghton Mifflin Co. 1972年

10. 年代見*The World Book Encyclopedia*, World Book Inc.1985年

11. 參考任繼愈主編，《宗教大辭典》，上海辭書出版社，1998年，1127頁

12. H. Ellerbe, *The Dark Side of Christian History*, Morningstar Books，1995年，63頁

13. H. Ellerbe, *The Dark Side of Christian History*, Morningstar Books，1995年，58頁

14. 見(1)任繼愈主編，《宗教大辭典》，上海辭書出版社，1998年，十字軍東侵條，730頁。以及(2) H. Ellerbe, *The Dark Side of Christian History*, Morningstar Books，1995年，64頁

15. 參考任繼愈主編，《宗教大辭典》，上海辭書出版社，1998年，1131頁

16. H. Ellerbe, *The Dark Side of Christian History*, Morningstar Books，1995年，78頁

17. H. Ellerbe, *The Dark Side of Christian History*, Morningstar Books，1995年，121頁起

18. H. Ellerbe, *The Dark Side of Christian History*, Morningstar Books，1995年，121頁起

19. (1) L. Motz and J. H. Weaver, *The Story of Physics*, Springer, 1989, p.36.

(2) 鮑耀三，張純成主編，《簡明自然科學史》，河南大學出版社，1988年，88頁

20. H. Ellerbe, *The Dark Side of Christian History*, Morningstar Books，1995年，86頁起，作者引的英文原句是wanting to change the government of the country and make themselves masters of the soil

21. 見顧衛民，《中國與羅馬教廷關係史略》，87頁。原引資料為L. W. Allen: *Jesuits at the Court of Peking*, 262頁-265頁。雍正帝的原文是：「汝等欲中國人人為天主教徒，此為汝等之宗旨，朕所稔知。果爾，則朕等將為何種人，將為汝國君之臣屬耶？汝等所勸化之教徒，目中唯有爾等，一旦有事，彼等唯汝言是聽。朕知今日無所畏懼，然洋船千百沓至，必將生事。」見任延黎主編，《中國天主教基礎知識》，宗教文化出版社，2005年，254頁。

22. (1) In U.S., Decline of Christianity Continues at Rapid Pace, Oct.17, 2019. https://www.pewforum.org/2019/10/17/in-u-s-decline-of-christianity-continues-at-rapid-pace/

(2) America's Changing Religious Landscape, Pew Research Center, May 12, 2015, http://www.pewforum.org/2015/05/12/americas-changing-religious-landscape/

第十六章
基督教如何傳入中國？

　　基督教傳入中國前後一共有四次。 第一次是在唐朝的時候，基督教的一個派別聶斯脫利派（Nestorians）傳入中國。聶斯脫利派我們在前面已經介紹過了。 聶斯脫利派公元 5 世紀傳到東方國家。 創始人是君士坦丁堡教區大主教聶斯脫利（Nestorius，約 380－451）。 他認為耶穌是人，耶穌克服了人類的軟弱性，成為彌賽亞。 根據這一理由，認為童貞女馬利亞不是「上帝之母」，而只是「基督之母」。 聶斯脫利指出，基督神人二性只是相對結合在一起，而非完全融合。 公元 431 年在以弗所大公會議上被斥責為異端[1]。

　　聶斯脫利派在公元七世紀傳入中國，稱為景教。 但是，在唐武宗（814－846，841－846 在位）下令滅佛後，景教也受到牽連，以後一蹶不振。 基督教第二次傳入中國是在元朝，稱為也里可溫教，包括景教和羅馬天主教在內。「也里可溫」是蒙古語「有福祿之人」的音譯[2]。 但是，在元朝滅亡後，也在中國消聲匿跡了。

　　基督教第三次傳入中國，是在明末清初的時候，羅馬天主

教傳入中國。 到中國來的西方傳教士中，以利瑪竇（Matteo Ricci，1552－1610）最為有名。 但是，到了康熙（1654－1722，1661－1722 在位）年間，天主教因為禮儀問題，與中國發生衝突。 被康熙、雍正（1678－1735，1722－1735 在位）兩位皇帝驅逐出中國。 公元 1724 年，雍正皇帝正式下令禁止天主教。 基督教第三次傳入中國，又歸失敗。 基督教第四次傳入中國，是在鴉片戰爭之後。 這次的情形不同了。 中國因為戰敗，簽訂了不平等條約，不得不開放讓傳教士進入中國傳教。 這一次，天主教和耶穌教都來到中國。

　　前兩次基督教傳入中國，都已經煙消雲散。 跟現在比較有關係的，是第三次和第四次的傳入中國。 下面我們介紹一下比較詳細的情形。

　　基督教第三次傳入中國是在明朝末年。 公元 1557 年，明朝的嘉靖皇帝（1507－1567，1521－1567 在位）准許葡萄牙商人租用澳門堆曬貨物，傳教士乘機進入澳門。 因為當時明朝政府採取鎖國政策，因此拒絕了他們進入內地傳教的要求。 明朝年間來中國傳教的大都是天主教的耶穌會士（Jesuits）。 耶穌會是天主教的主要修會之一，公元 1534 年由西班牙人伊納爵・羅耀拉（Ignacio de Loyola，約 1491－1556）創建於巴黎[3]。

　　第一個來華的耶穌會士是方濟各・沙勿略（Francis Xavier，1506－1552），他是西班牙的耶穌會士，到過印度、錫蘭、馬來亞，1549 年到日本傳教。 1551 年企圖進入中國，但是因為明朝海禁，死於廣東上川島。 繼沙勿略之後的耶穌會傳教士，以利瑪竇（Matteo Ricci，1552－1610）最為有名。 他在 1582 年抵達

澳門，次年進入廣東傳教，後來更到了南京、南昌等地。 1601年獲准在北京長住。 利瑪竇結交中國的士大夫，改著儒服，盡可能的將基督教思想與儒家文化結合起來。 他對天主教的某些教義做了重大的變通，以適應中國的社會。 他也將當時的西方科學技術介紹到中國。 他曾與徐光啟合譯歐幾里得（Euclid，約公元前 325-265）的《幾何原本》（*The Elements*）前六卷。 後九卷則是後來由李善蘭（1811-1882）與偉列亞力（Alexander Wylie，1815-1887）譯出的 [4]。 當時的明朝政府為了對抗關外的滿清，很需要西洋的火砲，因此也很希望得到西洋傳教士的幫助。 利瑪竇於 1610 年病逝於北京。 在他之後來華的一些傳教士基本上也仿效他的作法，如意大利籍的艾儒略（Julio Aleni，1582-1649），德國籍的湯若望（Johann Adam Schall，1591-1666），和比利時籍的南懷仁（Ferdinand Verbiest，1623-1688）。 湯若望和南懷仁先後在明清兩朝擔任欽天監，主管修訂曆法。

　　利瑪竇為了要使中國人容易接受基督教教義，他改著儒服，研習儒家經典。 他所著的《天主實義》，盡可能引用中國古代先哲的言論，想要證明基督教的天主就是《六經》所說的上帝：「吾天主乃古經書所稱上帝也。《中庸》引孔子曰：『郊社之理，所以言上帝也』。 朱注曰：『不言后土者，省文也。』竊意仲尼明一之以不可為二，何獨省文乎？「《周頌》曰：『執競武王，無競維烈，不顯成康。 上帝是皇。』又曰：『於皇來牟，將受厥明，明昭上帝』。《商頌》云：『聖敬日躋，昭假遲遲，上帝是祇。』《雅》云：『維此文王，小心翼翼，昭事上帝』。《易》

云：『帝出乎震』。 夫帝也者，非天之謂，蒼天者抱八方，何能出於一乎。《禮》云：『五者備當，上帝其饗』，又云：『天子親耕，粢盛秬鬯，以事上帝』。《湯誓》曰：『夏氏有罪，予畏上帝，不敢不正』。 又曰：『惟皇上帝，降衷于下民，若有恆性，克綏厥猷惟后。』《金縢》「周公曰：『乃命于帝庭，敷佑四方』。 上帝有庭，則不以蒼天為上帝可知。 歷觀古書，而知上帝與天主，特異以名也。」以上寥寥二、三百字，引用含有「上帝」的段落達十一處，而徵引之文，包括《中庸》、《詩》、《易》及《禮》諸多經籍，用心深遠，正如利瑪竇自己所說的：「他們擁護孔夫子，所以孔夫子著作中遺留下來的這種或那種不肯定的東西，做出有利於我們的解釋。 這樣一來，我們的人就可以博得儒士們極大的好感。」

利瑪竇雖然推崇孔子，崇尚先秦之學，但是卻貶抑宋明理學，並且猛烈抨擊佛教。 為了尊重中國的禮俗，他對於中國人祭祖和祭孔，認為並不違反天主教的信條[5]。 所謂基督教的天主乃《六經》所言的上帝，當然是不正確的，這是一種掩護的說法，用中國的古籍來包裝基督教。 我們在前面已經討論過，猶太教和基督教的神，就是《舊約》中的雅威，或者說耶和華。耶和華是以色列人的民族神，與中國經典中的上帝，當然不是一回事。

為了達到傳教的目的，利瑪竇在中國傳教時，對於基督教的教義做了一些修正和省略。 舉例來說，他對於耶穌被釘十字架處死的事，絕口不提。 因為他了解到，如果他將耶穌被羅馬政府名正典刑處死的事情講出來，難免會遭到具有正統思想中國人

的誤解和批評。 直到後來湯若望來華時，中國人才了解耶穌被
處死的事。 但是，利瑪竇擔心的事還是發生了，夏燮在《中西
紀事》中就說：「利瑪竇之書，止載耶穌救世功畢復歸升天，而
諱言死於王難。 湯若望不若利瑪竇，乃并其釘死十字架上，圖
解而直布之，其去黃巾五斗米張道陵幾何？」[6]。

　　清朝入關以後的順治（1638－1661，1643－1661 在位）和康
熙兩個皇帝，對於傳教士起初都頗有好感，康熙對於西方的科
學也很有興趣。 1692 年，康熙甚至下令准許天主教在中國人中
傳播。 到了 1701 年時，估計天主教已經有三十萬信徒。

　　利瑪竇在傳教之初，套用儒家的語言，在中國的經典中，
找到「上帝」、「天」、「天主」等詞，來翻譯拉丁文的「造物
主」（Deus）一詞。 到了 1630 年以後，方濟各會（Franciscan
Order）和多明我會（Dominican Order）的傳教士也進入中國。
方濟各會是方濟各（Francesco d'Assisi，1181－1226）在 1209 年
所創。 多明我會由多明我（Domingo de Guzman，1170－1221）
在 1215 年所創[7]。 他們的傳教方式與耶穌會不同，也絕少讀中
國古籍。 多明我會傳教士認為耶穌會同意中國人祭孔和祭祖，
是對於異教的妥協。 多明我會和方濟各會的傳教士認為中國古
籍中的「天」和「上帝」不能代表創造萬物的神。 而且認為中
國人的祭祖祭孔屬於偶像崇拜，與基督教的教義相悖[8]。

　　1645 年，天主教教宗英諾森十世（Innocent X，1574－1655，
1644－1655 在位）下令禁止中國天主教徒祭祖祀孔。 但是，耶
穌會士赴羅馬申辯。 繼任的教宗亞歷山大七世（Alexander VII，
1599－1667，1655－1667 在位）又於 1656 年下令允許中國教徒

祭祖祀孔，使得爭執的兩方各有所持。

　　1693 年，在中國傳教的教會主教顏璫（Charles Maigrot，1652−1730）[9] 發佈禁令，不許教徒稱造物主為「上帝」或「天」，禁止教徒祭祖祀孔。 這個爭議傳到了歐洲，引發了許多討論。 1704 年，天主教教宗克里門特十一世（Clement XI，1649−1721，1700−1721 在位）下令，嚴禁中國教徒祭祖祀孔。並且派教宗特使多羅（Charles Thomas Maillard de Tournon，1668−1710）來華，申明教宗的禁令，這觸怒了康熙皇帝。

　　1715 年，教宗克里門特十一世再度重申前禁，違者與異端同罪。 1719 年，再派特使嘉樂（Jean Ambroise Mezzabarba）來華。 康熙多次接見嘉樂，但是未能談妥，最後嘉樂被驅除出境。 到了雍正年間，1724 年 7 月 11 日，雍正帝正式下令禁教。 從公元 1724 年到鴉片戰爭結束的 1842 年，約一百二十年間，天主教在中國的傳教因而成為非法。 基督教第三次到中國的傳播又以失敗告終 [10]。 在清廷宣佈禁教的時候，全國約有天主教徒三十萬人，教堂三百個 [11]。

　　到了清朝中葉以後，國勢漸衰。 尤其在科學方面，大大的落後於西方國家。 乾隆年間英國派特使馬戛爾尼（George Macartney，1737−1806）於 1793 年到中國來，兩度謁見乾隆皇帝。 1816 年，英國又派使節阿美士德（William Pitt Amherst，1773−1857）奉使來華 [12]。 英國使節把當時中國外強中乾的情形看得一清二楚。 一個老大的帝國就快要受到外來力量的衝擊了 [13]。

　　等到鴉片戰爭以後，基督教取得了在中國通商口岸傳教的權

力。 基督教終於又第四度傳入中國。 從鴉片戰爭失敗以後，羅馬天主教和基督新教都組織了大批傳教士進入中國各地。 到了這個時候，中國的國力比起西方基督教國家已經差得太遠了。

1846 年，道光帝（1782－1850，1820－1850 在位）廢止對天主教的禁令，但是外國傳教士進入內地傳教仍屬非法。 1858 年的天津條約，基督教取得在中國的自由傳教權。 英法聯軍之役以後，1860 年與法國簽訂的北京條約，法國又取得了傳教的特殊權利，成為天主教在中國的保護國。 從此，外國傳教士可以憑藉不平等條約和治外法權，公開進入中國內地展開活動。 除了天主教以外，基督新教（也稱耶穌教）也進入了中國，新教傳教士多來自英國、美國和北歐國家。

在不平等條約的保護下，天主教和耶穌教的勢力都增長得很快。 這一個時期著名的傳教士有： 英國的戴德生（Hudson Taylor，1832－1905），李提摩太（Timothy Richard，1845－1919），美國的林樂知（Young John Allen，1836－1907），丁韙良（William Alexander Parsons Martin，1827－1916）等人。

以上是基督教第三次和第四次傳入中國的大概情形。 在這第三次和第四次傳入中國的過程中，到底這些傳教士，傳了什麼樣的教義到中國？ 基督教的教義，自然最重要的就是基督教會稱之為「《聖經》」的《新舊約全書》。 其實，「《聖經》」應該譯為「書經」，因為 Bible 這個字的希臘字源 biblia 是「書」的意思，而 biblia 是由「紙草」（byblos）（papyrus）這個字而來的 [14]。

關於中文譯本的「《聖經》」[15]，最早的「《聖經》」中譯本

可能是公元七世紀的「景教本」。據「大秦景教流行中國碑」及「諸經目錄」記載，景教傳教士阿羅本來到長安後即著手譯經，當時房玄齡、魏徵曾為此奏明唐太宗建寺譯經。阿羅本和景淨等先後譯出景教經典 30 多部，其中就有「《聖經》」的經卷，但現在大都已失傳，部分譯文散見於敦煌文獻之中。元朝時天主教傳教士約翰・孟德高維諾（J. de Monte Covino，1247－1328），曾以蒙文譯經，譯出《新約》和《舊約》〈詩篇〉[16]。後人疑此為漢文譯本，但此譯本也未流傳下來。

　　1584 年，利瑪竇出版了一冊漢文教理問答書，名《畸人十規》，內容涉及「十誡」。1636 年，陽瑪諾（Emmanuel Diaz，1574－1659）[17]出版了漢文《聖經直解》，分上下兩冊，約一千兩百餘頁，包括〈新約福音書〉等內容及注解。1642 年，他又在北京出版了《天主聖教十誡真詮》。1642 年，艾儒略（Julio Aleni，1582－1649）[18]也在北京出版了《天主降生言行記略》，這是「福音書」中耶穌故事的改寫。

　　1700 年巴黎傳教士巴設（J. Basset）也有一些譯木，包括四福音書，〈使徒行傳〉，及保羅書信的一部分，有抄本存於大英博物館，後來馬禮遜（Robert Morrison，1782－1834）抄錄了這個抄本[19]。1751 年，在清廷任通譯官的法國耶穌會士賀清泰（Ludovicus de Poirot，1735－1814）[20]也曾譯出「《聖經》」大部分，但未付梓，手稿存於上海徐家匯天主教圖書館。

　　利瑪竇於 1595 年著手寫《天主實義》一書，初刻於 1603 年，該書是研究利瑪竇思想最重要的史料之一[21]。該書第一次系統的向中國人論證上帝存在、靈魂不朽、死後必有天堂地獄之

賞罰，並向中國人指出個體救贖之路。 這是中西文化史上第一
部以耶釋儒，同時又以耶（天主教）批判儒釋道的比較宗教學和
哲學著作。 此外，還有一本《畸人十篇》，該書在 1608 年初刻
於北京。 與《天主實義》一樣是對話體著作。 內容為基督教倫
理，主要談生死問題，共十篇。

利瑪竇晚年用義大利文寫了一本《基督教進入中國史》。 書
稿由金尼閣（Nicolas Trigault，1577-1628）[22] 譯成拉丁文，1615
年在歐洲出版。 此書在歐洲當時很暢銷。 該書的義大利原文手
稿在本世紀初被人發現，1910 年出版。 利瑪竇的義大利原文著
作，與他的中文著作比起來，有一個非常明顯的傾向，就是他
隱瞞來華的真實意圖，在宣講傳播基督教的時候，盡量不談那
些中國人難以接受的「啟示神學」，而是採用托馬斯・阿奎那
（Thomas Aquinas，約 1225-1274）的神學理論和方法，對他所
要宣講的教義，進行說理性的論證 [23]。

至於耶穌教的傳教士，在鴉片戰爭之前，英國傳教士馬禮遜
（Robert Morrison，1782-1834）為倫敦傳教會所派，來中國傳
教，於 1807 年抵達廣州。 他學習中文，並且翻譯「《聖經》」。
1813 年，他翻譯的《新約全書》在廣州問世。 他後來又與米憐
（William Milne，1785-1822）[24] 合作，於 1819 年完成《舊約》
中譯本。

這部「《聖經》」於 1823 年在馬六甲出版，取名《神天聖
書》，史稱「馬禮遜本」，或「馬禮遜與米憐譯本」。 自從基
督教傳入中國以來，歷代都有傳教士翻譯「《聖經》」，但是將
全部《新舊約全書》完整翻譯出來的，以馬禮遜為最早。 米憐

（William Milne）在去世之前，寫給馬禮遜的信中說：「君藉真神之助，曾發動了一件令中國的皇帝、官吏、士大夫、平民百姓永遠不能禁止的事，這一著作將要拆平他們的廟宇、改變他們的生活、和拯救多人的靈魂。」[25]　由此也可以看出來，像米憐這樣的人，到中國來的目的，就是要來推翻中國人的傳統，改變中國人的思想。

在馬禮遜之前，英國新教傳教士馬士曼（Joshua Marshman，1768–1837）與出生於澳門的亞美尼亞人拉沙（Johannes Lassar）合作，於 1822 年在印度譯成並出版供耶穌教之用的古漢語「《聖經》」譯本，史稱「馬士曼與拉沙譯本」[26]。　這比馬禮遜的 1819 年稍晚，但是印刷成書在 1823 年 5 月，並呈獻於英國聖書公會。　馬禮遜因為中國不准印刷，因而在馬六甲印刷，馬禮遜譯本呈獻於英國聖書公會是在 1824 年 5 月[27]。

後來，《新舊約》又不斷的重新改譯，有許多不同的譯本。文言文的譯本逐漸被淘汰。　由於傳教士對於造物主的譯名，究竟是用「上帝」、「神」還是「天主」，意見不一，因此有不同的版本。　耶穌教現在多用 1919 年印行的版本，叫做「和合本聖經」。　而天主教則用 1968 年，思高「《聖經》」學會出版的版本[28]。

利瑪竇來華傳教，明末的中國天主教有所謂「三大柱石」，就是徐光啟（1562–1633）、李之藻（1565–1630）、楊廷筠（1557–1627）[29]。　他們三位都中過進士，也都在朝為官。　他們改奉天主教的最大原因，是他們認為天主教與中國傳統的儒學不存在任何歧異與矛盾。　李之藻以天主教為「天學」，不脫「六

經」之旨，是為「天儒合一」。 楊廷筠以為天主教教義與儒學「脈脈同符」、「吾人不必疑為異端」。 徐光啟說「余常謂教必可補儒而易佛」。 另一個吸引士大夫信基督教的原因，是因為「西學」的吸引力[30]。

但是同時也有許多其他的士大夫，了解到天主教思想與儒學思想的本質差異。 逐漸展開了對天主教的批判。 比較溫和的批判者，有內閣首輔的葉向高、崇禎年間的閣臣蔣德璟[31]。 比較嚴厲批判的則有南京禮部侍郎沈㴶、許大受、陳候光、施邦耀、鍾始聲、黃貞等人。

有一位林啟陸說： 人死後，「所做善惡俱聽天主審判，而善惡無他分判，只是從天主教者為善。 雖侮天地、慢鬼神、悖君親，亦受天主庇而登天堂； 不從天主教者，雖敬天地、欽鬼神、愛君親，竟為天主怒而入地獄。」[32]。

沈㴶在神宗萬曆 44 年（公元 1616 年）三次上書，要求禁止天主教。 神宗同年頒諭禁教，但是傳教士由於受到信天主教大臣的庇護，隱匿起來，因此沒有產生實質性的效果。 後來，反對天主教的士大夫，陸續著文批判天主教。 在崇禎 12 年（1639年）有由徐昌治訂正印行的《聖朝破邪集》，和在崇禎 16 年（1643 年）序刻本的《辟邪集》[33]。 他們對天主教批判，有些固然只是基於排外的立場，有些卻也有相當的深度。

從上面的敘述我們可以知道，天主教在明末進入中國之後，不久就受到中國士大夫的批判。《新舊約全書》完全譯成中文出版，是十九世紀 1823 到 1824 年間的事。 在此之前，中國的基督教徒只能看到片段的基督教教義，像是利瑪竇的《天主實義》

之類。 所以像明末天主教的三大柱石： 徐光啟（1562－1633），李之藻（1565－630），楊廷筠（1557－1627），他們都沒有看過完整的《新舊約全書》。 連耶穌最後被釘死在十字架上，他們都不知道。 以這樣對基督教的了解，其實根本不能說他們信的是真正的基督教。 法國學者謝和耐（Jacques Gernet，1921－2018）在他的《中國文化與基督教的衝撞》（*China and the Christian Impact: a conflict of cultures*）一書中也說： 以利瑪竇為代表的耶穌會士在明末向中國人宣講的，不是純正的基督教，因為有附會的成分。 中國士大夫當時所接受的基督教，因而成為一種不倫不類的大雜燴[34]。 徐光啟說：「間嘗反覆送難，以至雜語燕譚，百千萬言中，求一語不合忠孝大旨，求一語無益於人心世道者，竟不可得。」[35]。 四百年後，讀之令人嘆息。 徐光啟根本沒有看過完整的《新舊約全書》，如果他看過我們前面在第八章和第九章所討論過的耶穌言行，看到過《新約》中下面這樣的話：

〈路加福音〉14 章 25-26 節：「有極多的人和耶穌同行； 他轉過來對他們說，人到我這裡來，若不恨自己的父母、妻子、兒女、弟兄、姊妹、和自己的性命，就不能作我的門徒。」

〈馬太福音〉第 10 章 34 至 36 節：「你們不要想我來，是叫地上太平，我來，並不是叫地上太平，乃是叫地上動刀兵。 因為我來，是叫人與父親作對，女兒與母親作對，媳婦與婆婆作對，人的仇敵，就是自己家裡的人。」在英文中「作對」這個字是 against，基督教會在中文本裏故意把「作對」翻譯成「生疏」，以降低這句話的嚴重性。

如果徐光啟能夠讀到這些話，不知他會作何感想？他還會覺得「百千萬言中，求一語不合忠孝大旨，求一語無益於人心世道者，竟不可得」嗎？

利瑪竇為了要傳教，因此竭力調和基督教與儒家思想的差異，這是可以了解的。但是，這種所謂「利瑪竇規矩」被後來的傳教士認為不合天主教義而否定了。另一方面，中國的學者也越來越能夠清楚的看到，儒學與基督教之間的差異。這種分歧終於在清初的禮儀之爭中爆發，導致雍正皇帝在 1724 年禁教。除了思想上的歧異以外，清初的皇帝也很了解這些外來宗教，對於國家安全的威脅，雍正帝對傳教士說過這樣的話，他說：「汝等欲中國人人為天主教徒，此為汝等之宗旨，朕所稔知。果爾，則朕等將為何種人，將為汝國君之臣屬耶？汝等所勸化之教徒，目中唯有爾等，一旦有事，彼等唯汝言是聽。朕知今日無所畏懼，然洋船千百沓至，必將生事。」[36] 三百年後，讀來仍然令人動容。

在明末清初，中西之間的交往，大致上還處在一種平等的狀態。到了鴉片戰爭以後，中國的國力，特別是軍事力量，與西方國家比起來大不如前。於是被迫開放西方國家在中國傳教，傳教士還享有許多特權。在這種情形下，雙方的衝突，是可以預見的。許許多多的教案，以及義和團、八國聯軍、辛丑條約等都是這個衝突的見證。

在鴉片戰爭之後的文化交流，雙方所處的地位並不平等。一直要到雙方的政治和經濟地位大致平等以後，才能真正公平的討論宗教思想。筆者覺得，就中國大陸的情形來說，當大陸的

經濟繼續改進,人民的生活能夠達到中等以上水平以後,才能達到這樣的條件。台灣的經驗,就是一個非常好的例子。台灣的基督教,包括天主教和耶穌教,在 1949 年到 1965 年,成長非常迅速,但是到了 1965 年以後,成長速度不但下降,天主教甚至還有停滯倒退的現象。這種現象固然有很多原因,但是在 1965 年以前,台灣人民的生活水準,與西方國家差距太大,相信是一個重要的因素。我們希望,中國傳統思想與基督教思想的平等交流,應該在不久的將來可以達到。

注釋

1. 見《基督教辭典》,北京語言學院出版社,1994年

2. 卓新平,《世界宗教與宗教學》,社會科學文獻出版社,1992年,184頁

3. 參考任繼愈主編,《宗教大辭典》,上海辭書出版社,1998年,972頁,及耶穌會項目,950頁

4. 王鴻生編著,《世界科學技術史》,中國人民大學出版社,北京,1996年,97-98頁

5. (1)見顧衛民,《基督教與近代中國社會》,上海人民出版社,1996年,42頁起
   (2)見朱維錚主編,《利瑪竇中文著譯集》,復旦大學出版社,2001年,第21頁。所引《天主實義》中「湯誓」的最後三句:「惟皇上帝,降衷于下民,若有恆性,克綏厥猷惟后。」,利瑪竇說是出自〈湯誓〉,其實是出自古文尚書〈湯誥〉

6. 顧衛民,《基督教與近代中國社會》,上海人民出版社,1996年,41頁

7. (1)《基督教辭典》,北京語言學院出版社,1994年,148頁和125頁
   (2)參考任繼愈主編,《宗教大辭典》,上海辭書出版社,1998年,230頁和201頁

8. 顧衛民,《基督教與近代中國社會》,上海人民出版社,1996年,68頁

9. 見任繼愈主編,《宗教大辭典》,上海辭書出版社,1998年,943頁

10. 可以參考:(1)唐逸主編,《基督教史》,中國社會科學出版社,1993年,438頁。(2)顧衛民,《基督教與近代中國社會》,上海人民出版社,1996年,76頁。(3)羅竹風主編,《宗教通史簡編》,華東師範大學出版社,1990年,405頁

11. 見顧衛民,《基督教與近代中國社會》,上海人民出版社,1996年,75頁

12. 參考資料:(1) W. L. Langer, *An Encyclopedia of World History*, Houghton Mifflin Co. 1972年,909頁。(2) W. T. Hanes and F. Sanello, *The Opium War: The Addiction of One Empire and the Corruption of Another*, Chrysalis Book,

2003年，一書中，有阿美士德小傳，William Pitt Amherst，他有一個uncle，
即Lord Jeffery Amherst（1717-1797）是英國將軍，在北美擊敗法國而封爵，
William Amherst父母死後，其uncle無後，因而繼承爵位。(3) 兩度派使，第
二次在1816年，也見顧衛民，《基督教與近代中國社會》，上海人民出版社，
1996年，95頁

13. 阿謝德（S. A. M. Adshead）著，任菁、雁南、劉左譯，《中國在世界歷史之
中》（*China in World History*），河北教育出版社，1993年，中文本第248頁

14. 見M. C. Tenney, editor, *Zondervon's Pictorial Bible Dictionary*，1967年版，
115頁

15. 參考卓新平，《世界宗教與宗教學》，社會科學文獻出版社，1992年，408頁起

16. (1)英文名見唐逸主編，《基督教史》，中國社會科學出版社，1993年，423頁
(2)曹琦，彭耀編著，《世界三大宗教在中國》，中國社會科學出版社，1991
年，146頁，他在華長達34年

17. 參考(1)任繼愈主編，《宗教大辭典》，上海辭書出版社，1998年，944頁。及
(2)唐逸，《基督教史》，中國社會科學出版社，1993年，467頁的表

18. (1)任繼愈主編，《宗教大辭典》，上海辭書出版社，1998年，30頁
(2)唐逸，《基督教史》，中國社會科學出版社，1993年，467頁的表

19. 林治平，《基督教與中國近代化論集》，台灣商務印書館，民國59年初版，84頁

20. 見任繼愈主編，《宗教大辭典》，上海辭書出版社，1998年，308頁

21. 見顧衛民，《基督教與近代中國社會》，上海人民出版社，1996年，42頁

22. 見(1) 任繼愈主編，《宗教大辭典》，上海辭書出版社，1998年，390頁。(2)唐
逸主編，《基督教史》，中國社會科學出版社，1993年，467頁的表

23. 參考顧衛民，《基督教與近代中國社會》，上海人民出版社，1996年，34頁

24. 見(1)任繼愈主編，《宗教大辭典》，上海辭書出版社，1998年，527頁。(2)唐
逸主編，《基督教史》，中國社會科學出版社，1993年，470頁的表，說死於
1821年

25. 見林治平，《基督教與中國近代化論集》，台灣商務印書館，民國59年，74頁

26. (1)卓新平，《世界宗教與宗教學》，社會科學文獻出版社，1992年，408頁
(2)林治平，《基督教與中國近代化論集》，台灣商務印書館，民國59年

27. 林治平，《基督教與中國近代化論集》，86頁與87頁之注

28. 參考卓新平，《世界宗教與宗教學》，社會科學文獻出版社，1992年，408頁起

29. 顧衛民，《基督教與近代中國社會》，上海人民出版社，1996年，77頁

30. 顧衛民，《基督教與近代中國社會》，上海人民出版社，1996年，77頁

31. 孫尚揚，《明末天主教與儒學的交流和衝突》，文津出版社，台北，民國81
年。關於葉向高和蔣德璟的批判，分別見151頁和224頁

32. 孫尚揚，《明末天主教與儒學的交流和衝突》，文津出版社，台北，民國81
年，238頁

33. 孫尚揚，《明末天主教與儒學的交流和衝突》，文津出版社，台北，民國81
年，223頁

34. 孫尚揚，《明末天主教與儒學的交流和衝突》，文津出版社，台北，民國81
    年，135頁

35. 孫尚揚，《明末天主教與儒學的交流和衝突》，文津出版社，台北，民國81
    年，169頁

36. 見(1)顧衛民，《中國與羅馬教廷關係史略》，東方出版社，北京，2000年，87
    頁。原引資料為C. W. Allan, *Jesuits at the Court of Peking,* Kelly and Walsh,
    1935. 262-265頁。顧衛民的譯文是：「你們想把中國人變成教徒，這是你們
    道理所要求的。但我們會變成什麼樣子，我們豈不很快成為你們君王的順民
    嗎？教友只認識你們，一旦邊境有事，百姓惟爾等之命是從。現在雖然不必
    顧慮及此，但等到萬千戰艦來我海岸之時，則禍患就大了。」。(2)雍正帝的
    原文見：任延黎主編，《中國天主教基礎知識》，宗教文化出版社，2005年，
    254頁

第十七章
西方文明是基於基督教的嗎？

　　在許多國人心目中，以為西方人都是信基督教的。 近四、五百年來，西方國家科學進步，軍事力量強大，特別是最近這一百多年來，在世界各地稱霸。 許多國人因而覺得西方國家的強盛，一定和基督教有些什麼關係。 尤有甚者，有些人因而失去了民族自尊心，以為西洋人的宗教和神祇，一定比我們老祖宗的強。 於是，崇洋媚外者振振有詞，把基督教捧得好像是最先進的宗教。

　　今天，我們對世界的瞭解已經比以前要進步得多了。 無論是大陸還是台灣，中國的國際地位也都遠非清末民初，有亡國之處時可比。 我們應該要好好的思索這個問題： 西方文明真的都是基於基督教的嗎？

　　國人心目中的西方國家，應該指的是歐洲和北美比較強盛的國家。 在歐洲是英、法、德、俄諸國，在北美洲則以美國和加拿大為代表。 由於美國和加拿大主要是以歐洲移民為大多數所建立的國家。 我們在討論基督教對於西方文明的影響時，可以用歐洲國家為代表。

如果我們持平的來看，過去的這幾百年，特別是最近的這一百多年來，歐美國家的確比較先進，在政治、軍事上也都掌握著世界之牛耳。而且，在這些國家中，基督教也的確是最大的宗教。過去，基督教在歐洲國家都有國教的地位。因此，基督教確實是西方國家主要的傳統之一。基督教也的確影響了西方國家的文化，包括他們的文學、藝術、哲學思想、倫理觀念等各個方面。因此，說基督教是西方文明的主要來源之一是沒有錯的。

但是，如果我們仔細思考一下西方國家的歷史，這個問題就不只有這一個層面。歐洲的英、法、德諸國都是在羅馬帝國滅亡之後，由入侵的野蠻民族所建立的國家。他們的文化主要有兩個來源，一個是從希臘、羅馬繼承過來的文明。另一個就是從希伯來人繼承過來的宗教，也就是基督教。所以，我們可以說，歐洲國家文化傳統的兩大來源是希臘羅馬文明和希伯來宗教。由於羅馬文明主要是以政治和軍事為主，在文化的傳承上，我們可以說，希臘文明在希臘羅馬傳統中扮演了最重要的角色。所以，我們可以用希臘和希伯來，這「兩希」來代表西洋文明的兩大來源[1]。

從公元 476 年西羅馬帝國滅亡，到公元 1500 年文藝復興之間，大約一千年左右的時間，西方國家完全籠罩在基督教的控制之下。所有的學術和思想，都必須符合基督教的教義才能留存。但是，這一段時間也正好是西方文明的黑暗時代。由於基督教禁錮了所有的思想活動，西歐文明因而停滯不前。

到了 1500 年左右，文藝復興（Renaissance）首先在義大

利開始，讓西方文明能夠開始擺脫基督教的影響。不過，這個過程還是漸進的。在文藝復興時期，當時的學者還只能主張，從以神為本的神治思想逐漸過渡到以人為本的人本主義（Humanism）。

到了十八世紀啟蒙運動（Enlightenment）時期，西方國家的思想家才能把批評的矛頭比較直接的對準基督教。但是，由於社會上信仰基督教的人數仍然占大多數，教會的勢力也仍然很大，在歐美國家批評基督教還是要冒著相當大的危險。一個人要是膽敢挑戰基督教的教義和基督教會，輕則失去工作，重則失掉生命。在十八世紀以前，批評基督教往往是死罪。即使到了現在，在歐美社會批評基督教，仍然屬於重大的禁忌。遠的就不用說了，就拿不久之前的例子來講，愛因斯坦（Albert Einstein，1879-1955）因為發表了有關批評「人格神」宗教的講話，美國一些保守的基督教徒叫他滾回德國去，不要在美國破壞美國人的宗教信仰。英國哲學家羅素（Bertrand Russell，1872-1970）因為批評了基督教，教會人士群起反對，紐約大學被迫將已經發出的聘書撤回，大哲學家如羅素不得不因此短期失業。社會地位不及他們的，那就更不用說了。

近代歐洲文明的發展，像是軍事力量的強大，航海事業的發達，都得力於科學的進步。而科學的進步，主要是在伽利略（1564-1642）和牛頓（1642-1727）以後的事。在此之前，人們對於大自然的知識，大多是經驗上的。而在伽利略和牛頓以後，人們對於大自然的規律，才開始有了真正的了解，不但可以觀察大自然的現象，還可以對這些現象提出學理上的解釋。

十八世紀以後科學的進步，正好與理性主義（Rationalism）的發展同步。 換句話說，科學的進步與基督教勢力的退卻，是互為因果的。 基督教的衰退，為科學的發展提供了空間。 而科學的進步進一步導致了基督教勢力的消退。 科學的發展主要是受到西洋文明中希臘文化成分的影響。 基督教勢力的衰退，代表了西洋文明中，希伯來—基督教（Judeo-Christian）文化影響的消退。

我們因此可以了解到，以基督教為代表的希伯來宗教文明的確是西方文明兩個重要的來源之一。 但是，這個來源對於西歐文明發展的影響，卻是負面的。 基督教不但在歐洲造成了長達一千多年的黑暗時代，而且是阻止歐洲文明進步的重大因素。只有在逐步擺脫了基督教的影響以後，西歐的文明才有了大幅的進步，特別是在科學方面，這種現象尤其明顯。

到了二十世紀以後，由於科學的進步，歐美人當中虔誠信仰基督教人口比例已經大幅的下降。 有統計指出，在美國的科學家當中，成就越高的相信基督教的比例越低[2]。 而一般的人民，根據一些報導，在有些歐洲國家中，虔誠信仰基督教，很規律上教堂的人口比例，已經降低到只有百分之二左右。 大多數人，只有在婚喪喜慶的時候，才會上教堂。 他們參與基督教的活動，只不過是社交性的，宗教的性質已經很低。 許多人甚至一輩子未嘗讀過「《聖經》」。 用比較嚴格一點的意義來說，他們已經不能說是基督徒了。

從上面的分析，我們可以知道，基督教在西方文明中，的確有過重大的影響。 但是，這種影響是屬於過去式的。 而且即

使是在過去，這種影響也大多是負面的。 國人過去一方面對於西方社會的了解還不夠深入，只從表面上看以為基督教是西方文明的代表。 另一方面，基督教勢力的衰退，的確也是在最近的這四、五十年才開始加速，變得越來越為明顯。 因此，有關這個問題，國人必須要重新思考。 基督教已經不能再代表西方文化。 西方人自己都已經在重新思考這個問題，我們不能再人云亦云，以為西方文化的優點都與基督教有關了。

注釋

1. Richard H. Schlagel, *The Vanquished Gods-Science, Religion and the Nature of Belief*, Prometheus Books, 2001年，18頁和218頁
2. Edward J. Larson and Larry Witham, *Nature*, Vol.394, 1998年，313頁

第十八章
有許多科學家信基督教嗎？

　　基督教會在傳教的時候，往往會提到有許多科學家是相信基督教的。 他們會舉出幾個科學家的名字，而且引用一些這些科學家們的話，然後說基督教是符合科學的。 對於這樣的論述，一般人往往無法分辨它的真實性到底如何。 因為大多數人的知識背景並不一定在科學方面，即使是在科學方面，一般人對於這些教會所引述的科學家，他們的重要性如何，他們究竟代表了多少科學家的意見，也很難掌握。 這個問題有它的重要性。因為，科學代表了先進的知識，科學家也對大自然有著最深切的掌握。 如果許多知名的科學家都相信基督教，那麼知識不及這些科學家的一般大眾，還有什麼理由要懷疑基督教的信仰呢？因此，在這裏，我們就要來討論這個問題： 真的有許多科學家相信基督教嗎？

　　我們在前面幾章中已經討論過，近代科學是從歐洲開始的。比較嚴格的自然科學，是以牛頓（Isaac Newton，1642－1727）發展出運動三定律為開端。 從那個時期到現在，由於這些具有代表性的歐美國家，國勢比較強盛，掌握的財富也比較雄厚，

發展科學的環境自然也就比較優良。 因此，到目前為止，大多
數的先進科學成果，的確是在歐美國家完成的。 我們在前面已
經提到過，希伯來文化加上基督教的所謂希伯來─基督教傳統
（Judeo-Christian tradition）是歐美文明的兩大來源之一，另一個
來源是希臘羅馬文明。 因此，每個人多多少少都是在基督教的
影響之下長大的。

　　在歐美社會，一般人如果遵循社會傳統，成為基督教徒是
很自然的事，而批評基督教則需要很大的勇氣。 在十八、十九
世紀，科學迅速發展的時候，基督教仍然是大多數歐美國家人
民的宗教信仰。 即使有人在私下對基督教有所懷疑和批評，也
很少有人會有勇氣公開的說，因為這是犯忌的。 因此，在那個
時代，大多數歐美科學家在名義上維持一個基督徒的身分，這
種情形是當時的社會環境所造成的，並不代表他們就真心誠意的
接受基督教的經典和教義。 在這麼多名義上的基督徒科學家當
中，找到幾個虔誠信仰基督教的人，當然也不是一件困難的
事情。

　　但是，這並不能回答我們的問題。 我們要問的是：真的有
許多科學家相信基督教嗎？多到什麼程度？占所有科學家的百
分之幾？他們相信基督教的程度如何？這些科學家有資格作為
科學界的代表嗎？這些問題就不是只舉幾個科學家的名字，然
後列出他們的看法就可以回答的。 要回答上面這些問題，最好
的辦法應該是作統計性的調查研究。 對有著某種貢獻程度以上
的科學家做統計調查，在沒有顧忌的情況中，看他們的宗教信
仰究竟如何？

最早研究這個課題的是美國心理學家路巴（James H. Leuba，1867－1946）。 他在 1914 年做了一次著名的調查。 他發現，在一千名隨機選擇的美國科學家中，有 58% 表示不相信或懷疑神的存在； 在四百名「大」科學家中，這個數字上升到接近70%。 大約二十年後的 1933 年，路巴用不同的方式，又重複了這項調查，發現這兩個數字分別上升到了 67% 和 85%。

1996 年，美國喬治亞大學教授拉爾森（Edward J. Larson，1953－）和另一位學者魏桑姆（Larry Witham，1952－）重複了路巴在 1914 年的調查。 他們的結果發表在著名的《自然》（Nature）期刊上面 [1]。 他們的結果顯示，自從 1914 年以來，美國科學家對於神的態度，沒有多少變化，有 60.7% 的人表示不相信或懷疑神的存在。 1998 年，拉爾森和魏桑姆又模擬了路巴在 1933 年所做的第二階段調查，調查那些「大」科學家的信仰情況，結果也發表在《自然》期刊 [2]。 他們發現「大」科學家信神的比例是前所未有的低，只有大約 7%。 在這些「大」科學家中，有 72.2% 不相信神的存在，有 20.8% 的人表示懷疑或認為不可知，只有 7% 的人相信有神。 拉爾森和魏桑姆所選擇的「大」科學家，都是美國國家科學院的院士。 詳細的結果可以看列表一。

在不同學門的院士中，生物學院士不信神的比例是 65.2%，持懷疑或不可知態度的有 29.3%，相信有神的只有 5.5%。 在物理學家和天文學家中，不信神的比例是 79%，持懷疑或不可知態度的有 13.5%，信神的比例只有 7.5%。 對於永生的看法，生物學家中，不信永生的有 69%，持懷疑態度的有 23.9%，相信

永生的只有 7.1％。 在物理學家和天文學家中，不信永生的有
76.3％，持懷疑態度的有 16.2％，相信的只有 7.5％。 比較 1914
年，1933 年和 1997 / 1998 年所做的三次調查，在「大」科學家
中不信神的比例還在不斷的上升。

對神的信仰（年分）	1914	1933	1998
個人相信（％）	27.7	15	7.0
個人不相信（％）	52.7	68	72.2
懷疑或不可知（％）	20.9	17	20.8
對永生的信仰（年分）	1914	1933	1998
個人相信（％）	35.2	18	7.9
個人不相信（％）	25.4	53	76.7
懷疑或不可知（％）	43.7	29	15.4

表一：路巴，以及拉爾森和魏桑姆對科學家宗教看法所做調查的結果

　　物理學、化學和生物學是研究大自然最基本的科學，因
此這些學門科學家對於宗教的態度是最富於意義的。 如果我
們以物理學家為例，牛頓和愛因斯坦的例子，我們在後面會
有專門的一章來討論。 到了二十世紀，在知名的物理學家當
中，真正相信基督教的幾乎已經變成鳳毛麟角，成了稀有的特
例了。 舉例來說，物理學家居里（Pierre Curie，1859－1906）
和居里夫人（Marie Sklodowska Curie，1867－1934）、玻爾
（Niels Bohr，1885－1962）、薛丁格（Erwin Schrodinger，1887－
1961）、狄拉克（Paul Dirac，1902－1984）、泡利（Wolfgang
Pauli，1900－1958）、費米（EnricoFermi，1901－1954）、勞倫
斯（Ernest Lawrence，1901－1958）、西格里（Emilio Segre，

1905－1989）、藍道（Lev Landau，1908－1968）、巴丁（John Bardeen，1908－1991）、蕭克萊（William Shockley，1910－1989）、費曼（Richard Feynman，1918－1988）、貝特（Hans Bethe，1906－2005）、蓋曼（Murray Gell-Mann，1929－2019）、溫伯格（Steven Weinberg，1933－）、霍金（Stephen Hawking，1942－2018）。化學家尤利（Harold Urey，1893－1981）、鮑林（Linus Pauling，1901－1994）。生物學家達爾文（Charles Darwin，1809－1882）、貝爾納（Claude Bernard，1813－1878）、維爾和（Rudolf Virchow，1821－1902）、德爾布魯克（Max Delbruck，1906－1981）、克理克（Francis Crick，1916－2004）、華生（James Watson，1928－）這些著名的科學家都是不贊成基督教、在哲學上持無神論或者不可知論態度的。上面所列的物理學家和化學家中，除了極少數像是天文學家霍金，因為天文的理論很難以實驗驗證，沒有得到諾貝爾獎以外，其他都是諾貝爾獎的得主。還有一些著名科學家，雖然不是積極的反對基督教，但是至少對基督教持保留態度，而不願意參加傳統基督教的活動。這些科學家包括：物理學家海森堡（Werner Heisenberg，1901－1976）、化學家普瑞斯特利（Joseph Priestley，1733－1804），和生物學家巴士德（Louis Pasteur，1822－1895）等人。

　　因此，我們可以看出來，越到近代，科學家表達他們對基督教的看法就越為開放，相信基督教的就越少，而主張無神論或不可知論的比例就越高。所以基督教會在傳教的時候說，有很多科學家都是相信基督教的這種講法，其實是不成立的。

信仰基督教的人在討論科學與宗教的關係的時候，大概會舉出哥白尼（Nicolaus Copernicus，1473－1543）、伽利略（Galileo Galilei，1564－1642）、牛頓（Isaac Newton，1642－1727）、法拉第（Michael Faraday，1791－1867）、麥克斯韋（James Clerk Maxwell，1831－1879）、安培（Andre Marie Ampere，1775－1836）、康普頓（Arthur Holly Compton，1892－1962）這幾位科學家的名字，作為有許多科學家信仰基督教的例證。

在這些科學家中，哥白尼、伽利略、牛頓和安培的時代都比較早。哥白尼生於 1473 年，距今已經五百多年了。伽利略和牛頓分別是 1564 年和 1642 年出生的，距今也都有三、四百年以上了。在三、四百年以前，基督教的勢力還籠罩著整個歐洲社會。一般人自然不敢做出任何違背教會主張的事情。那些被送上火刑柱的血腥例子一個個都還近在眼前。要提出一些與教會不同的看法，是需要很大勇氣的。

就以前面所提到的幾位科學家為例，哥白尼因為害怕他的日心說與教會的主張不合，多年不敢發表他的著作。伽利略在教廷有許多朋友，甚至當時的教宗還是他的舊識，但是這都不能保護他不受到教廷的審判。生於義大利，也得過諾貝爾獎的物理學家西格里（Emilio Segre，1905－1989）就說過：「伽利略對於宗教作了許多論述，可是你讀他讀的越多，你就越覺得他講話的時候好像舌頭打了結，他所說的宗教跟正式的天主教似乎脫離了關係，變成一種對於自然的崇敬，而任何教會對於這種講法都是不會滿意的」[3]。

至於牛頓的情況也是極富意義。牛頓的一生，正好經過了

英國的內戰。 而內戰的前因後果，都與羅馬天主教和基督新教各個教派的衝突有關。 在牛頓的時代，甚至一直到 1829 年，在英國不宣誓服從英國國教三十九條信條的人，都會喪失在大學任教的職位，更不要說在英國政府中任職了。 牛頓自然不希望失掉他的教授職位，而且在他中年以後，很熱衷到政府任職，他後來也真的去做了製幣廠的監督和廠長。

　　從 1703 年到 1727 年牛頓去世，他也一直是英國皇家學會的會長。 這些都讓他在生前無法暢所欲言。 牛頓對於「《聖經》」很有研究，但是他把他對於宗教的想法很小心的保留起來，寫在私人的文件上。 牛頓反對神秘和迷信，他認為耶穌不過是一個先知，不應該把他放到神子的地位。 除了大自然以外，他幾乎拒絕任何神聖的啟示[4]。 他認為基督教在四世紀的時候，經過了一場血腥的鬥爭，主張三位一體的亞大納西（Athanasius，約 293－373）派得勝，後來成為基督教的正統派。 而反對三位一體的阿里烏（Arius，約 260－336）派被定為異端。 牛頓認為三位一體把耶穌當作神來崇拜，是一個重大的罪。 由於這個錯誤，整個基督教都被腐化了。

　　牛頓反對三位一體，實際上的意義就是說，他不同意把耶穌當作是神子，也就是主張大自然有一個主宰是可以的，但是他不贊成基督教的看法。 這在十七世紀的英國，自然是重大的罪行。 牛頓也了解這個情形，所以他把他的想法，仔細的保密。到了他臨終的時候，他拒絕了英國國教最後的聖禮[5]。 如果牛頓不是生在三百多年以前的英國，他對於宗教的看法會與愛因斯坦的非常接近，也就是他可能會承認一個所謂宇宙式的宗教，這

個宗教不承認什麼教條，也沒有人格化的神，是一種沒有教會的宗教。

　　愛因斯坦是另外一個很好的例子。 愛因斯坦是一個猶太人，因此，他如果傾向有宗教信仰的話，他所信仰的宗教應該是猶太教。 不過，我們前面說過，因為猶太教與基督教是同源的，因此，愛因斯坦對於宗教的看法對於猶太教與基督教都是成立的。 他希望有一個所謂宇宙式的宗教，這個宗教不承認什麼教條，也沒有人格化的神（personal god），是一種沒有教會的宗教。 在現在主要的三大世界性宗教當中，基督教可能最不符合這種宇宙式的宗教所需要的條件。 佛教屬於一種哲理式的宗教，原始佛教尤其如此。 伊斯蘭教堅持一神，反對基督教的三位一體，反對把耶穌當作神子，穆罕默德（Muhammad，約570-632）也只是上帝的使者，而不是神。 因此，基督教在這三大世界性宗教中，是與愛因斯坦所主張的宗教觀最不符合的宗教。

　　我們要了解，即使是在十八世紀理性主義興起以後，影響的主要還是知識分子，一般西方社會裏的大多數人，仍然是基督徒。 要在一個基本上都是基督徒的社會裏，表示非基督徒的言行，是需要相當勇氣的。 這在達爾文（Charles Darwin，1809-1882）的情形就看得很清楚。 達爾文已經是十九世紀的人了，而且是生活在西方世界中比較最為開明的英國，但是他提出演化論以後，仍然受到很大的壓力。 在不相信基督教以後，他不但盡量少發表有關宗教的文字，而且還勸他的兒子說，不要太快發表有關懷疑基督教的文章，因為這個社會基督教的勢力太大

了。 只有在私人談話的場合，他才會比較放心的談論自己對於基督教的看法。 在這種情形下，如果不是很堅持自己對於宗教的主張，那麼做為一個科學家，在西方社會裏，最簡單的辦法就是把科學研究與宗教主張完全分開，互不影響。 在名義上維持是一個基督徒，但是在事實上，很少去教堂，也很少參與教會的事務。 有相當多的科學家採取了這種態度。

基督徒常提到的其他幾位比較近代的、相信基督教的科學家，法拉第的確是一個基督教的信徒。 而且他還是一個小教派桑德曼派（Sandemanian Church）的長老。 但是，他把科學與宗教的事物完全分開。

麥克斯韋的宗教傾向不是很清楚，他的父母親都是虔誠的基督徒，在他一生中，並沒有提出過什麼對於基督教特別的看法。 大多數為他寫傳記的人對此保持沉默，但是有一位他的老朋友堪佩爾先生（Lewis Campbell，1830－1908）為他寫傳記，這位堪佩爾先生是一個牧師，因此他所寫的可能不完全客觀，堪佩爾也承認，他對於麥克斯韋內心深處的事，他是不會去干預的。 麥克斯韋的宗教觀點究竟如何，成了一個懸案。 說他是一個虔誠的基督徒，至少不是十分確定的。

康普頓是極少數到了二十世紀還相信基督教，而且為基督教鼓吹的科學家。 還有其他少數幾位近代的科學家也是基督徒。這方面筆者能夠找到資料的有： 發現量子理論的普朗克（Max Planck，1858－1947），發展出微波激射器的湯斯（Charles Townes，1915－2015），以及他的姻兄弟、對激光光譜學有貢獻的蕭洛（Arthur Schawlow，1921－1999），法國化學家諾貝爾獎

得主薩巴第（Paul Sabatier，1854－1941）。

不過，普朗克對於宗教的態度，嚴格說起來應該是屬於自然神論的。他相信：「對於神蹟的信仰，在科學事實持續而穩定的進步之前，必然一步步的退卻，其最終的失敗無疑只是一個時間的問題。」有名的美國科學史家賀爾本（John L. Heilbron，1934－）就認為普朗克對於神的觀點是自然神論的。他甚至說，當普朗克被問到他與宗教的關係時，他曾經回答說，他雖然一直是有宗教信仰的，但他不相信「有一個人格神，更不會相信一個基督教的神」[6]。

可能傾向於有宗教信仰，但是態度並不是很積極，而且希望能把科學與宗教完全分開的，還有紐西蘭和英國的物理學家盧瑟福（Ernest Rutherford，1871－1937）、德國理論物理學家玻恩（Max Born，1882－1970）。除此以外，大多數著名的科學家，特別是物理學家，不是無神論者，就是不可知論者。至少他們對於「《聖經》」都有所保留，完全相信《新舊約》是神所指示的傳統基督徒幾乎沒有。一般的歐美科學家往往像 1979 年獲得諾貝爾物理獎的溫伯格（Steven Weinberg，1933－）所說的：「許多物理學家與他們父母親的宗教維持一種名義上的關係，做為一種族裔的辨識，以及在婚喪禮儀中之用。但是，這些物理學家很少有人注意他們名義上所屬宗教的神學理論。」[7]。

在敘述了二十世紀以後這些大科學家對於宗教的觀點以後，我們可以看出來，科學家中信仰基督教的比例已經越來越低。而且，成就越高，對於大自然的了解越深的科學家，信仰宗教的比例就越低。在這些已經為數不多的所謂相信基督教的科學

家中，他們的宗教概念其實大多只是對於自然界的崇敬，而不是真的去相信基督教的經典，能不能說是真正傳統的基督徒，還是一個問題。 如果我們回到前面所提到的拉爾森（Edward J. Larson）和魏桑姆（Larry Witham）所做的研究，科學家相信神的比例，在二十世紀以後不斷的下降，隨著科學的不斷普及，人類能夠擺脫基督教這種迷信的日子也就不遠了。

注釋

1. 見Edward J. Larson and Larry Witham, *Nature*, Vol.386,1997年，435頁
2. 見Edward J. Larson and Larry Witham, *Nature*, Vol.394, 313頁，Scientists Still Reject God, Nature, 1998年
3. 見E. Segre, *From Falling Bodies to Radio Waves*, W. H. Freeman and Co. 1984年，72頁
4. 見(1) D. C. Lindberg and R. L. Numbers, editors, *God and Nature*, University of California Press, 1986年。見書中R. Westfall文章，218頁到255頁。(2) R. Westfall, *The Life of Isaac Newton*, Cambridge University Press, 1993年
5. R. Westfall, *The Life of Isaac Newton*, Cambridge University Press, 1993年，311頁
6. (1) J. L. Heilbron (1986). *The Dilemmas of an Upright Man: Max Planck and the Fortunes of German Science*. Harvard University Press. p.198

   (2) Wikipedia, Max Planck, religious views
7. Steven Weinberg, *Dreams of a Final Theory*, Pantheon Books, New York, 1992年，256頁

第十九章
牛頓與愛因斯坦的宗教觀

　　嚴格的來說，自然科學到了伽利略（Galileo Galilei，1564－1642）、開普勒（Johannes Kepler，1571－1630）、牛頓（Isaac Newton，1642－1727）以後，才真正進入了現代時期。 在此之前，人們對於大自然的知識，大多是經驗上的，往往只是一種對自然現象、經過觀察以後的知識累積，但是對於這種現象本身卻提不出什麼解釋。 然而，在牛頓以後，這一切都改觀了。 牛頓的運動三定律，幾乎可以解釋所有大自然物體的運動現象。人們對於大自然，有了真正的了解。 人與自然的關係，再也不會跟以前一樣了。

　　在探索自然的過程中，物理學家扮演了一個重要的角色。因為，物理是最基礎的科學，物理學家也最容易接觸到這些基本的現象。 從牛頓開始，許多物理學家做出了重大的貢獻。 二十世紀初的 1905 年，愛因斯坦（Albert Einstein，1879－1955）提出了狹義相對論，後來他在 1915 年又提出了廣義相對論。 把物理學對於時空的觀念，推展了一大步。 加上 1925 年以後所發展出來的量子力學，物理學對於自然的瞭解，可以說已經粲然

大備。

　　由於物理學家是探索大自然的先鋒，他們對於宗教的看法，當然是非常有意義的。這其中，牛頓是物理學的開山始祖，愛因斯坦是二十世紀最偉大的物理學家。基督教常常宣傳說，有很多科學家都是相信基督教的。在這些科學家的名字中，他們也常常會提到牛頓和愛因斯坦。這就使得牛頓和愛因斯坦對於宗教的看法，更是特別引人注目。在本章中，我們就來看一下，究竟牛頓和愛因斯坦對於宗教的看法是怎麼樣的。

（1）牛頓（Isaac Newton，1642－1727）

　　牛頓在科學上的貢獻是劃時代的，但同時他也是一個性格複雜的人。牛頓公元 1642 年 12 月 25 日生於英國林肯郡（Lincolnshire）的烏斯索普（Woolsthorpe），1727 年 3 月 20 日逝於倫敦。

　　許多人注意到牛頓生於伽利略逝世的同一年。不過，這是因為英國信奉英國國教，在當時還沒有採用哥來格里（Gregorian）曆的緣故。英國當時把哥來格里曆視為是受到天主教影響的結果，因此，在 1752 年前，英國的日期比歐陸要晚十天，牛頓實際上是生在哥來格里曆的 1643 年 1 月 4 日。但是他們兩個人代表了新科學的開始卻是毫無疑問的。

　　牛頓的父親是一個自耕農，牛頓這一家祖上並沒有出過什麼有名的人物，到了牛頓父親這一代，他們家庭的生活已經逐漸富裕起來，但是牛頓的父親仍然沒有唸過書，也不識字[1]。牛頓的父親在他出生之前三個月就去世了，牛頓出生的時候是早產，

身體非常的弱，他的母親以為他活不下來。

　　當他三歲的時候，他的母親再嫁，他與他的外祖母住在一起。 當他十一歲的時候，他母親的第二個丈夫也去世了，他因而與他的母親和他同母異父的兩個妹妹和一個弟弟住在一起。 也許是由於童年時期的這些遭遇，牛頓的性格有一些古怪，他的才華與他的性格上的怪異都是很特殊的。

　　在學校裡，牛頓是一個與其他男生不太合得來的好學生，對於製作機械玩具很內行。 他的母親本來想讓他務農，但是他的舅舅和學校的校長，覺得應該讓他繼續求學。 於是他在 1661 年進入劍橋大學的三一學院（Trinity College）。 當時的劍橋學生等級分明，牛頓交的學費不夠多，在學校必須要做一些低級的勞務。 但他在學校中閱讀甚廣，對於「《聖經》」也很有研究。

　　1664 年四月，他通過了一次重要的獎學金考試，升了一級，不必再作低級勞務了 2。 1665 年，他獲得了學士學位。 1665 年的夏天，鼠疫流行，大學也停課，牛頓回到老家烏斯索普（Woolsthorpe），一直到 1667 年四月才恢復上學。 在這兩年左右的時期中，他研究了微積分、引力和光學等問題，有了重大的發現。 1666 年他發表了三篇研究運動的論文。

　　1667 年的十月，他當選為三一學院的會士（fellow），次年，他獲得碩士學位。 在獲得碩士學位以後，牛頓在劍橋大學三一學院待了二十八年 3。 在這段時間，牛頓很少與人來往，但是他結識了盧卡斯數學講座教授（Lucasian professor of Mathematics）巴羅（Isaac Barrow，1630－1677），他的數學才能受到巴羅的賞識。 當時，巴羅正在考慮辭去教授的職務。

　　1669 年十月二十九日，當時只有二十七歲的牛頓成為繼承巴羅的盧卡斯數學教授。 這個教授職位是亨利・盧卡斯（Henry Lucas，約 1610－1663）五年前捐獻的。 至於為什麼巴羅要辭去教授職位，而且薦牛頓自代，有不同的說法。 有人說，巴羅看到了牛頓的天才，因而辭職把位子讓給牛頓，不過這個講法實際上不大可能。

　　另一個講法是說巴羅是想要謀求更高的職位。 在巴羅辭職一年以後，他成為英王的私人牧師，不到三年，他就成了三一學院的院長。 不過無論原因是什麼，巴羅總算是識人的，世有伯樂才有千里馬[4]。 沒有什麼後台的牛頓在二十七歲就成為三一學院的教授也實在是一件不容易的事。

　　牛頓在科學上的貢獻是多方面的，他在伽利略和開普勒工作的基礎上，建立了三項運動基本定律和萬有引力定律，並確立經典力學的理論體系。 在光學方面，他致力於顏色現象和光本性的研究。 1666 年用三稜鏡分析白光，發現白光是由不同顏色的光所構成。 這一發現成為光譜分析的基礎，並製成牛頓色盤。 關於光的本性，他主張光的微粒說。

　　在熱學方面，他確定了冷卻定律。 在天文學方面，他在1671 年製成了反射望遠鏡，他親自動手，鎔鑄合金澆鑄成凹型鏡坯，又磨光鏡片作成凹面鏡[5]。 他用反射望遠鏡初步考察了行星的運動規律，解釋潮汐現象，預言地球不是正球體，並由此說明歲差現象等。 在數學方面，他是微積分的創始人之一，建立了二項式定理[6]。 牛頓的科學貢獻還不只是發明微積分、發展出運動定律、和他的光學研究。 在純數學方面，他

對於三次方的曲線（curves of the third order），以及對於方程式的數值解法，都有深入的研究。牛頓著有《自然哲學的數學原理》（*Philosophiae naturalis principia mathematica*，英譯是 *Mathematical Principles of Natural Philosophy*，1687 年出版）[7]，《光學》（*Opticks*，1704 年出版）[8] 等。《自然哲學的數學原理》是一部劃時代的巨著，原文是用拉丁文寫的，1725 年的英文翻譯本第三版有五百四十七頁。

牛頓在劍橋大學的事務中也很活躍，在劍橋大學與英王詹姆士二世（James II，1633－1701，1685－1688 在位）的爭執中，他是 1687 年劍橋大學派到倫敦去的八個代表之一。1689 年，他並且當選為在國會裏代表大學的兩個代表之一。在劍橋，他也結識了英國當時維格黨（Whig）的政治人物蒙太格（Charles Montague，1661－1715），也就是後來的哈里法克斯爵士（Lord Halifax）。

這個時候，牛頓對於學術生涯似乎有一些厭倦了，由於蒙太格的幫助，他得以在 1696 年，出任英國製幣廠的監督（Warden of the Mint），這是製幣廠的第二號職位，他也搬到倫敦居住。這個工作並不輕鬆，因為當時英國正要更換硬幣。三年以後，他又升為製幣廠的廠長（Master of the Mint）。

1701 年，他辭去了劍橋大學的教職，並且使他的弟子惠斯頓（William Whiston，1667－1752）繼承他的職位。1703 年，他當選為皇家學會的會長。1705 年，他被封為爵士。牛頓一生未婚，在 1727 年去世，享年八十五歲。

牛頓的時代是英國政治動盪，內戰頻繁的年代。在牛頓一

生中，經歷了 1642 至 1646 年保王黨與國會派的內戰，1649 年
英王查理一世（Charles I，1600−1649，1625−1649 在位）被送
上斷頭臺，1649−1660 年克倫威爾（Oliver Cromwell，1599−
1658）的護國政體，1660 年查理二世（Charles II，1630−1685，
1660−1685 在位）的復辟，以及 1688−1689 年的光榮革命，可
以說是英國歷史上最為動盪的時期。 而爭執最主要的原因就是
宗教，由於天主教、英國國教以及其他新教教派（像是清教徒）
之間的鬥爭。 在這種情況下，性格本來就相當複雜的牛頓，對
於宗教自然就更為戒慎小心了。

　　牛頓很早就對「《聖經》」有研究，他對於「《聖經》」的知
識比一般的神學家還要多[9]。 當時的三一學院的學者必須要在一
定的年限之內獲得英國國教的聖職任命，否則要被迫離開學
院[10]。 我們現在知道，牛頓對於基督教三位一體（Trinity）的教
義是有保留的。

　　在公元四世紀時，主張三位一體的亞大納西派（Athanasians）
與反對三位一體的阿里烏派（Arians）有著激烈而血腥的鬥爭。
亞大納西（Athanasius，約 293−373）[11]是古代基督教的一個教
士。 曾任亞歷山大主教的秘書，公元 325 年參加尼西亞公會議
（Councils of Nicaea），與亞歷山大主教一道反對阿里烏派。 328
年繼任亞歷山大主教。 因為與阿里烏派的鬥爭，他前後一共被
流放五次，366 年復位。

　　他與他的支持者的主張後來成為基督教的正統。 而反對
三位一體、反對耶穌是神的阿里烏（Arius，約 260−336）[12]是
古代基督教神學家，生於利比亞，公元 313 年在亞歷山大任教

職，反對三位一體教義，他提出聖子基督不完全是神、與聖父不同性不同體、聖子由上帝所造、因而次於聖父，聖靈則更次於聖子。 他還反對教會占有財產，尤其是占有大量田產。 其主張得到不少教徒的支持，稱為阿里烏派，兩派的鬥爭引起教會內部嚴重的分歧。 他的主張在公元 325 年的尼西亞公會議（Councils of Nicaea）和 381 年的君士坦丁堡公會議（Councils of Constantinople）上被定為異端[13]。

牛頓對於這個爭論非常有興趣。 當時基督教會把《新約》〈約翰一書〉第五章七至八節也當作是支持三位一體的證據，中文《新約》翻譯成：「並且有聖靈作見證，因為聖靈就是真理。 作見證的原來有三，就是聖靈，水，與血。 這三樣也都歸於一。」[14]。《新約》〈約翰一書〉5：7-8 兩節的爭議很大。 出版於公元 1611 年的詹姆士王（1566－1625，1567－1625 為蘇格蘭王，1603－1625 又為英格蘭王）欽定本，這兩節是：

For there are three that bear record in heaven, the Father, the Word, and the Holy Ghost; and these three are one. And there are three that bear witness in earth, the spirit, and the water, and the blood; and these three agree in one.[15]

牛頓發現，在早期敘利亞本的「《聖經》」，這兩節不是像當時英國的「《聖經》」那樣寫的。 而且無論如何，跟基督教所說的，聖父，聖子，聖靈的「三位一體」，其實都扯不上什麼關係。

此外，《新約》〈提摩太前書〉第三章第十六節（1 Timothy 3：16）也被當作是支持三位一體的證據。 中文翻譯是「大哉，

敬虔的奧秘，無人不以為然。就是上帝在肉身顯現，被聖靈稱
義，被天使看見，被傳於外邦，被世人信服，被接在榮耀裏。」

詹姆士王欽定本的文字是：

And without controversy great is the mystery of godliness:
God was manifest in the flesh, justified in the Spirit, seen by angels,
preached unto the Gentiles, believed on in the world, received up into
glory.

在這裏，God 這個字對於支持三位一體自然是很重要的，
牛頓發現在早期的「《聖經》」本子裡並沒有 God 這個字，只
是寫道：great is the mystery of godliness which is manifested in the
flesh。在第四，第五世紀，也並沒有人用「《聖經》」裏的這句
話來攻擊阿里烏派（Arians）的人 [16]。

在牛頓看來，把耶穌當作神來崇拜是偶像崇拜，對他來說是
一項重大的罪。牛頓覺得，由於「《聖經》」被解釋錯了，整個
的基督教都被腐化了 [17]。他這種想法在十七世紀傳統基督教籠罩
一切的英國是很危險的，劍橋大學雖然比較自由，可是也還沒
有自由到這個程度。牛頓因此選擇了沉默。

他在 1690 年 11 月 14 日，寫了兩封信給英國的哲學家洛克
（John Locke，1632－1704）談到關於基督教經典的腐敗之處，
信中的題目是「聖經中兩處腐敗之處的歷史紀錄─給一位朋
友」（An historical account of two notable corruptions of Scripture,
in a letter to a Friend），指出的就是《新約》〈約翰一書〉第五章
第七節和《新約》〈提摩太書〉第三章第十六節。

洛克贊成他的看法，但是這種看法不能公開 [18]。據我們現在

所知，牛頓沒有跟任何其他人透露過他有關宗教的看法 [19]。 洛克曾經把這些文章寄給他的荷蘭友人，但是沒有說這是誰寫的。不過，這件事並沒有能夠保密。 牛頓了解到事件的危險性，他也向洛克表示希望他能阻止這些文章的發表。

　　五十年以後，在荷蘭的圖書館發現這些文章的時候，上面作者的名字寫的是牛頓。 如果這些文章在當時就發表了，那會讓牛頓被劍橋大學辭退，讓他在製幣廠的位子不保，也會被社會所擯棄。 他把他有關宗教的想法掩飾得這麼好，一直到二十世紀，他的遺稿拍賣以後，他在宗教方面的觀點才逐漸為人所知 [20]。

　　1727 年三月，牛頓已經八十五歲了，在病榻上，他做了一件他一定計畫了很久的事，他拒絕了教會最後的聖禮，這是他在活著的時候不敢表示的。 不過，他還是只有在少數最親近的人，他的外甥女、也是他的管家，和她的丈夫之前，才做了這樣的表露 [21]。 牛頓去世幾十年後，當時英國有名的作家（Samuel Johnson，1709－1784）說，牛頓早期信教不是那麼虔誠，但是後來變成了一個「堅強的信徒」。 如果他知道牛頓真的相信什麼的話，他是會被嚇倒的 [22]。

　　阿里烏派是基督教早期的異端派別，當時英國並沒有這樣的教派。 1674 年，牛頓寧可辭去會士（fellowship）職，也不願意接受聖職。 1690 年，他並沒有企圖再度競選國會議員。 有人說，他受不了國會中的派系鬥爭，但是也許是他不願意討論他不能公開討論的議題。

　　牛頓一生中，寫下了許多文字，很多都沒有出版，這

些文件留給了他的外甥女，也是他管家的凱薩琳·巴騰
（Catherine Barton）[23]。 後來這些文件傳給了她的女兒，普茲茅斯
（Portsmouth）伯爵夫人。 這些文件中的數學部分在 1888 年捐
給了劍橋大學。 其餘的文件在 1936 年公開拍賣，有名的經濟學
家凱因斯（John Maynard Keynes，1883－1946）買了一大部分，
而且送給了劍橋大學。 但是研究這些文件可不是一件容易的
事，因為不但要了解當時的歷史，社會環境和想法，還要了解
當時所知道的物理、天文和煉金術 [24]。 據看過這些文件的凱因斯
說，一般人認為牛頓是發展近代科學的第一人，但是他在看過
這些文件後，覺得牛頓是古代偉大知識分子的最後一個人。 他
的弟子惠斯頓（William Whiston，1667－1752）繼承了牛頓在劍
橋大學盧卡斯講座教授的職位。 惠斯頓說： 牛頓是「我認得的
人當中，最有恐懼感、最小心、也最有猜疑心的人」[25]。

　　牛頓的宗教意識在早年就形成了，他名義上是一個英國國
教的信徒，但是他一直拒絕接受任何宗教的任命，同時也不接
受任何聖職。 對於基督教的三位一體理論，他秘密的有著跟當
時的傳統很不一樣的想法。 寫這一段科學史的西格里（Emilio
Segre，1905－1989）在《從落體到電波》（*From Falling Bodies to
Radio Waves*）一書中，認為牛頓是相信一位論派（Unitarian）
的。 牛頓的這個秘密守的很嚴，只有在一些私人的信件中才
流露出來 [26]。 在牛頓看來，把耶穌當作神來崇拜是一種偶像崇
拜，對他來說，是一項重大的罪。 由於討論這些議題很危險，
他決定保持緘默 [27]。

　　牛頓的朋友，發現哈雷慧星的英國天文學家哈雷（Edmond

Halley，1656－1742），由於主張無神論，使他在 1691 至 1692 年間，得不到天文學教授的職位 [28]。牛頓的學生惠斯頓（William Whiston），因為把他不相信三位一體的想法公開了，丟掉了他在劍橋大學的教授職位。所以，牛頓的細心保密，是有道理的。

　　我們在前面提到過，牛頓一生中所經歷的，是英國歷史上最為動盪的時期。爭執最主要原因就是宗教。當時天主教、英國國教、和其他新教教派（如清教徒）之間都有嚴重的鬥爭。不論是那一個教派，都不可能容許對於基督教教義的任何懷疑。在基督教超越一切的十七、十八世紀，我們也不可能要求牛頓脫出當時的時代，冒天下之大不諱，說出他對於基督教的真正想法。就像有些學者所考證的一樣，牛頓甚至有時候故意表現得像一個忠貞的基督徒，以避免人家對他的懷疑。

　　我們今天回顧起來，牛頓的宗教思想其實並不難懂。他不同意三位一體的主張，意思就是不相信耶穌是神，認為把耶穌當作神是一種偶像崇拜，屬於重大的罪 [29]。三位一體是基督教的基本教義之一，也就是宣稱上帝只有一個，但是包括聖父、聖子、聖靈三個位格。三位一體素來是基督教神學的一大難題，各派均視此為「奧秘的啟示」，只能憑信仰接受，無法用理論說明 [30]。換句話說，就是根本講不清楚。其實，基督教要說三位一體，就是因為有了耶和華，又有了耶穌，基督教會又堅持只有一個神，在這重重矛盾之下勉強所做的解釋而已。三個不同的東西，怎麼可能又是同一個？邏輯上根本就是矛盾的。如此堆砌出來的東西，當然講不清楚。

　　牛頓反對三位一體，他的意思是很明顯的，就是他不能同意耶穌是神子。 不承認耶穌是神，那麼《新約》中那些神蹟，包括耶穌趕鬼治病、死後復活，牛頓也不會相信是真的了。 牛頓可能相信這個宇宙有一個主宰，但是，這樣的主宰不會是像耶穌這樣的人，而是大自然。 這樣的宗教思想，其實與哲學家斯賓諾莎（Benedict Spinoza，1632－1677），以及愛因斯坦的想法都相當接近。 如果牛頓生於二十世紀，基督教的勢力不是那麼大，他的宗教思想一定會更為清晰，也一定會與二十世紀的物理學家更為接近的。

（2）愛因斯坦（Albert Einstein，1879－1955）

　　愛因斯坦是二十世紀最偉大的物理學家。 他是德國的猶太人，1879 年生於德國的烏姆（Ulm）市。 1955 年病逝於美國紐澤西州的普林斯頓。 愛因斯坦在物理學上主要的貢獻是相對論。 愛因斯坦的父親是一個化學工程師，他經營的事業一直都有困難，因此常常搬家。

　　愛因斯坦十七歲的時候去了瑞士，在 1896 年進入蘇黎世的聯邦理工學院求學。 1900 年畢業後，一直找不到適合的工作。1901 年，他成為瑞士公民。 1902 年，經過朋友的幫助，他終於在瑞士的標準局找到一分低層的工作。 1905 年，他發表了四篇論文，其中有三篇都具有很大的重要性。 這三篇文章分別討論： 布朗運動、光電效應和狹義相對論。

　　蘇黎世大學在 1905 年授予他博士學位。 1909 年，愛因斯坦擔任蘇黎世大學的教授。 後來，他先後在布拉格大學（1910

年）和蘇黎世的聯邦理工學院（1912 年）任教。 1913 年，他成為德國柏林大學的教授和普魯士科學院的院士。 1915 年，他發表了重要的廣義相對論的論文。 1922 年，他獲得諾貝爾物理獎。 1932 年冬，愛因斯坦在加州理工學院訪問。 1933 年，希特勒上台，他辭去了柏林大學的職位，到了普林斯頓的高等研究所。 1940 年，他成為美國公民，不過仍然保有瑞士國籍。 1945 年，他從高等研究所正式退休，仍然保留在高等研究所的辦公室，也仍可領到薪俸。 在那裏他一直待到 1955 年病逝。

關於宗教信仰，愛因斯坦的父母都是猶太裔人 [31]，自然受到猶太教的影響，但是他們不是傳統意義的猶太教徒，他們不去猶太教堂，也不特別遵守猶太教對於某些食物禁食的規定。 甚至，因為慕尼黑大多數人都是天主教徒，他們還把愛因斯坦送去了一個天主教辦的小學。 因此，在學校中，愛因斯坦是一個占少數的猶太人，在猶太人的圈子裏，他們又是離了群、不很傳統的猶太人。

愛因斯坦的父親賀曼‧愛因斯坦（Hermann Einstein）認為猶太教的儀式都是一些古代迷信的遺跡，「他對於在他家中不用猶太儀式引以為傲」[32]。 從十三歲的時候開始，愛因斯坦對於有組織的宗教開始覺得不滿，他後來寫道：「由於讀了普及的科學讀物，我很快的得到《聖經》裏的故事大多數都不可能是真的這種結論。」[33]。 他認為：有組織的宗教是國家利用謊言有計畫的去欺騙年輕人。 他覺得，從宗教方面接受過來的東西，絕大部分和他日漸增長的科學意識相抵觸 [34]。

1930 年，他訪問美國的時候，紐約時報登了一篇他有關

「宗教與科學」的文章，在這篇文章中，他提到：「人所做的或者想的事情，都與滿足人們的需要，或者要逃避痛苦有關。」愛因斯坦接著談到三種不同階段的宗教發展，在第一個階段是「恐懼的宗教」（the religion of fear），原始人類因為恐懼而有宗教。第二個階段是「神的社會或道德觀念」（the social or moral conception of God）時期，開始有由於社會價值而來的倫理式的宗教。到了最後第三個階段，就是「宇宙宗教情操」（the cosmic religious feeling）時期，應該有一種「宇宙式的宗教……，這種宗教不承認任何教條，也不承認以人的形象而假託的神，」他說：「我認為這種宇宙式的宗教經驗是科學研究背後最強也最高貴的驅動力量。」，「在我們這個大多是物質化的時代裏，誠心做研究的人是最有宗教情操的」。很顯然的，愛因斯坦所用的「宗教」一詞，與大部分的人所用的意思不一樣。雖然有人贊同他的看法，但是紐約的天主教人士卻反對得很厲害 [35]。

愛因斯坦說：「我相信斯賓諾莎（Benedict Spinoza，1632－1677）的神，他顯現在事物有序的諧和當中，而不相信一個關注於人類命運和行為的神。」 [36]。

1940 年 9 月 9 至 11 日，在紐約有一個「科學、哲學與宗教」的會議，邀請愛因斯坦發表演講，愛因斯坦答應寫一篇「科學與宗教」的文章宣讀 [37]。他在文章中這樣說：

「由於科學只確定是什麼，而不講應該要什麼，（宗教）與科學之間應該沒有衝突。只有當宗教侵入到科學的領域時，比如舉例說，一個宗教社團堅持所有「《聖經》」中所說的都是絕

對真理，這就會造成衝突，就像教會與伽利略和達爾文理論的
衝突一樣。……這種情形可以用這樣一幅圖像來表示：沒有宗
教的科學是瘸的，沒有科學的宗教是瞎的。」

　　如果他就此打住的話，大多數與會的人大概都會贊成他的
說法。但是，愛因斯坦接著說到他有關宗教發展三個階段的理
論。並且稱：「今天宗教與科學領域之間衝突的主要來源，就
是人格神（personal God）這個觀念。」他承認人格神的教條是永
遠不能完全否定的，因為這種教條永遠都可以在科學還不能達到
的地方得到庇護。但是愛因斯坦說：用這種方法，「不但不管
用，而且是一定無效的。因為一個只能在黑暗裏，而不能在亮
光下維持的教義，是一定會喪失它對人類影響力的，而且對於
人類的進步會有著不可估計的害處。宗教方面的導師，在爭取
至善倫理的競爭中，必須要有這樣的度量，放棄那些以恐懼或
者以給人們希望作為源頭（的力量），這些（力量）在過去把太
多權力放在教士手中。當人類的智慧越來越進步的時候，朝向
真正宗教情操的道路，我覺得就越來越不應該是經過對生活的恐
懼、對死亡的恐懼、以及盲目的信仰、而應該是經由理性的
知識。」

　　宗教界和一些社會人士，對於愛因斯坦這篇文章反對的聲音
很大。有些人甚至要他滾回德國去，不要在美國傷害美國人的
信仰[38]。

　　1954 年夏，在他過世之前不到一年，賀曼斯（William
Hermanns，1895－1990）教授希望他能夠對於神有一個比較嚴格
的說法，他在回信中，說道：「關於神，我不能接受任何基於教

會權威的觀念。 就我所能記憶，我一直是反對給人民灌輸教條的。 我不相信對生活的恐懼、對死亡的恐懼、和盲目的迷信。我不能證明給你看沒有人格化的神，但是如果我說有，那我就是個騙子。」[39]。

在《愛因斯坦與宗教》（*Einstein and Religion*）一書中，作者詹莫（Max Jammer，1915－2010）說：「愛因斯坦所說的宇宙宗教，自然是與猶太教、基督教、伊斯蘭教以及其他所有的有神論宗教都不相符的。 最重要的分別就是它否定了人格化的神，這個人格化的神會懲罰壞人、會獎勵好人、而且會為了顯示神蹟而破壞自然界的定律。」[40]。

愛因斯坦在 1954 年 1 月 3 日寫了一封親筆信給猶太哲學家古特金（Eric Gutkind，1877－1965），談論他的宗教觀點，這封信 2008 年 5 月在英國倫敦公開拍賣，由一位不願透露姓名的人士，以四十萬四千美金的破紀錄高價購得。 在這封信中，愛因斯坦說：「神這個字眼對我來說，只不過是一種顯示人類脆弱的產物，「《聖經》」是一些雖然值得尊敬，不過卻仍然很原始，而且也非常幼稚的神話匯集在一起的文字。 不論用多麼巧妙的方法來解釋，也無法讓我改變這種觀點。」

他也不認為猶太人是什麼神的選民，他在信中說：「對於我來說，猶太教跟其他宗教一樣，都是由那些最為幼稚的迷信形成的。 至於猶太民族，我是非常高興成為猶太民族一分子的，我也對猶太人的意識感到非常親切，不過，猶太人與其他民族並沒有什麼不同。 就我的經驗來說，他們並不比其他的人類群體更好。 不過，由於猶太人沒有什麼權力，他們至少避免了

人類最糟的毛病。 除此以外，我看不出來猶太人有什麼要作為
『選民』的。」

　　如果愛因斯坦以前因為對歐美社會裏面猶太教和基督教人士
的反應還有些顧忌，對宗教所說的話有時候還比較委婉，在這
封信裏，他對宗教的看法是再清楚不過的了[41]。

　　愛因斯坦從來沒有出席過任何宗教儀式，也從來沒有在任何
猶太教堂禱告過。 愛因斯坦最後的希望，是不要用猶太教的傳
統儀式來安葬他。 他要用火化，同時把他的骨灰撒開。 這顯示
他一直到 1955 年 4 月 18 日逝世的時候，都不相信任何宗教[42]。

　　什麼叫做「宇宙宗教情操」？ 其實就是大自然的道理。 這
不就是孔子所說的「天道」嗎？ 孔子說：「天何言哉！四時行
焉，百物生焉，天何言哉！」、「子不語怪力亂神」、主張「敬
鬼神而遠之」。 因此，在孔子的心目中，有一個天道，這個
天道表示這個世界是有規則的。 這個天道並沒有一個特定的名
字，也不是一個人格化的神。 孔子說他不能確定的告訴你，到
底有沒有鬼神，不過即使有的話，也最好敬鬼神而遠之。 這就
是「知之為知之，不知為不知，是知也。」這就是孔子對於宗
教的態度，也是絕大多數近代第一流物理學家的共同態度。

　　在兩千五百年前，孔子對於宗教就能與近代大物理學家有
共同的態度，實在是極為難能可貴的。 這也就難怪愛因斯坦會
說：「我所了解的禪宗佛教對我沒有多大的意義。 但是，我贊
成孔子的儒學。」（ What I can understand of Zen Buddhism has no
great meaning to me. But I approve of Confucianism. ）[43]。 兩位聖賢
如若有知，應該會相對微笑吧。

注釋

1. 見Richard S. Westfall, *The Life of Isaac Newton*, Cambridge University Press, 1993年，第5頁

2. R. S. Westfall, *The Life of Isaac Newton*, Cambridge University Press, 1993年，34頁

3. R. S. Westfall, *The Life of Isaac Newton*, Cambridge University Press, 1993年，62頁

4. R. S. Westfall, *The Life of Isaac Newton*, Cambridge University Press, 1993年，70頁

5. 見(1) R. S. Westfall, *The Life of Isaac Newton*, Cambridge University Press, 1993年，81頁。及(2) 周文斌,《十大物理學家》,廣西科學技術出版社,1994年,36頁

6. 參考許國保,王福山主編,《簡明物理學辭典》,上海辭書出版社,1987年,56頁

7. 見(1) Emilio Segre, *From Falling Bodies to Radio Waves*, W.H. Freeman and Co. 1984年,62頁。及(2) R. S. Westfall, *The Life of Isaac Newton*, Cambridge University Press, 1993年,190頁

8. 見E. Segre, *From Falling Bodies to Radio Waves*, W.H. Freeman and Co. 1984年,48頁

9. E. Segre, *From Falling Bodies to Radio Waves*, W.H. Freeman and Co. 1984年,47頁

10. R. S. Westfall, *The Life of Isaac Newton*, Cambridge University Press, 1993年,120頁

11. (1)《基督教辭典》,北京語言學院出版社,1994年,566頁。
    (2)任繼愈主編,《宗教大辭典》,上海辭書出版社,1998年,940頁

12. 見(1)《基督教辭典》,北京語言學院出版社,1994年,第5頁。(2) 任繼愈主編,《宗教大辭典》,上海辭書出版社,1998年,15頁

13. 任繼愈主編,《宗教大辭典》,上海辭書出版社,1998年,15頁和940頁

14. 見R. S. Westfall, *The Life of Isaac Newton*, Cambridge University Press, 1993年,122頁

15. 出版於1946年的修訂標準本（Revised Standard Version）,這兩節是：
    And the Spirit is the witness, because the Spirit is the truth. There are three witnesses, the Spirit, the water, and the blood; and these three agree.
    天主教在1966年出版的耶路撒冷（Jerusalem）版本,這兩節是：
    so that there are three witnesses, the Spirit, the water and the blood, and all three of them agree.
    新世界翻譯本（New World Translation）,這兩節是：
    For there are three witness bearers, the spirit and the water and the blood, and the three are in agreement.
    我們可以看出來,所有這些版本都不一樣

16. 在修訂標準版中（Revised Standard Version）此句為：Great indeed, we confess, is the mystery of our religion: He was manifested in the flesh, vindicated in the Spirit, seen by angels, preached among the nations, believed on in the world, taken up in glory.

17. R. S. Westfall, *The Life of Isaac Newton*, Cambridge University Press, 1993年，124頁

18. R. S. Westfall, *Never at Reft-A Biography of Isaac Newton*, Cambridge University Press, 1980年，489頁

19. R. S. Westfall, *The Life of Isaac Newton*, Cambridge University Press, 1993年，200頁

20. (1)見R. S. Westfall, *The Life of Isaac Newton*, Cambridge University Press, 1993年，304頁。以及(2) E. Segre, *From Falling Bodies to Radio Waves*, W.H. Freeman and Co. 1984年，47頁

21. R. S. Westfall, *The Life of Isaac Newton*, Cambridge University Press, 1993年，311頁

22. R. S. Westfall, *Never at Reft-A Biography of Isaac Newton*, Cambridge University Press, 1980年，317頁

23. 見R. S. Westfall, *The Life of Isaac Newton*, Cambridge University Press, 1993年，305頁。1717年John Conduitt與牛頓的外甥女Catherine Barton結婚。因此，結婚後，Catherine Barton的名字就成了Catherine Conduitt

24. E. Segre, *From Falling Bodies to Radio Waves*, W.H. Freeman and Co. 1984年，49頁

25. E. Segre, *From Falling Bodies to Radio Waves*, W.H. Freeman and Co. 1984年，49頁

26. E. Segre, *From Falling Bodies to Radio Waves*, W.H. Freeman and Co. 1984年，47頁

27. R. S. Westfall, *The Life of Isaac Newton*, Cambridge University Press, 1993年，122-124頁

28. 見J. H. Brooke, *Science and Religion, some historical perspectives*, Cambridge University Press, 1991年，80頁

29. R. S. Westfall, *The Life of Isaac Newton*, Cambridge University Press, 1993年，124頁

30. (1)《基督教辭典》，北京語言學院出版社，1994年，408頁
    (2)任繼愈主編，《宗教大辭典》，上海辭書出版社，1998年，661頁

31. 見R. W. Clark: *Einstein, the life and times*, The World Publishing Company, 1965年，第5頁

32. 見Max Jammer，*Einstein and Religion*, Princeton University Press, 1999年，第15頁

33. R. W. Clark: *Einstein, the life and times*, The World Publishing Company, 1965年，第17頁

34. M. White and J. Gribbin, *Einstein- A Life in Science*, Penguin Books, 1994年。中譯本，容士毅譯，牛頓出版社，民國84年，第19頁

35. Max Jammer, *Einstein and Religion*, Princeton University Press, 1999年，75-78頁

36. M. Jammer, *Einstein and Religion*, Princeton University Press, 1999年，49頁

37. M. Jammer, *Einstein and Religion*, Princeton University Press, 1999年，94頁

38. M. Jammer, *Einstein and Religion*, Princeton University Press, 1999年，94-106頁

39. (1) M. Jammer, *Einstein and Religion*, Princeton University Press, 1999年，122頁。(2)Ronald W. Clark: *Einstein, the life and times*, The World Publishing Company, 1965年，622頁

40. M. Jammer, *Einstein and Religion*, Princeton University Press, 1999年，149頁

41. 李雅明，《科學與宗教：400年來的衝突、挑戰和展望》，五南圖書公司，2008年，287頁

42. M. Jammer, *Einstein and Religion*, Princeton University Press, 1999年，27頁

43. 見Dennis Brian, *Einstein-a life*, J. Wiley and Sons, 1996年，322頁

第二十章
演化論的爭議

1859 年，達爾文（Charles Robert Darwin，1809－1882）的著作《物種始源》（*The Origin of Species*），全名是 *The Origin of Species by Means of Natural Selection, or the Preservation of Favoured Races in the Struggle for Life*[1] 出版了，對於生物物種的演變提出了解釋。 他的理論對於基督教一向主張的，上帝在六天之內，創造了這個世界，也創造了所有生物的說法，提出了嚴重的挑戰。

查理士‧達爾文是英國人，1809 年 2 月 12 日生於英國施若普郡（Shropshire）的施如斯柏瑞鎮（Shrewsbury）。 他的父親羅伯特‧達爾文（Robert Darwin，1766－1848）是個醫生，他的祖父伊拉斯穆斯‧達爾文（Erasmus Darwin，1731－1802）是醫生、科學家和詩人。 伊拉斯穆斯‧達爾文最有名的著作是《有機生命的規律》（*Zoomomia or the Laws of Organic Life*）（1794），這本書本來的目的是做為一本醫學的教科書，但是在書中，伊拉斯穆斯‧達爾文表達了生物演化的觀念，與法國的拉馬克（Jean-Baptiste Lamarck，1744－1829）在 1809 年到 1815 年中間

的著作所表達的演化理論很接近，都是演化論的先鋒。 但是，
這種演化論後來被他的孫子超越了。 祖孫二人在演化論上都有
重要的貢獻，這實在是科學史上的佳話。

查理士・達爾文是家裏六個孩子的第五個，也是第二個兒
子，他的母親在他八歲的時候去世了，他的父親行醫很成功，
在家庭中也是一個嚴父。 由於年紀的關係，達爾文小時候的
教育主要是由他的姐姐們負責的。 他後來在施如斯柏瑞鎮的學
校唸書，但是表現不特出。 1825 年到 1827 年，他到愛丁堡學
醫，但是也證明醫學不是他的興趣所在。 1827 年十月，他的父
親只好把他送去劍橋大學的基督學院（Christ's College），也許以
後可以作一個牧師。 由於結識了一些科學家，他的興趣因而轉
移到了科學方面。 他學神學三年，這三年達爾文後來回憶說，
完全是在浪費時間。

1831 年，英國皇家軍艦「小獵犬」（Beagle）號要進行環
球航行，需要一名自然學者。 當其他人選都回絕了這項工作以
後，機會落到了達爾文的頭上。 這次航行從 1831 年的 12 月
27 日到 1836 年的 10 月 2 日，歷時五年。 達爾文隨著軍艦，
到過佛德角群島（Cape Verde Islands）、南美洲、加拉帕勾斯群
島（Galapagos）、大溪地（Tahiti），紐西蘭、澳洲、毛利西斯
（Mauritius）、和南非。 這次的航行使達爾文成為一個生物學
家、地質學家、和演化論者。 達爾文回到英國以後，在 1839 年
與他的表姐愛瑪・維基伍德（Emma Wedgwood，1808－1896）
結婚。

達爾文首先在地質學上有了一些成果。 但是他主要的成就

是在生物學上。 達爾文自幼接受的是神學教育，因此起初他信奉的是傳統上帝創造世界，物種不變的理論。 在航行世界以後，他從大量的證據了解到，物種不是不變，而是逐漸演化的。 人類從新石器時代（Neolithic Period）起，所培養的作物和馴化了的動物，都讓他了解到，選擇一定是自然界演化的主要因素。

1838 年 9 月 28 日，他讀到了馬爾薩斯（Thomas Robert Malthus，1766－1834）的人口論，認為人口成幾何級數成長，而人類所需要的食物，則不能相應的成長[2]。 這使達爾文立刻想到，有利的變種往往易於保存，而不利的變種則容易消失。 他終於有了一個完整的理論了。 但是，幾乎有二十年之久，他沒有發表他的發現。 在這段時間，他整理他的「小獵犬號航行記錄」、他的地質學研究、和化石的記錄。

1856 年，他開始寫有關物種的書。 1858 年，英國生物學家華來士（Alfred Russel Wallace，1823－1913）考察馬來群島的物種，也獨立的得到自然選擇的理論，與達爾文一致的演化思想。 華來士在 1858 年將他的論文寄給達爾文，達爾文驚奇的發覺兩者之間的相似。 在他的朋友植物學家胡克（Joseph D. Hooker，1817－1911）和地質學家萊爾（Charles Lyell，1797－1875）的協調之下，華來士的論文和達爾文在 1844 年所寫的綱要，以及一封 1857 年 9 月 5 日達爾文寫給美國植物學家葛雷（Asa Gray，1810－1888）的信[3]，一起於 1858 年 7 月 1 日在倫敦的林耐學會（Linnean Society of London）上發表。 1859 年，他的《物種起源》（*The Origin of Species*）一書終於出版了。 後

來，他又發表了《動物和植物在家養下的變異》（*Variation in Animals and Plants under Domestication*）（1868），《人的起源》（*Descent of Man*）（1871）等其他的著作，進一步充實了演化論的內容。

　　關於達爾文的宗教思想，在達爾文的家族中，達爾文的祖父和父親都沒有很強的基督教意識。他的祖父是一個開明的仕紳，有著一種反教會的思想[4]。達爾文早年的時候，他的宗教觀念是比較簡單的基督徒，這是受到他的姐姐卡洛林（Caroline）的影響[5]。他的朋友賀柏（John Maurice Herbert，1808－1882）回憶說，當他們年紀都很輕的時候，達爾文問他，他是否確實是由於聖靈的召喚，而願意從事聖職的。賀柏回答說，他不可能這麼說的時候，達爾文說，他也不可能[6]。

　　在達爾文的自傳裏，他說在 1830 和 1840 年代，他對宗教想得很多，《舊約》對他來說，已經不是可靠的歷史了，對於基督教來說，《舊約》也是一種不正確的來源。《舊約》是一種早期的，對於神祇比較野蠻的想法。至於《新約》，由於它依賴神蹟，而且是在事情發生之後很久才寫的，因此也不能當作是神的啟示[7]。《新約》中的倫理是美麗的，但是要完全相信《新約》中的事情對他而言有問題。達爾文說：「因而這種不信的想法以一種緩慢的速度感染了我，最後成為完全的了……」[8]。

　　他曾經寫信給他的朋友植物學家胡克（Joseph Hooker）說：「如果讓研究科學的人完全忽略宗教這個問題，我不曉得是不是一件最聰明的事。」[9]。但是，他也在自傳中說道：「由於這個神奇而又巨大的世界，很難想像它是完全出於偶然的機會。這

樣的反省，我被迫要想到一個第一因，它有與人類似的智慧，我因而也可以說是一個有神論者。」但是，這種想法「在經過一些波折以後，逐漸的變弱了，」這種不信來的「如此之慢，我並沒有感到不安，而且在此之後，再也沒有一秒鐘懷疑我的結論是正確的。」

　　達爾文的祖父和父親對於宗教的懷疑思想，對於他應該是有幫助的。對於宗教信仰，他說：「對於這樣一個難解的問題，我不能假裝給了任何答案。所有事物的起源這樣一個謎，我們是很難了解的，至少我自己必須保留做為一個不可知論者。」[10]。

　　1881 年，達爾文已經年紀很大了，馬克思（Karl Marx，1818－1883）的女婿阿維林（Edward Aveling，1849－1898），他是熱烈支持無神論的，帶著國際自由思想家協會主席布和訥（Ludwig Buchner，1824－1899）博士到達爾文家中拜訪。

　　布和訥在德國宣揚達爾文的學說。那天，他們本來並沒有想要談宗教。但是，達爾文主動提起這個話題。達爾文問他們為什麼稱呼自己是無神論者。他們回答說，因為沒有神的證據，因為只是發明一個名詞並不能解釋自然現象等等。阿維林說，達爾文對於他們的論點，每一條都同意，但是在最後他評論說：「我跟你們的想法是一樣的，但是我比較喜歡用不可知論，而不想用無神論這個稱呼。」

　　阿維林他們答道：「不可知論只是無神論說得比較客氣一點，而無神論也不過就是把不可知論說得比較侵略性一點罷了。」

　　達爾文對於這個說法笑了。但他問道：「那你們為什麼要那

麼有侵略性呢？對於大多數的人類來說，想要把這些新的想法灌輸給他們，有任何好處嗎？對於受過教育的、有文化的、能思想的人那是很好的，但是大多數的群眾對這樣的想法成熟了嗎？」

過了一會以後，在特別談到基督教的時候，達爾文說他一直到四十歲的時候，才完全放棄了基督教的信仰。阿維林他們問達爾文，他放棄基督教的理由是什麼，他簡單而又自足的回答說：「因為沒有任何支持基督教的證據。」[11]。

在《物種起源》的結尾，達爾文用了這樣的話「由於創造者對物質所加的定律」（laws impressed upon matter by the Creator），因此，有些人把這當作他仍然相信基督教的證據。但是，他對他的朋友，植物學家胡克（Joseph D. Hooker）說，他很後悔用這樣的詞句，因為其實他的意思只是說：這是「由於一些完全未知的過程所造成的」（appeared by some wholly unknown process）[12]。

基督教把人的起源說成是由上帝所造的，而且世界上所有的生物也都是上帝在六天之內造成的。達爾文卻發現物種不是不變，而是逐漸演化的。這與基督教的創造論有直接的衝突。達爾文本人在求學的時候先是學醫不成，後來學神學三年，甚至有可能成為一個教區的牧師，但是由於他對於生物學的研究，逐漸的放棄了基督教的信仰，到了四十歲以後，他就再也不相信基督教了。

1860年，在英國科學促進會上，達爾文的好朋友赫胥黎（Thomas Huxley，1825–1895）為了演化論與牛津主教韋伯福

斯（Samuel Wilberforce，1805－1873）有過一場非常有名的辯論。 這一場辯論讓英國的知識界大多接受了達爾文的演化論。 但是，教會的領袖如韋伯福斯，和一些政客如坎培爾（John Campbell，1779－1861）和格萊史東（William Gladstone，1809－1898，曾數度擔任英國首相）仍然拒絕接受[13]。

　　基督教會反對演化論，更是一直沒有停止。 在歐洲國家，基督教會的勢力，近年來衰退的很快。 固定上教堂的人口，有些報導說已經不足百分之二。 但是，美國的基督教會，勢力仍然很大。 由於選舉是數選票的，美國的政界人士，對於教會的意見，仍然不敢忽視。 下面我們就以美國為例，看一下在這場有關演化論的爭論中，到目前為止的情況。

　　1925 年 1 月，美國田納西州通過州法，禁止在學校中教演化論，所有與「《聖經》」〈創世記〉不同的說法都屬非法。 美國民權協會（American Civil Liberties Union），覺得這個法律違反了政教分離的原則。 為了要抵抗這一趨勢，希望找人以身試法來反抗這個法律。 田納西州一個小鎮丹敦（Dayton）的商會，覺得這是一個吸引注意力的好機會，於是看鎮上有沒有人願意擔任這個任務。

　　結果有一位體育教師史寇匹斯（John Scopes，1900－1970）願意出來作這件事，但他是一個體育老師，並不是教生物的，不過有一次他代過生物老師的課，曾經為學生介紹過一本生物學的課本，這本書中有演化論的理論，這就夠了，史寇匹斯因而被捕。 大家都知道這將是一場很有影響力的審判。 兩方面的律師都很有名。 檢方的律師是三度競選過美國總統，當過美國

國務卿的布瑞安（William Jennings Bryan，1860－1925）。 史寇匹斯的律師則是有名的不可知論者，同時也是有名的刑事律師達羅（Clarence Darrow，1857－1938）。 在庭上的辯論中，達羅問了許多布瑞安答不出來的「《聖經》」上的問題，像是： 約拿（Jonah）是否真的被鯨魚吃掉了[14]？ 約書亞（Joshua）是否真的讓太陽不動[15]？ 該隱（Cain）從什麼地方娶到他的太太[16]？ 真有世界性的大洪水嗎？世界真的在公元前 4004 年產生？

　　布瑞安沒有考慮過這些達羅提出來的問題，在世人的眼中看起來，覺得他是有些愚蠢了。 由十二個農民所組成的陪審團，最後判史寇匹斯有罪，罰他一百美元。 但是，對於其他人來說，其實勝利的是辯方。 布瑞安在判決之後不到幾天就過世了。 演化論由於這場審判大大為人所知，其他正在準備通過類似法律的州，也都因此打了退堂鼓。 但是，這場審判也顯示：即使是在二十世紀的美國，宗教在社會上仍然有著龐大的勢力，足以箝制人們的言論自由。

　　自從史寇匹斯的審判以後，一方面基督教會主張的創造論勢力有所消減，但是在另一方面，教科書的出版商也了解到，公開主張演化論在社會上還是會受到相當大的阻力。 因此，一直到 1950 年代，美國中小學校的生物課本，對於演化論一般都講得很少。 到了 1957 年，蘇聯首先發射人造衛星，這對於美國造成了重大的衝擊，因為這表示蘇聯可能已經在科學上領先。 於是，美國開始修改中小學的教科書，其中生物課本包括了比較多的演化論。

　　1963 年當這套書出來的時候，在美國一些地方造成了緊

張的氣氛。 像是阿肯色州就立法禁止教這樣的生物學。 1965
年，阿肯色州小岩城的一位生物教師，為此控訴州政府。 到
了 1968 年，最高法院終於以違反美國憲法第一修正案（First
Amendment）的理由，把這個法律取消了。

　　稍早，在 1963 年，有一位女性無神論者莫瑞（Madalyn
Murray，1919－1995），控訴馬利蘭州巴提摩爾（Baltimore）
教育局，說她小孩的學校裏有公開的祈禱儀式，以及讀「《聖
經》」的行為。 最高法院最後判決，為了維護政教分離的原則，
應該要停止這些措施。

　　這些判決對於創造論者來說都是重大的挫折。 於是，創
造論者也開始反撲。 1961 年，惠特康（John C. Whitcomb Jr.，
1924－2020）和莫瑞士（Henry M. Morris，1918－2006）共同寫
了一本書《創世記的洪水》（*The Genesis Flood*）。 惠特康是一個
教「《聖經》」的老師，莫瑞士是一個水利工程教授。 他們的書
雖然沒有受到教育界和科學界的重視，但是卻銷了許多版[17]。

　　1963 年，創造論者組成了一個叫做創造研究社（Creation
Research Society）的團體，他們的立場是基督教基要主義
（fundamentalism）。 接著還有其他類似的組織成立。 創造研
究社還出版了一份期刊，叫做《創造研究社季刊》（*Creation
Research Society Quarterly*）。 在這個刊物上發表論文的作者，有
些在科學與宗教方面，還具有一定的程度，有些在宗教方面有
研究，但是在科學方面的知識比較薄弱，有些兩者都沒有。

　　從一開始情勢就很明白，主張演化論的人和主張創造論的人
這兩邊之間，是很難有什麼交流的。 這些創造論者的論文，在

學術界很少得到科學家的注意。 但是，他們還是盡量找證據來批評演化論。

創造論者要重新解釋達爾文在加拉帕戈斯（Galapagos）群島所得到的結果。 他們可以接受物種較小的變化，但是他們不承認一個物種可以轉化到另一個物種。 因為現在所發現的，從猿猴演化成人的化石資料還不是非常充足，而最近發現的化石也還沒有得到一致的解釋。 創造論者因而利用這些證據的空隙，想要證明人在地球上存在的時間與其他生物都一樣。 對於人類的不同種族，演化論者認為是長時間演化出來的，而創造論者則主張依照《舊約》〈創世記〉十一章巴別塔（Tower of Babel）的故事來解釋，說這是因為耶和華變亂了人們的口音，使他們彼此不通，造成了不同的種族。

這些講法雖然對一些美國人有吸引力，但是主流的科學家對此沒有興趣，他們寧可自己多作些研究，也不願意跟創造論者做這些無謂的爭辯。 1998 年和 1999 年，美國國家科學院（National Academy of Sciences）連續兩次發表公開文件，支持演化論，而且認為創造論和現在創造論者標榜的新名詞「智慧設計論」（Intelligent Design），都不是科學。 而且特別澄清，絕大多數的科學家都支持演化論 [18]。

創造論者認為亞當、夏娃是人類的祖先，而且一出現就與我們現在一樣。 演化論者則認為人是從猿猴一樣的動物演化而來的，雖然他們自己之間，對於這個演化的過程也有不同的意見。 現在大多數的演化論學者把非洲猿、現在已經絕種的人類、以及現代人類放在同一個物種中，叫做 Hominidae。

　　人類的這一支，叫做 Homininae，或者叫 hominines。 也就是說，人並不是直接從猿猴演化來的。 人與猿猴是有著共同祖先的不同分枝。 這就澄清了在史寇比斯審判時，報章雜誌上一種普遍的誤解。 hominines 與其他 hominidae 不同之處，在於他們可以用兩隻腳走路，他們會使用工具，以及他們有較大的腦容量。 在兩百六十萬年前，可能有多至四種的 hominines，但是後來有三種都絕種了。 有思索能力的智人（Homo sapiens），大約在二十萬到三十萬年前產生。

　　美國很多州都有生物課本的爭議。 大部分想在學校阻止教演化論的立法都失敗了。 但是到了 1981 年，通過了兩項法律。 其中有一個是阿肯色州的法律。 這項法律的名字是：「平衡處理創造科學與演化科學法案」（Balanced treatment for creation-science and evolution-science act）。 從名字就可以知道，這個法案把創造論當作是跟演化論一樣的科學理論。 美國民權協會（American Civil Liberties Union）因而挑戰這項法案，請了世界有名的科學家來作證，包括哈佛大學的生物學家古爾德（Stephen Jay Gould，1941－2002）。 在創造論這方面，並沒有請有名的創造研究社的成員，像是莫瑞士（Henry Morris）或基斯（Duane T. Gish，1921－2013）[19] 等人來作證，因為到了這個時候，這些組織已經不受科學界和媒體的重視了。

　　法官歐弗騰（William R. Overton，1939－1987）1982 年的判決，是今天對於演化論—創造論這項爭議討論得最為完整的文件之一。 法官要決定的是，這個法案有沒有違反美國憲法修正案的第一條。 第一條修正案規定：「州政府和聯邦政府都不能設立

教會。 兩者都不能通過幫助某一個宗教，或幫助所有的宗教，或對某一宗教有特殊待遇的法案。」

歐弗騰法官列出科學的特點是： 第一，科學是由自然律所指引的。 第二，科學的事實，可以由自然律來解釋。 第三，科學的事實可以在經驗世界中驗證。 第四，科學的結論是嘗試性的，也就是說並不一定是定論。 第五，科學事實是可以被否定的（也就是說，可以用實驗證明是錯誤的）。 他認為創造論不符合這些條件。 這項決定對於創造論來說，是一項重大的失敗。 在路易西安那州，類似的法案拖了五年仍然失敗。 在聯邦層次也一樣。

因此，美國的學術界和法院，都不贊成創造論。 但是，美國的政客仍有一些想利用政治勢力，來推動創造論。 1988 年，一個經常在電視上佈道的傳教士羅柏生（Pat Robertson，正式名字是 Marion Gordon Pat Robertson，1930－）競選美國總統。 雖然沒有成功，但是他和他的後援會在 1989 年成立了一個叫做「基督徒團結會」（Christian Coalition）的組織。 這個組織發展的很快，到 1993 年，已經有了三十五萬會員，與共和黨的右派有很深的關係。

據一些報導說，在美國地方選舉中，「基督徒團結會」所支持的候選人，當選的比例很高。 這顯示雖然美國的學術界和法律界，已經比較能夠脫離基督教的控制，但是在美國的基層民眾當中，基督教的勢力仍然是很大的。 在數選票的時候，政客們仍然不敢忽視教會的作用。

演化論是一種科學理論。 科學是可以驗證的，科學也是每

天都在進步中的。 創造論者則是以《舊約》中的神話故事作為根據。 在這種爭論中，創造論者其實一直處在被動的狀態，看演化論有沒有什麼空隙可以反駁。 這些創造論者，大多數都不是專業的科學家，可是他們往往對於自己不是很內行的專業發言。 1996 年，康乃爾大學的天文學教授撒岡（Carl Sagan，1934－1996），在他所寫的《魔鬼盤據的世界： 科學是黑暗中的亮光》（*The Demon-Haunted World: Science as a Candle in the Dark*）一書中，認為創造論者是假科學家，他們的迷信對於現代社會是危險的。 對於這些創造論者來說，這的確是一個很正確的敘述。

注釋

1. 達爾文，《物種始源》（*The Origin of Species*），全名是 *The Origin of Species by Means of Natural Selection, or the Preservation of Favoured Races in the Struggle for Life*，1859年出版。見 *The World Book Encyclopedia*，World Book Inc., 1985.

2. 鮑耀三、張純成主編，《簡明自然科學史》，河南大學出版社，1988年，216頁 說：達爾文的自傳提到是在該年十月間讀到馬爾薩斯的著作

3. (1) Charles Darwin, *The Autobiography of Charles Darwin:1809-1882*, W. W. Norton and Company, 1958，p.121，提到有這兩者
   (2)有這兩者可見 Adrian Desmond and James Moore, *Darwin*, Warner Books, 1991, p.470

4. Peter Brent, *Charles Darwin, a man of enlarged curiosity*, Harper and Row, New York, 1981年，14頁

5. Peter Brent, *Charles Darwin, a man of enlarged curiosity*, Harper and Row, New York, 1981年，86頁

6. (1) Peter Brent, *Charles Darwin, a man of enlarged curiosity*, Harper and Row, New York, 1981年，第86頁
   (2) John Bowlby, *Charles Darwin, a new life*, W. W. Norton and Company, 1990, 98頁

7. Peter Brent, *Charles Darwin, a man of enlarged curiosity*, Harper and Row, New York, 1981年，313頁

8. Peter Brent, *Charles Darwin, a man of enlarged curiosity*, Harper and Row, New York, 1981年，314頁

9. Peter Brent, *Charles Darwin, a man of enlarged curiosity*, Harper and Row, New York, 1981年，451頁

10. Peter Brent, *Charles Darwin, a man of enlarged curiosity*, Harper and Row, New York, 1981年，452頁

11. Peter Brent, *Charles Darwin, a man of enlarged curiosity*, Harper and Row, New York, 1981年，455頁

12. John H. Brooke, *Science and Religion, some historical perspectives*, Cambridge University Press, 1991，275頁

13. 見Stephen F. Mason, *A History of the Sciences,* Macmillan, 1962年，422頁

14. 見《舊約》〈約拿書〉2:17

15. 見《舊約》〈約書亞記〉10:12

16. 見《舊約》〈創世記〉4:16

17. Ben Sonder, *Evolution and Creationism*, Franklin Watts, 1999年，47頁

18. *Science and Creationism-a view from the National Academy of Sciences*, second edition, The National Academies, National Academy Press, 1999年

19. 生化學家，Institute for Creation Science的副會長

第二十一章
基督教與中國文化的分歧

　　中國的傳統思想，以儒家為尊。 雖然有儒釋道三教合一之說，但是儒家仍然占最主要的地位。 在宗教思想方面，孔子（公元前 551－479）的態度非常接近現代哲學的不可知論（agnosticism）。 孔子主張：「敬鬼神而遠之」、「未知生，焉知死？」、「未能事人，焉能事鬼？」，而且「子不語怪力亂神」，說：「天何言哉！四時行焉，百物生焉，天何言哉！」、認為「知之為知之，不知為不知，是知也。」 這幾乎是標準的不可知論，也與許多近代大科學家對於大自然的看法極為相似。

　　至於儒家的另外兩位宗師，孟子（約公元前 372－約 289）和荀子（約公元前 313－約 238），對於宗教的態度也與孔子相當接近。 孟子說：「仰不愧於天，俯不怍於人，二樂也」、「順天者存，逆天者亡」、「盡心知性以知天」、「存其心養其性，所以事天也」。 孟子談天道談的不多，他只是順著傳統說，並沒有特別強調。

　　至於荀子，荀子明確主張「聖人不求知天」，使天回到自然之天的本位。 荀子以自然之天否定神秘之天、沒有鬼神、祭祀

純係神道設教。 荀子說：「天行有常，不為堯存，不為桀亡，
應之以治則吉，應之以亂則凶」、「大天而思之，孰與物畜而制
之？從天而頌之，孰與制天命而用之？……故錯人而思天，則
失萬物之情」[1]。 荀子根本不信鬼神，比孔子、孟子還要接近現
代的無神論（atheism）。

　　由於儒家先哲的影響，使得中國兩千五百年來的知識分子，
對於宗教都是抱持著比較超然理性的態度。 中國的一般老百
姓，或許有些會有迷信的情形，但是中國的知識分子，卻向來
都很理性，很少有迷信宗教的。 這也使得我們中國在歷史上幾
乎沒有宗教戰爭。 唯一的一次與宗教比較相關的內戰就是太平
天國，而這正是由於受到基督教傳來的影響而造成的。 看到歐
洲和中東，在歷史上不知有多少人白白死於宗教衝突，千載之
下我們不禁要為孔子、孟子和荀子等儒家先賢的理性精神而喝
采，由於他們的真知灼見，使得中華文化走上了正確的道路。

　　讓我們再看看基督教，基督教四度傳入中國，前三次都沒
有成功，事過境遷就煙消雲散。 鴉片戰爭以後的這一百八十多
年來，基督教終於在中國有了相當的進展。 我們在前面，曾
經提到英國在 1793 年和 1816 年兩次分別由馬戛爾尼（George
Macartney，1737−1806）和阿美士德（William Pitt Amherst，
1773−1857）奉使來華。 乾隆皇帝（1711−1799，1736−1796
年在位）在致英王的覆函中，明確表示不許到中國傳教。 信中
說：「至於爾國所奉之天主教（按：其實英國當時已經大多改為
英國國教），原係西洋各國向奉之教，天朝自開闢以來，聖帝明
王垂教創法，四萬億兆率由有素，不敢惑於異說。 即在京當差

之西洋人等，居住在堂，亦不准與中國人民交結，妄行傳教，尤屬不可。」[2]。 但是經由兩次遣使來華，英國對於中國這個老大帝國的虛實已經了解的相當清楚，知道中國的科學技術與軍事能力都已遠遠落後於西方。 找到機會，當然要侵略中國。 在鴉片戰爭之後，基督教再度傳入中國已經不可避免。 不過，這一次，中國政府已經沒有力量阻止了。

當時大多數的士大夫對於國外的情形，相當的隔膜。 對於天主教、基督新教的情形也不十分了解。 不過，還是有一些學者，即使在中西交往的初期，在對基督教只有簡略了解的情況下，仍然對基督教作了一些頗為中肯的評論。

在道光咸豐年間，魏源（1794－1857）是一位比較通曉外洋事物的學者，對於基督教義，他認為「鄙屑不足道」，他說：「吾讀福音書，無一言及於明心之方，修道之事也，又非有治曆明時制器利用之功也，惟以療病為神奇，稱天父神子為劫制，尚不及天方教之條理。……耶穌自身受罪，可代眾生之罪，則佛言歷劫難行苦行，捨頭目腦髓若恆河沙，功德當更不可量，耶穌又曷斥之乎？謂孔子佛老皆周時人，僅閱二千餘歲，有名字朝代，但為人中一人，不能宰制萬有，則耶穌距非西漢末人？又安能代神以主造化？且聖人之生，孰非天之所子，耶穌自稱神天之子，正猶穆罕默德之號天使，何獨此之代天則是，彼之代天則非乎？」[3]。

馮桂芬（1809－1874）是道光二十年（1840）的榜眼。 咸豐末年，馮桂芬以科名與博學負士大夫的重望。 他對於西洋學術也很留意，對於基督教的各項義理，則極表蔑視。 認為其「率

皆猥鄙無足道」。 這實在代表了咸豐年間一般有知識的士大夫對
於基督教所持的態度[4]。

曾國藩（1811-1872）在「討粵匪檄」中，說：「粵匪竊
外夷之緒，崇天主之教，自其偽君偽相，下逮兵卒賤役，皆以
兄弟稱之，謂惟天可稱父，此外，凡民之父，皆兄弟也。 凡民
之母，皆姊妹也。 農不能自耕以納賦，而謂田皆天主之田，商
不能自賣以取稅，而謂貨皆天主之貨； 士不能誦孔子之經，而
別有所謂耶穌之說，《新約》之書，舉中國數千年禮義人倫詩
書典則，一旦掃地蕩盡，此豈我大清之變，乃開闢以來名教之
奇變，我孔子孟子所痛哭于九泉，凡讀書識字者又烏可袖手安
坐，不思一為之所也。」[5]。 這就是說，曾國藩覺得基督教義和
太平天國，不但對於大清王朝是一個威脅，對於中國數千年的
文化思想也是一個重大的衝突和奇變。

清朝同光中興的另一位名臣左宗棠（1812-1885），也看不
起基督教的教義，認為其所以能夠在各國流傳，是由於西歐各
國國勢強盛的緣故，而不是由於其教義本身的條件[6]。

李鴻章（1823-1901）對於基督教的看法也很接近。 他欣賞
西方的技術，不過，他欣賞的不出武器與經濟生產這兩項，對
於中國的文物制度，他仍然認為「遠出西人之上」。 對於天主
教，他也絕無好感，認為天主教在中國傳教流弊甚大，而且覺
得天主教的義理「較釋老尤鄙陋」[7]。

郭嵩燾（1818-1891）曾任廣東巡撫，後來出使英國，是同
光年間對於洋務最有認識的一位官員。 不過，他對於基督教的
教義，並沒有特別的瞭解。 他只是評論說：其「精微處遠不如

中國聖人，故足以惑庸愚而不足以惑上智。」[8]。

　　晚清的另一位名臣，林則徐的女婿，江西巡撫沈葆楨（1820－1879），在南昌教案發生後，因為同情當地紳民的反基督教行動，稱讚其事為「國家二百年養士之報」。他對於天主教在中國的活動，表示深惡痛絕。他說：「通商罔利，情尚可容，邪說橫行，神人共憤，然其為教，亦各不同。耶穌教（按：指基督新教）以清靜為宗，雖是非謬於聖人，可以僧道之流待之；天主教則納污藏垢，無所不為，淵藪逋逃，動與地方官為難，名為傳教，實則包藏禍心，正士良民，不勝憤疾之情，到致有戕殺之舉。」[9]。

　　另一位通曉洋務的官員丁日昌（1823－1882），也持同樣的看法，他說：「教士之入中國也，引誘莠民，欺凌良善，制肘官吏，潛通消息，凡有百姓之處，即有傳教之人，目前受其荼毒，固屬甚而又甚，將來釀成大變，更為防不勝防。」。因為天主教多持法國的保護，他在普法戰爭之後，建議利用這個時機，與法國和羅馬天主教廷以談判來解決教案 [10]。

　　滿清皇族的態度也是一樣。恭親王奕訢（1832－1898）早在咸豐八年（1858 年），就反對天主教在中國傳教。他說：「近年沿海地方，業為（天主教）所惑，即粵逆亦藉耶穌以惑人心，京師首善之區，若遭蠱惑，則衣冠禮樂之族，夷于禽獸。」[11]。當時恭親王奕訢是滿清貴族中比較通習中外情勢的人。而一些守舊人士，排外的情緒更為激烈。

　　像是另一位皇家親貴，醇親王奕譞（1840－1891）和「理學大臣」倭仁（1804－1871），對於外人的侵略都有一種情緒性

的痛恨。 醇親王奕譞一向支持反基督教的言論，甚至認為「焚
其教堂，殺其洋商」亦在所不惜。 倭仁也是如此，他認為治國
之本「在人心不在技術」，對於基督教的流傳，尤其感到極大的
憂慮，甚至反對設立學習外國學術的同文館。 他說：「議和以
來，耶穌之教盛行，無識愚民，半為煽惑，所恃讀書之士，講
明禮義，或可維持人心，今復舉聰明俊秀國家所培養而儲以有
用者，變而從夷，正氣為之不伸，邪氣因而彌熾，數年之後，
不盡驅中國之眾，或歸於夷而不止。」[12]。

　　曾在曾國藩、李鴻章幕府、後任湖南按察使，並多次出使歐
洲各國的薛福成（1838-1894），以為傳教是洋人蠶食中國的主
要手段之一，各省紳民起而反教，實係中國民心士氣反抗外人
侵略的表現。 他說：「中國（民教）之釁，何時而弭？雖然多
事，猶中國之幸也。 何也？以民之未盡變於夷也。 竊恐數十年
之後，耳濡目染，漸之不怪，則附之者日多，比洋人斂中國之
財，啖中國之民，即率中國之民，啟中國之變，膠故盤結，據
我堂奧，閒暇伺會，焱迅云合以起，而洋人糾群國以制其弊，
雖有聖人不能為之謀矣。 英法諸國之遠闢疆圉，蠶食西土，大
率用此術耳。」[13]。

　　夏燮（1803-1875）在咸豐同治年間，也是一位深通外情的
人物，曾經入曾國藩的幕府，他在所著《中西紀事》中說：「利
瑪竇之書，止載耶穌救世功畢復歸升天，而諱言死於王難。 湯
若望不若利瑪竇，乃并其釘死十字架上，圖解而直布之，其去
黃巾五斗米張道陵幾何？」[14]。

　　清末的實業家和維新思想家鄭觀應（1842-1921）就對於一

些教民非常藐視，說：「第華民各具天良，稍明事理者，從不為彼教所惑。凡進教者或為財產所誘不克自持，或以狂病為瘳失其本性，或奸民倚為聲勢，或犯罪求為系援。必先有藐官玩法之心，乃欺作逆理拂情之事。」，因此「作奸犯科無所不至，或鄉愚被其訛詐，或孤弱受其欺凌，或強占人妻，或橫侵人產……種種妄為，幾難盡述」[15]。

甚至為清廷緝捕而受到傳教士庇護，後來又與牛津大學第一位漢學教授理雅各（James Legge，1815－1897）合譯儒教經典的王韜（1828－1897），在 1882 年也主張，「將來易約之時，可否將傳教一款刪除，實可消無端之萌蘖，而絕無限之葛藤，如向者日本與泰西立約，教士但可旅居而不可傳教，我中國何不援此以行。」[16]。

從以上的節錄言論可以看出來，無論是皇親貴族、中央大員、地方官吏、還是知識分子，無論他們對於西洋事物瞭解的程度如何，他們對於天主教和耶穌教的惡感和抗拒幾乎是一致的，這真是當時朝野上下一致的結論了。

到了二十世紀，中國的國難日亟。進入民國以後，中國知識分子一般來說，對於基督教仍然抱持反對的態度。在 1922 年到 1927 年之間，中國爆發了好幾次聲勢浩大的非基督教運動[17]。後來由於日本的侵略，大家的注意力轉到更為急迫的國難上，加上國民黨政府的壓抑，非基運動才逐漸淡化。在另一方面，由於西方傳教士在中國辦理新式教育，也開始有了一些比較支持基督教的知識分子。讓我們來看一下民國時期知識分子的看法：

康有為（1858－1927）是清末民初的一位重要知識分子。梁

啟超說：「先生（指康有為）於耶教亦獨有所見，以為耶教言靈魂界之事，其圓滿不如佛，言人間之事，其精不如孔子。 然其所長者，在直接在單純，單標一義，深切著明曰人類同胞也，曰人類平等也，皆上原於真理，而下切於實用，於救眾生最有效焉。」[18]。

梁啟超（1873-1929）在民國初年，對中國知識界的影響力，比康有為還有過之而無不及。 梁啟超對佛教和基督教曾做過比較，他說：「耶教唯以迷信為主，其哲理淺薄，不足以饜中國士君之心也。 佛教本有宗教與哲學之兩方面，其證道之究竟也，在覺悟； 其入道之法門也，在智慧； 其修道之得力也，在自力……中國人之不蔽於迷信也，故所受者，多在哲學方面，而不在宗教方面。」[19]。

邵玉銘在〈二十世紀初中國知識分子對基督教的態度〉一文中[20]，比較了八位有代表性的知名人士對基督教的態度。 這八個人是： 梁啟超（1873-1929）、梁漱溟（1893-1988）、胡適（1891-1962）、陳獨秀（1879-1942）、吳稚暉（1869-1953）、余家菊（1898-1976）、趙紫宸（1888-1979）、和吳雷川（1870-1944）。 其中，梁啟超是佛教徒、梁漱溟是儒家學者、胡適是自由主義者、陳獨秀是馬克思主義者、吳稚暉是無政府主義者、余家菊是國家主義者、趙紫宸是自由派基督徒、吳雷川是激進派基督徒。

梁啟超的看法我們剛才已經提到過了，他是信仰佛教的，認為佛教是理性的，不是迷信。 它的目標是救人，而不是為了個人。 他認為佛教比基督教要有責任感。 他認為西方天主教的勢

力已經在衰落，大多數西方國家已經在實行政教分離。他認為那些信基督教的中國人是不智的。但是，梁啟超雖然不贊成基督教，卻沒有嚴厲的攻擊基督教。

梁漱溟主張儒教是最適合中國的，他雖然認為佛教是唯一情理兼顧的宗教。但是仍然認為佛教也不適合於中國。他認為基督教終必落伍，因為它非形而上的道理不合乎理性，他預言基督教的基督論（Christology）和救贖論（Doctrine of Redemption）終會破產，因為人類認識論（epistemology）的日漸進步，人類的知識將趨成熟。梁漱溟在感情上屬意於佛教，但是他擔心由於佛教比較不戀世務，中國人如果深信佛教，則中國的國事堪危。他覺得當時的儒教已經有些變質，中國人應該復興真正的孔學 [21]。

胡適認為基督教的迷信是由於兩千年前人的無知，應該摒除。神學體系是中世紀僧侶得來的結論也不足取。耶穌的道德教訓和社會改革，在人類的理性沒有建立完全之前，是可以採納的。但是，他認為基督教在中國傳教有些基本上的困難。第一，因為中國人對於西方帝國主義的反抗，對於基督教沒有好感。第二，由於理性抬頭，科學思想受到了重視，第三，基督教會當時有腐敗的現象。他對於基督教在中國的傳教並不看好。

吳稚暉是無政府主義者，也是唯物論者。他認為宗教的產生是由於人類知識的膚淺，宗教帶來迷信，會挫折人類的天賦道德性，阻礙民智的成長。吳稚暉反對宗教，相信達爾文的演化論，相信人的存在是基於物質。他認為最好的辦法就是用無政府主義式的社會主義來取代宗教。

陳獨秀是一個馬克思主義者，堅信科學，他對於基督教的態度卻有些矛盾，不同時期的看法也不盡相同。 他認為宗教是無知的現象，不過，他認為基督教是愛的宗教，對於耶穌的人格也頗為推崇。 在 1922 年反基督教運動興起以後，他對於基督教的態度變得比較敵視。 他批評神的全能和罪的存在是相互矛盾的觀念。 他懷疑耶穌為童貞女所生的事實，他也懷疑耶穌的神蹟和復活。 他認為這些都沒有歷史性的記載，也無科學根據。不過，他認為基督教的犧牲和博愛精神是可貴的。

余家菊是「少年中國學會」的成員，後來成為國家主義者、青年黨的主席之一。 在 1922 年的反對基督教運動中，他發表了「基督教與感情生活」的文章，表達他對於基督教的看法。 對於宗教，他首先懷疑神的存在，他認為神是人想像出來的。 宗教是人幻想的產物，宗教感情是自我欺騙的情緒。 他在批評基督教的時候說，人的宗教情緒是很普遍的，但是基督教的神學卻是精心架構的謬論，違反科學原理。 他在 1920 年代收回教育權的運動當中，是一個積極的人物，呼籲關閉所有中國的教會學校。

除此以外，蔡元培（1868-1940）是民國初年一位德高望重的學者，也是北京大學的校長。 1922 年的北京非宗教大同盟開會時，蔡元培抱病參加，發表演說，他說：「因為現今各種宗教都是拘泥著陳腐的主義，用詭誕的儀式，誇張的宣傳，引起無知人盲作的信仰，來維持傳教人的生活。 這完全是用外力侵入個人的精神界，可算是侵犯人權的。 我尤所反對的，是那些教會學校同青年會，用種種暗示，來誘惑未成年的學生去信仰他

們的基督教。」[22]。

　　至於信基督教的兩個代表人物，吳雷川和趙紫宸。吳雷川是前清的翰林，原來是一個傳統的儒家思想者。到了民國以後，他改信基督教。他後來任教於燕京大學，並在 1928 年出任燕京大學的校長。他不懂外文，只能靠閱讀中文書籍來了解基督教的教義。1930 年代以後，他又有激烈的改變，傾向於以激進的物質主義來解釋歷史、宗教和革命。他的思想成為孔學、基督教和唯物主義三種思想的混合。吳雷川認為耶穌是猶太的愛國者、政治的改革者、是熱心剷除貧窮、和改革家庭制度的人。他認為基督教就是革命的福音，中國需要革命，因此耶穌是國人最佳的跟隨榜樣。

　　趙紫宸畢業於東吳大學，也獲得了美國凡登堡大學的碩士學位。他曾任東吳大學的理學院院長和燕京大學宗教學院的院長。他認為基督教是「一種意識，一種肯定個人與社會存在，一種新生命，耶穌基督已實踐出來」。他認為神是愛，神差救主耶穌到世界上來，藉愛和人格救世。他認為耶穌是人，耶穌對神有深刻的認識，耶穌既然是人，趙紫宸就不相信童女生子、神蹟、耶穌復活、天堂地獄等說法。他認為基督教會為中國帶來靈性的更新，而靈性的更新是政治和社會變革成功的先決條件。他的想法對於基督教神學來說，應該是很不正統的。如果不相信童女生子、不相信耶穌的神蹟、也不相信耶穌復活，這難道還算是一個基督徒嗎？基督教的基要派（fundamentalists）領袖，如王明道（1900－1991）就批評趙紫宸根本是不信派[23]。另一位中國基督教領袖吳耀宗（1893－1979）的觀點接近吳雷

川，他在中共建政以後的 1950 年 7 月 28 日，與 40 位基督教人士共同發表「中國基督教在新中國建設中努力的途徑」宣言，成為中國基督教「自治」、「自傳」、「自養」三自運動的領導人。

　　在比較贊同基督教的知識分子中，最有名的當然就是孫中山（1866－1925）了。 孫中山在倫敦蒙難之後所寫的自傳中說：「十三歲隨母往夏威仁島（Hawaiian Islands），始見輪舟之奇，滄海之闊，自是有慕西學之心，窮天地之想」[24]。 孫中山在 1896 年所寫的自傳中提到：「予中學則獨好三代兩漢之文，於西學則雅癖達爾文之道，而格致政事亦常瀏覽。 至於教則崇耶穌，於人則仰中華之湯武暨美國華盛頓焉。」[25]。 不過，不知道孫中山有沒有仔細想過，達爾文的演化論與基督教的教義是互相衝突的。

　　所以，孫中山對於基督教是有好感的。 因為他在香港和夏威夷看到了一些西方文明優勝的地方，覺得中國應該急起直追，可能他覺得這與西方人信仰基督教多少有些關係。 他後來在 1883 年受洗入基督教 [26]，這究竟有多少是真心的信仰基督教的教義，有多少是為了革命家的工作，很難知道。 因為到了 1920 年代，中國發生反基督教運動，當時國民黨的要人鄒魯（1885－1954）、汪精衛（1883－1944）、廖仲愷（1878－1925）都發表過反對基督教的言論。

　　像是汪精衛就說：「耶教因為狹隘，所以見了不同教的人，便要拿他落地獄受苦，……這種殘忍，狠毒的思想，在禮拜堂中養育成熟。……如今歐洲民族，自己也有些覺悟了，信仰自

由，國國都載在憲法，卻還有一班夜叉，跑到中國，要將我等拿住發往地獄受苦呢。……」

廖仲愷也說：「我們反對基督教，是拿政治立場去反對的。因為它在中國實挾有一種非法的、優越的勢力。 如果它放棄了這種非法的、優越的勢力，像現在中國的佛教、回教一樣的地位，我們便不反對它了。 若說到它的教義，玄而又玄，那是辯到世界末日，還是沒有結果的。」[27]。

孫中山對於這個反基督教的運動並沒有表示過反對的意思[28]。 他相信基督教，因此究竟是真正從信仰上相信，還是從政治上著眼，就很難說了。

二十世紀初年，中國的國勢不振，而外患日亟。 知識分子因為愛國，都希望有所以幫助國家。 在我們今天看來，有人希望藉助於法西斯主義，有人寄望於社會主義、共產主義，也有人寄望於國家主義。 在這個時代，有人把希望寄託在革命性的基督教上，也是不足為怪的。 從以上選擇的幾個代表性人物的想法可以看出來，到了二十世紀初年，中國知識分子對於基督教的反對態度並沒有什麼改變。 他們對於基督教的認識有了進步，所舉的反對理由也比晚清時期的要透澈。 而相信基督教的知識分子，信仰基督教也往往雜有其他的因素，甚至大多數都不是從基督教的教義上去相信基督教的。

二十世紀的前半是中國歷史上一個劇烈動盪的時期。 1911年的辛亥革命，建立了民國。 民國初期軍閥混戰，緊接著就是國共內戰，日本的侵略和第二次世界大戰。 基督教在這段時期大有成長，天主教的教徒人數在 1900 年為七十四萬餘人、1907

年達到一百萬、1910 年為一二九萬兩千餘人、1920 年為一九九
萬四千、1921 年約略超過兩百萬人[29]、1948 年約有三百二十萬
人[30]。 耶穌教的人數 1901 年約為八萬人、1904 年為十三萬人、
1914 年約為廿五萬人、1918 年約為三十五萬人[31]。 到 1948 年，
約有七十餘萬人，可謂增長迅速[32]。 由於天主教和耶穌教在中國
都建立了一些大學和中學，西方傳教士在教育界、知識界的影響
力，甚至比上述教徒數字所顯示的還要大。

　　中共於 1949 年在大陸建政，而國民政府播遷到了台灣。 半
個多世紀過去了，基督教在中國的狀況有了重大的改變。 在台
灣，天主教和耶穌教從 1949 年到 1965 年，發展迅速。 但是在
1965 年以後，基本上呈現發展停滯的現象。 早期的報導說，天
主教和耶穌教大致上都約有三十萬左右的信徒[33]。 天主教後來一
直呈現停滯的現象。 耶穌教應該略有成長，公元 2001 年有一個
統計數字顯示，耶穌教徒的人數佔全台人口的 2.74%，但是到了
公元 2003 年，下降為全台人口的 2.5%，也開始有緩慢下降的現
象。

　　天主教徒的人數維持在三十萬左右，隨著人口的成長，比例
因而逐年下降。 最近天主教方面的資料，顯示公元 2012 年台灣
天主教徒為 24.3 萬人[34]。 公元 2015 年基督教會發佈的資料，認
為全台耶穌教徒的人數有 146.49 萬人，占人口比率的 6.53%[35]，
加上天主教，達到 7.62%[36]。 然而依照台灣內政部的統計資料，
2013 年台灣泛基督教徒（即包括天主教和耶穌教的所有教派）
只有 59.28 萬人[37]，占全台人口 2337 萬人的百分之 2.53%。 這
些統計數字彼此有相當大的出入。 大體說來，台灣天主教的發

展基本上呈現停滯的現象，耶穌教應該也只有緩慢的成長。有一篇文章分析說：台灣天主教和耶穌教在 1970 年以前迅速發展的原因是：有利的政治因素、社會經濟狀況不穩定、大陸教徒及神職人員大批來台、以及大量台灣原住民的皈依。而在 1970 年以後停滯的原因是：社會經濟條件的改善使人的宗教需求下降、中國文化傳統對西方宗教的抵制、民間信仰的復興、以及信教人口的遷移等 [38]。

　　在中國大陸，基督教徒（包括天主教與耶穌教）的數目究竟有多少，頗有爭議。1998 年大陸出版的《宗教大辭典》，說根據 1996 年不完全的統計，大陸一共有 1400 萬基督教徒，其中耶穌教約佔 1000 萬人，而天主教有 400 萬人，在基督徒當中，耶穌教人數的增加，遠遠超過天主教 [39]。中國社科院宗教所 2010 年的研究調查報告，認為中國耶穌教徒有 2305 萬人，天主教徒有 571 萬人，實際天主教徒可能超過 600 萬 [40]。2012 年 4 月，中國大陸民族宗教網的報導，估計大陸耶穌教徒大約在 2300 萬到 4000 萬之間 [41]。國外則有些報導估計耶穌教徒的人數超過 4000 萬人，天主教徒超過 1500 萬人。其他的估計從五、六千萬到七、八千萬都有，甚至上億。英國學者林保德（Tony Lambert）在他的著作《中國基督徒億兆》（*China's Christian Millions*）[42] 中，認為中國的福音派信徒應該在 3000 至 5000 萬之間。按照一家國際基督教研究機構（The Center for the Study of Global Christianity at Gordon-Conwell Theological Seminary）的分析，中國基督徒的數量大概在 7000 萬左右。前《時代》週刊駐北京記者部主任艾克曼（David Aikman）在 2003 年出版的《耶

穌在北京》[43] 一書中，聲稱中國耶穌教徒與天主教徒合計有 8000 萬。 美國福音派的喉舌《今日基督教》（Christian Today）的估計更高達 1.3 億[44]。

一份 2001 年美國出版的各國統計年鑑說： 中國基督教徒的人數已經達到 7.1%[45]。 1948 年，當時中國大陸的天主教和耶穌教徒人數大約分別是三百二十萬人和七十萬人，當時的中國人口是四億五千萬左右，那麼基督教徒只占總人口的百分之 0.86，還不到百分之一。 如果 7.1%的數字是正確的話，那麼在大陸文革結束之後僅僅二十多年的時間，基督教的人口比例竟然增加了八倍多！ 這個數字雖然可能有些誇大，但是，在改革開放之後，基督教的信徒數目有大幅度的增加，卻是無可置疑的。

過去中國以儒家思想立國，不論儒家思想有多少優點缺點，至少人們心中有一定的中心思想。 受到孔子「敬鬼神而遠之」態度的影響，知識分子大多相當理性而不迷信。 至於民間，除了傳入中國兩千年，已經中國化了的佛教以外，還有通俗的道教和民間信仰，如玉皇大帝、關公、媽祖等，不論這些信仰是好是壞，至少對於一般人民來說，如果有宗教信仰需求的話，在這方面不是空白。

但是，自從中共建政以後，由於共產主義的主張，認為宗教是人民的鴉片。 一直到最近這幾年以前，對於所有宗教都加以壓抑，對於儒家思想也加以批判，於是人民除了馬列主義，沒有其他思想和信仰的來源，在宗教情操方面，也變成了一片虛無。 等到了文革結束以後，馬列主義不再能成為有力的指導思想，人民的思想信仰因而變成真空，於是基督教趁虛而入。

到了這個時候，過去的儒家思想和民間信仰都不占主導地位了，於是信仰基督教的人數大量增加。

我們只要比較一下台灣與大陸的情況，這種原因就很明顯。台灣沒有經過文革，台灣也基本上保持了中國傳統的儒家文化。在 1949 年到 1965 年，雖然因為政治不安和經濟落後的因素，加上外國教會大力支持等因素，使得基督教迅速發展，但是一等到台灣的經濟在六十年代中期逐漸上了軌道，外國的援助逐漸下降，本土的宗教立刻就占了上風。 1965 年，也正好是美國對台援助停止的一年。 這個巧合，也是很具意義的。

我們從歷史可以知道，在帝國主義橫行的時代，帝國主義者占領了一個殖民地，一定立刻企圖把自己的宗教信仰，強加在殖民地的人民身上。 一旦在宗教上接受了強勢國家的宗教，幾代以後，人民在心理上都已經接受了征服國家的神祇，就會主動的認同征服國家的文化，變成了順民，再也不會想到反抗了，民族的特性也會喪失殆盡。

如果我們看中南美洲的印第安人，被西班牙和葡萄牙帝國主義者強迫改信天主教，不服從就殺戮，到現在在文化上已經完全被同化了。 菲律賓被西班牙和美國殖民，變成了天主教的國家，到了今天，原來的傳統信仰和民族風格也都已經消失不見了。 中國過去在最淒慘的時候，也並沒有淪落為殖民地。 但是，如果中國人民有相當的比例，丟棄了傳統的信仰和文化，改信了其他的宗教，那麼中國的民族，還能否保持原有的性質和風格，就會變成一個嚴重的問題。

過去，基督教在中國的影響力遠遠超過它的人口比例。 在

將來，只要中國基督教的人口超過百分之三、四十，甚至百分之二十，中國的傳統國家性格即將受到重大的考驗。 這將對中國文化的生存和傳承，造成莫大的衝擊。

我們可以以南韓為例，過去韓國是以儒教立國。 但是，在二次大戰以後，基督教大舉進入南韓，現在南韓人口中，已經有百分之三十左右是基督徒 [46]。 如果這種趨勢再繼續下去，過不了多久，南韓將變成一個與我們過去認知完全不同的國家。 在未來的世界劃分中，韓國將不再屬於儒家思想的範圍，而會像菲律賓一樣，變成猶太—基督教傳統（Judeo-Christian tradition）中的一員。 這樣的衝擊還不夠大嗎？

我們可以參考一下歐洲歷史上實際發生過的例子。 寫《新約是誰寫的？》（*Who Wrote the New Testament ?*）的美國麥克（Burton L. Mack，1931－ ）教授，祖籍是瑞典人。 他研究當初瑞典人接受基督教的情況，他說：

「作為歷史資料的來源，「《聖經》」的角色也許起初不明顯，人們往往沒有注意到「《聖經》」其實是一種會劇烈改變民族歷史觀和民族認同的文件。 事實上，事情都這麼屢試不爽的發生了。 幾乎有兩千年之久，基督教會把一個又一個的民族，牽到「《聖經》」歷史的規範當中，也同時一起把西方文明帶進來。」

「這個民族自己的傳統，即使不是完全從他們的共同記憶中被消除掉，也都會被迫丟到後腦勺去。 要接受基督教，這個民族必須改變他們的思想，接受一種很不尋常的觀念，就是讓他們自己變成屬於另外一個民族，有了另外一種歷史，而這個民

族和這個歷史原來都不是他們自己的。」

「要面臨對這兩種不同歷史的選擇，一種是自己民族的歷史，另一種是「《聖經》」中基督教所描述的歷史，真需要極度的腦力震撼。只要想一下，你知道你自己國家、民族的歷史，也知道自己祖先的傳統，可是卻被教訓說，要變成亞伯拉罕的子孫、變成以色列歷史的繼承人、要聽從摩西的教導、要接受以色列先知的訓誨、也需要獲得基督的贖罪、還要從使徒得到啟示。」

「如果要變成基督徒，要得到永生，就得接受這樣的歷史，同時還要把它內化成自己的一部分。要相信在最後審判的時候，只有這種歷史是唯一管用的。但是，一個民族怎麼能夠有兩套歷史？這種基督教所說的歷史與自己民族的歷史，怎麼能夠同時都是真的？即使知道這兩套歷史不是一樣真的，如果要跟西方基督教文化保持一致步伐的話，「《聖經》」上所說的歷史還是必須占著統治的地位。這就是接受西方文明所必須要付出的代價。」

「我想到我的瑞典祖先們，當他們被迫要變成基督徒的時候，他們是如何想的，那個時候他們是在刀劍威脅之下被迫這麼做的。當人家第一次告訴他們亞當、亞伯拉罕、和基督的事，而他們發現自己的祖先，自己的民族英雄和神祇，現在全部都得躲到黑影裏去，變成了次等的神祇，變成了野林裏的鬼魂，你說他們會怎麼想？」[47]

這樣沈痛的歷史回憶，還不夠我們中國人反省的嗎？

正如麥克教授所說的，一個民族怎麼能夠有兩套歷史？這

正是中華民族的子孫在面對基督教「《聖經》」的時候所必須面對的問題。《舊約》中有大洪水和挪亞方舟的故事。 依照《舊約》的講法，耶和華把當時世界上所有的人，除了挪亞一家八口之外，全都淹死了。 因此，世界上所有的人類，應該都是挪亞的後代。

根據《舊約》的記述，耶和華創造了宇宙，也創造了人類祖先亞當和夏娃的年代，不過是六千年前左右的事。 英國烏舍主教（James Ussher，1581－1656），認為是在公元前 4004 年。 猶太人的說法，則是在公元前 3761 年 [48]。 無論用那個數字，總之《舊約》認為人類的歷史大約只有 6000 年左右。《舊約》上也記載了從亞當到挪亞每一代人所活的年紀。 算起來，當挪亞死的時候，中國已經到了夏朝的時候了。 如果參考年代比中國更古老的埃及、兩河流域的歷史，就更可證明《舊約》的錯誤。這一方面說明了《舊約》故事的荒謬，而更嚴重的是，如果我們相信了《舊約》，認為自己是挪亞的子孫，那麼我們就不可能是炎黃的子孫，因為那個時候，中華民族的祖先就已經存在了。 這兩套歷史觀對我們祖先來源的說法是矛盾而不可得兼的。

如果我們大略總結一下，基督教教義與中國傳統文化不合，或者對於將來中國文化的發展不協調的地方至少有下面這些：

1. 基督教主張有人格神，而中國的思想，特別是成熟的儒家思想只講天道，並不主張有人格神。

2. 基督教講求神蹟，而儒家的思想是「子不語怪力亂神」。

3. 基督教有所謂「原罪」，中國人無法接受，大多中國人主張人性本善。

4. 基督教不主張祭祖，認為是崇拜偶像，中國人卻緬懷祭拜祖先。

5. 基督教認為耶穌是童貞女所生，這對中國知識分子來說不可思議。

6. 基督教認為耶穌死而復活，這對中國知識分子來說也無法接受。

7.《新舊約》中的神耶和華暴躁殘忍、動輒殺人無數。 夏娃偷吃一個果子，罰其永世子孫，這與中國人對於神祇的觀念完全不合。

8.《新舊約》中的神是一個民族神，只保護猶太人，與中國人無關。

9.《舊約》中所記載的歷史，只是猶太人的歷史，而且現在由史學和考古學證明大多是虛構的，也與中國人無關。

10.《新約》中耶穌所說的家庭中的人必會鬥爭，父與子鬥，母與女鬥的講話，甚至講過不恨父母，無法作他門徒的話，這些有關家庭道德的主張，在中國會被視為大逆不道。

11. 基督教強烈的排他氣習，與中國人與人為善，講求和諧的態度不合。

12. 基督教的經典源自猶太教，其歷史觀以猶太人為中心，與中國人的歷史觀不合。

13. 基督教傳入中國與帝國主義的侵略牽連太深，一直到現在，也沒有能夠完全脫離這個陰影。

14.《新約》中稱耶穌為猶太人的王，屬於古代社會的殘留遺跡，與現代民主思潮不合。

15.《新約》中的耶穌並無過人的學問與事功，對別人的提問，也都是模糊應對，幾乎從來不做明確的回答。

16. 耶穌的道德觀沒有儒家的精深，所謂「愛仇敵」的道德，不是淪為奴隸式的道德，就將成為一片虛偽，實際上根本不可行。

17. 基督教認為人不能自救，必須依賴神的救贖。中國人認為依靠自身的修養，不需要外力就可以達到完滿的境地。

18.《舊約》中猶太先祖兄弟互相殘殺、父女亂倫、長幼輩亂倫的故事層出不窮，做為經典與中國人忠孝節義的道德觀念完全不協調。

19. 許多基督教的教義有重大問題，如「三位一體」、「道成肉身」等，根本有邏輯上的問題，再怎麼解釋，也無法說得通。

20. 基督教所根據的是特定的歷史故事，也就是耶穌的神蹟與復活，根據《新約》研究，這些故事情節都屬早期教會的有意製造。

21. 在西方國家，近代反對基督教的言論所在多有，尤其是在科學昌明以後，西方知識界對於基督教的質疑，風起雲湧，而尤以高級知識分子為然。中國人對於外來思想，應該明辨是非。

22. 基督教所謂耶和華創造宇宙和生物的說法，與現代科學和演化論完全不合。

以上所舉，都是基督教教義與中國文化和近代科學不合之處，如果詳細列舉，應該會更多。到目前為止，基督教第四次

傳入中國，比前三次要成功的多，上面所寫的這些理由都與原來一樣，為什麼這次不同了呢？原因也許不只一個，但是最主要的自然是中國在鴉片戰爭之後，國勢不如西方的緣故，在這次的交手中，中國人的信心不如以往了。外國的月亮因而比較圓，而洋人的神仙也比較靈了。

在過去，國人對於西方文化中的組成成分未能仔細分析。猶太文化和基督教的傳統（Judeo-Christian tradition）雖然是西方文化的主要來源之一，但是卻不是西方文化中最有正面貢獻的一部分。就以中國人對於西方最為推崇的科學成就來說，科學在西方的發展，恰恰就是在十八世紀理性主義抬頭，西方文化逐漸擺脫基督教的思想控制以後才發展出來的。在早期中國人對於西方文化還不十分了解的時候，覺得基督教為西方國家帶來了科學，這個觀念是錯誤的。

我們覺得，過去中國文化的發展有一段時間，停滯不前，特別在科學方面尤其顯著。很大的一個原因是因為我們封閉鎖國，對外不開放，不能吸收人家的優點。因此，對外開放，文化交流是很重要的。對於外來的思想和信仰，必須要經過嚴格的檢驗過程，才能把它融入成為我們思想體系的一部分。每個民族和國家有它自己的根本。如果這個根本喪失了，那麼民族的精神和國家的特質也都將蕩然無存。對外開放和接受外來信仰是兩回事。基督教第四度傳入中國以後，由於各種原因，對於基督教思想沒有經過比較嚴格的批判過程。本書希望經過這樣的討論，特別是經過科學的檢驗，能夠得到一個比較公允的價值評斷，做為國人的參考，則國家幸甚，民族幸甚。

注釋

1.《荀子》,〈天論〉

2. 顧衛民,《基督教與近代中國社會》,上海人民出版社,1996年,96頁

3. 李恩涵,〈咸豐年間反基督教的言論〉,見劉小楓主編,《道與言—華夏文化與基督教文化相遇》,上海三聯書店,1995年,152頁及161頁

4. 李恩涵,〈咸豐年間反基督教的言論〉,見劉小楓主編,《道與言—華夏文化與基督教文化相遇》,上海三聯書店,1995年,164頁

5. 李恩涵,〈咸豐年間反基督教的言論〉,見劉小楓主編,《道與言—華夏文化與基督教文化相遇》,上海三聯書店,1995年,158頁

6. 李恩涵,〈同治年間反基督教的言論〉,見劉小楓主編,《道與言—華夏文化與基督教文化相遇》,上海三聯書店,1995年,196頁

7. 李恩涵,〈同治年間反基督教的言論〉,見劉小楓主編,《道與言—華夏文化與基督教文化相遇》,上海三聯書店,1995年,197頁

8. 李恩涵,〈同治年間反基督教的言論〉,見劉小楓主編,《道與言—華夏文化與基督教文化相遇》,上海三聯書店,1995年,198頁

9. 李恩涵,〈同治年間反基督教的言論〉,見劉小楓主編,《道與言—華夏文化與基督教文化相遇》,上海三聯書店,1995年,199頁

10. 李恩涵,〈同治年間反基督教的言論〉,見劉小楓主編,《道與言—華夏文化與基督教文化相》遇,上海三聯書店,1995年,200頁

11. 李恩涵,〈同治年間反基督教的言論〉,見劉小楓主編,《道與言—華夏文化與基督教文化相遇》,上海三聯書店,1995年,176頁

12. 李恩涵,〈同治年間反基督教的言論〉,見劉小楓主編,《道與言—華夏文化與基督教文化相遇》,上海三聯書店,1995年,178頁

13. (1)李恩涵,〈同治年間反基督教的言論〉,見劉小楓主編,《道與言—華夏文化與基督教文化相遇》,上海三聯書店,1995年,206頁

    (2)顧衛民,《基督教與近代中國社會》,上海人民出版社,1996年,138頁

14. (1)顧衛民,《基督教與近代中國社會》,上海人民出版社,1996年,41頁

    (2)李恩涵,〈咸豐年間反基督教的言論〉,見劉小楓主編,《道與言—華夏文化與基督教文化相遇》,上海三聯書店,1995年,152頁

15. 顧衛民,《基督教與近代中國社會》,上海人民出版社,1996年,210頁

16. 顧衛民,《基督教與近代中國社會》,上海人民出版社,1996年,210頁

17. 顧衛民,《基督教與近代中國社會》,上海人民出版社,1996年,404頁

18. (1)顧衛民,《基督教與近代中國社會》,上海人民出版社,1996年,300頁

    (2)李志剛,〈近代儒生與基督教的衝突及其影響〉,見劉小楓主編,《道與言—華夏文化與基督教文化相遇》,上海三聯書店,1995年,259頁

19. 麻天祥,《佛學與人生》,中州古籍出版社,鄭州,1993年,157頁

20. 邵玉銘,〈二十世紀初中國知識分子對基督教的態度〉,見劉小楓主編,《道與言—華夏文化與基督教文化相遇》,上海三聯書店,1995年,272頁

21. 英文術語為筆者所加

22. 顧衛民，《基督教與近代中國社會》，上海人民出版社，1996年，415頁

23. 國外學者也有人認為趙紫宸最後的立場，有些像不可知論，見：D. L. Edwards, *Christianity-the first two thousand years*, Orbis Books, 1997，557頁

24. 林治平，《基督教與中國近代化論集》，台灣商務印書館，民國59年，174頁

25. 李志剛，〈近代儒生與基督教的衝突及其影響〉，劉小楓主編，《道與言——華夏文化與基督教文化相遇》，上海三聯書店，1995年，265頁

26. 林治平，《基督教與中國近代化論集》，台灣商務印書館，民國59年，178頁

27. 顧衛民，《基督教與近代中國社會》，上海人民出版社，419頁

28. 顧衛民，《基督教與近代中國社會》，上海人民出版社，419頁

29. 顧衛民，《基督教與近代中國社會》，上海人民出版社，370頁

30. 唐逸主編，《基督教史》，中國社會科學出版社，1993年，457頁

31. 顧衛民，《基督教與近代中國社會》，上海人民出版社，360頁

32. (1)唐逸主編，《基督教史》，中國社會科學出版社，1993年，459頁

　　(2)羅竹風主編，《宗教通史簡編》，華東師範大學出版社，1990年，411頁，提到1910年，中國天主教徒有130萬，新教教徒有25萬

　　(3)曾仰如，《宗教哲學》，台灣商務印書館，1986年，208頁，說在大陸易幟前，天主教有四百萬人，新教有一百萬人。現在在台灣，天主教和新教都各有三十萬人左右

33. 邵玉銘主編，《二十世紀中國基督教問題》，正中書局，民國76年，第2頁

34. 台灣地區天主教手冊http://www.catholic.org.tw/catholic/2014/Catholic%20Church2014.html

35. 「基督教資料中心」發佈的《2015年台灣基督教會教勢報告》http://www.cdn.org.tw/News.aspx?key=9310

36. http://krtnews.tw/chinese-church/local/article/14103.html

37. https://web.archive.org/web/20150510001700/http://sowf.moi.gov.tw/stat/year/list.htm

38. 引自「台灣在線」的文章

39. 任繼愈主編，《宗教大辭典》，上海辭書出版社，1998年，第12頁

40. 金澤、邱永輝主編，《中國宗教報告（2010）》，社會科學文獻出版社，2010年8月，第4頁和第10頁

41. 吳貴華：中國的基督徒人數到底是多少？2012年4月，見：http://www.mzb.com.cn/html/report/289230-1.htm

42. Tony Lambert, *China's Christian Millions*, Monarchy Books, London, 199

43. David Aikman, *Jesus in Beijing*, Regnery Publishing Inc, 2003, pp.7-8

44. 楊鳳崗，〈中國基督徒究竟有多少？〉一文，2010年8月10日

45. (1) G. T. Kurian, editor, *The Illustrated Book of World Rankings*, 5th edition, Sharpe Reference, 2001年，57頁，所列大陸基督教人口比例為7.1％，台灣為

6.3％

(2)美國中央情報局，The World Factbook，列出的中國大陸基督教人口比例
為3-4％

46. 美國中央情報局，The World Factbook的數字，南韓人口中有46％沒有特定
的宗教，26％為基督徒，26％為佛教徒，1％為孔教徒，其他1％。而紐約時
報2005年版的《世界年鑑》（ *The World Almanac* ），把南韓人口中宗教人口
比例列為49％基督徒，47％佛教徒

47. 見Burton L. Mack, *Who Wrote the New Testament?* the making of the Christian
myth, HarperSanFrancisco, 1989年，294-295頁。這幾段的英文原文如下：

The Bible's role as epic may not be obvious, and the Bible itself may not be
noticed as the document that will force a radical reorientation of a people's
sense of history and identity. And yet, that is exactly what inevitably occurs.
For almost two thousand years, the church has drawn people after people into
alignment with the biblical epic and the history of Western civilization that
flows from it.

The illustrious traditions of a people's own culture have invariably been forced
into the shadows, if not threatened by complete erasure from their collective
memory. To accept the Christian religion, people have always had to adjust
their thinking to the unusual notion of belonging to a people and a history
that were not really their own.

To be confronted with having two histories, the history of one's own
people and the Christian epic from the Bible, requires astonishing mental
gymnastics. Think of knowing the history of your own country, people, and
ancestral traditions, only to be addressed as a child of Abraham, an heir to the
history of Israel, instructed by Moses, judged by the prophets, redeemed by
the Christ, and enlightened by the apostles. This is the history that one will
need to accept and internalize if one converts and cares about eternity. It is the
only history that will count when the final accountings are tallied. But how can
a people have two histories? How can that history and one's own history both
be true? And even if one knows that both can't be equally true, the biblical
history must always prevail if one wants to remain, or must remain, a part of
the march of Western Christian culture. Saying yes to that history has been
the price one had to pay for access to Western civilization. ...I have pondered
the incredulity of my own ancestors in Sweden when they had to convert, in
their case, by the sword. What do you suppose they thought when they first
learned about Adam and Abraham and the Christ, and then discovered that
their own ancestors, heroes, and gods would now have to lurk in the shadows
as demigods and forest spirits?

48. 見G. Greenberg , *The Moses Mystery*, Carol Publishing Group, 1996年

基督教的真相：探討與評論

作者： 李雅明
發行人：陳曉林
出版所：風雲時代出版股份有限公司
地址：10576台北市民生東路五段178號7樓之3
電話：(02) 2756-0949
傳真：(02) 2765-3799
執行主編：朱墨菲
美術設計：吳宗潔
行銷企劃：林安莉
業務總監：張瑋鳳

初版日期：2021年7月
版權授權：李雅明
ISBN：978-986-5589-22-6

風雲書網：http://www.eastbooks.com.tw
官方部落格：http://eastbooks.pixnet.net/blog
Facebook：http://www.facebook.com/h7560949
E-mail：h7560949@ms15.hinet.net
劃撥帳號：12043291
戶名：風雲時代出版股份有限公司

風雲發行所：33373桃園市龜山區公西村2鄰復興街304巷96號
電話：(03) 318-1378
傳真：(03) 318-1378
法律顧問：永然法律事務所 李永然律師
　　　　　北辰著作權事務所 蕭雄淋律師

行政院新聞局局版台業字第3595號 營利事業統一編號22759935

定價：340元　　　　冊 版權所有　翻印必究

國家圖書館出版品預行編目資料

基督教的真相：探討與評論 / 李雅明著. -- 臺北市
: 風雲時代出版股份有限公司, 2021.04

ISBN 978-986-5589-22-6 平裝)
1.基督教史

248.1　　　　　　　　　　　110003265